# 外贸企业轻松应对
# 海关估价

## Foreign Trade Enterprises
## Prepare for Customs Valuation

熊斌 赖芸 王卫宁 ◆著

中国海关出版社

图书在版编目（CIP）数据

外贸企业轻松应对海关估价／熊斌著．—北京：中国海关出版社，2012.8
（"乐贸"系列丛书）
ISBN 978-7-80165-895-1

Ⅰ.①外… Ⅱ.①熊… Ⅲ.①海关估值—中国 Ⅳ.①F752.52

中国版本图书馆 CIP 数据核字（2012）第 188943 号

# 外 贸 企 业 轻 松 应 对 海 关 估 价

WAIMAO QIYE QINGSONG YINGDUI HAIGUAN GUJIA

作　　者：熊 斌 赖 芸 王卫宁
策划编辑：马 超
责任编辑：刘 倩 钟 刘
责任监制：王岫岩
出版发行：中国海关出版社

社　　址：北京市朝阳区东四环南路甲 1 号　　　　邮政编码：100023
网　　址：www. hgcbs. com. cn；www. hgbookvip. com
编 辑 部：010 - 65194242 - 7554（电话）　　　　010 - 65194234（传真）
发 行 部：010 - 65194221/4238/4246（电话）　　　010 - 65194233（传真）
社办书店：010 - 65195616/5127（电话/传真）　　　010 - 65194262/63（邮购电话）
　　　　　北京市建国门内大街 6 号海关总署东配楼一层
印　　刷：北京京都六环印刷厂　　　　　　　　　　经　　销：新华书店
开　　本：710mm×1000mm　1/16
印　　张：15.75　　　　　　　　　　　　　　　　字　　数：250 千字
版　　次：2012 年 9 月第 1 版
印　　次：2012 年 9 月第 1 次印刷
书　　号：ISBN 978-7-80165-895-1
定　　价：35.00 元

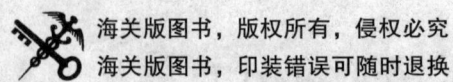

# 前　言

　　由于进出口贸易涉及的商品种类繁多、交易环境和形式多种多样，因此，海关估价是海关事务中关注度、复杂度最高的业务体系之一，包括价格基础、估价方法在内的一系列估价标准。海关估价的主要目的在于正确确定海关征税的税基，对有关物品征收关税，为国家关税政策服务。所以，它就必然成为海关稽查征税的重头戏。

　　纵观历年海关综合治税估价案例，我们发现遭到补税处罚的企业大多是由于不熟悉海关估价和关税征收制度、相关估价知识匮乏、自身估价水平低所导致的。企业相关人员对海关估价知识普遍缺乏了解，对海关估价作业缺少应有的重视，更不用谈如何应用这些估价方法为企业争得利益。

　　笔者长期从事涉外企业的贸易安全管理咨询工作，曾经组织众多涉外企业进出口部门、关务部门和财务部门人员进行海关估价基础知识测试，结果相当震惊。经测试，95%以上的企业人员不了解海关估价的基础原则和方法，更不必说合理应用海关估价方法。

　　本书在剖析国际海关估价协定和中国海关估价制度的基础上，进一步分析了各种海关估价方法的特点要素和适用性。同时，本书针对企业对海关估价政策的理解偏差和操作误区，结合当前海关估价争议解决、海关磋商案例，专门阐述了外贸企业海关估价筹划要点、实务操作技巧以及风险控制策略。

　　感谢朱其洋先生、李勇坚先生、罗巧慰先生、张延伟先生、肖世练先生、陈伯宏先生、程光远先生以及业内诸多好友在本书出版过程中给予我的鼓励和支持，还要特别感谢中国海关出版社马超等编辑，他们对本书提出了诸多指导建议，并督促纠正文稿中的不少错误，让我们颇为感动。

　　因所涉商品以及交易环境的复杂性，本书内容难以全面顾及。同时还有相当多的内容显得粗犷，欢迎大家就细节内容，进一步与笔者进行交流探讨（笔者电子邮件：szxiongbin@163.com）。

笔者　谨识

2012 年 6 月

# 目 录CONTENTS

# 第一章　国际海关估价协定和中国海关估价制度

## 第一节　海关估价制度的形成

### 一、海关估价的作用

海关估价是国际贸易中的一个重要环节，是为征收关税而产生的一项工作程序。以货物的交易价格作为征收进出口关税基础的从价关税是世界各国和地区使用得最广泛的一种关税措施。

在国际贸易活动中，同种商品在同一通关时间可能存在多种交易价格，大多数商品会因交易时间、交易数量、交易方式、交易条件等方面的差异而影响交易价格，有些情况下货物在通关时根本就不存在交易价格（例如，接受赠送的商品、委托寄售的商品），同时，可能存在的不正当商业行为亦会影响交易价格的真实性，于是就产生了如何确认合理的交易价格以便计征进出口关税的问题，这就使海关估价应运而生。

海关估价是指一国（地区）在对外贸易中为了执行关税政策，根据法定的价格标准和程序，确定某进出口商品完税价格的行为或过程。海关估价涉及的商品种类繁多，交易环境和形式多种多样，因此，海关估价是海关事务中关注度、复杂度最高的业务体系之一，其涉及价格基础、估价方法在内的一系列估价标准。

海关估价是征收关税的前提，是海关的一项重要职责。其作用主要表现为以下几个方面（图 1−1）。

（一）征收关税

合理审定进出口物品的完税价格是征收关税，尤其是征收从价关税、选择关税或复合关税等的重要前提，海关估价的主要目的是确定海关征税的税基，为国家关税政策服务。征收关税是海关估价最原始、最基本的作用。

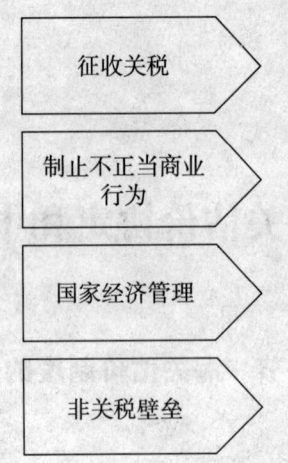

**图 1-1　海关估价的主要作用**

**（二）制止不正当商业行为**

海关估价有利于制止国际贸易中的不正当商业行为。国际商务活动中可能存在某些不正当的商业行为，如出口商为推销商品而将某些在正常情况下应成为成交价格组成部分的价格因素从交易价格中扣除，从而降低交易价格；又如进出口商为逃避进出口关税而在采购单证或者销售单证中隐瞒真实成交价格。如果缺失海关估价环节，将助长不正当的商业行为，影响正常的市场秩序以及造成国家财政收入的损失。

**（三）国家经济管理**

海关估价是一国经济政策和外贸政策的体现，是贯彻一国经济政策的一种手段，因此，对国家经济管理具有重要参考意义。

海关估价所确定的完税价格是贸易统计中进出口货物价值统计指标的资料依据，是国家对进出口货物进行许可证、配额、限额、政策优惠额度等行政管理的计算依据，如减免额度、进口配额等。

**（四）海关估价的其他作用**

海关估价一直是海关关员传统职责的一部分。如今，海关估价在国际贸易中一直发挥着应有的作用，而且它的重要性超过了作为税率的被乘数，并扩大作用于以下几个方面。

1. 优惠贸易项目中原产地标准的确定

例如：采用区域价值成分标准确定"非完全在该成员国或者地区获得或者生产"的货物原产地时，对出口货物价格、某成员国或者地区非原产材料价格进行确定时，需要发挥海关估价作用。

2. 某些税则归类的确定

例如：依照 2012 年版《中华人民共和国进出口税则商品及品目注释》，进口配额内进口的"未梳的含脂剪羊毛"，其海关商品编码归类为：5101110001；超出进口配额进口的"未梳的含脂剪羊毛"，其海关商品编码归类为：5101110090。

3. 倾销行为的认定

倾销是指在正常贸易过程中出口产品以低于其正常价值的出口价格进入进口国市场。在确定倾销对进口国产业是否造成损害时，将主要审查倾销进口产品的价格、倾销进口产品的数量、倾销进口产品对进口产业的相关经济因素和指标的影响等主要因素。倾销进口产品价格的最终认定相当程度地需要发挥海关估价的作用。

4. 运用于为政府部门代征的其他税费

许多国家海关除征收关税外，还在进出口环节代征国内税费，例如：增值税、消费税和石油税、反倾销税、反补贴税以及进口商品罚金等。这些税费的征收额都需要依据海关估定的完税价格计算得出。

（五）海关估价的负面作用

公平的海关估价能够对国际贸易的发展起到积极的推动作用，但如果海关估价被滥用，则会对国际贸易造成阻碍性或歧视性影响。

由于海关估价的特征，如果采用不同的估价标准、使用不同的估价方法，可以起到与降低或提高关税税率同等的作用，一些国家就会滥用海关估价制度以达到限制外国产品进口的目的。例如：行为国规定以国内市场价格作为完税价格，人为地加大计税基础，使用不适当的计价方法，武断地高估进出口商品的交易价格，其效果等于变相提高进出口关税税率，从而对有关商品的进出口贸易造成影响，形成税率以外的一种进口限制的非关税壁垒。

某种意义上，海关估价对征收关税所产生的非关税壁垒影响，比单纯地降低或提高税率更具隐蔽性。因为税率的变动，容易引起国际上的注意，不易被国内外接受。税率过高，还会引起贸易国之间的摩擦。而改变估价的方法却不容易被别国发现，也很难证明其对关税的影响程度。

因为海关估价作为非关税壁垒的滥用，会成为阻碍国际贸易发展的消极因素，加之，进出口物品日益复杂多样、国际间关税减让谈判的成果需要统一的国际海关估价制度予以保证等因素的存在，为确保和促进国际贸易自由化发展，许多国家都主张一种被普遍公认和遵守的关于海关估价的行为规范，以便保证估价的公平性，减少或消除海关估价对国际贸易发展造成的不利影响。

### 二、国际海关估价协定的发展

（一）关贸总协定第 7 条

在美国倡议下，1947 年 10 月 30 日由 23 个国家在日内瓦签订的一项有关关税和贸易政策的多边国际协定——关贸总协定（GATT）。关贸总协定是包括一整套有关国际贸易的基本原则、各种规定和规章、允许实施的措施和禁令的法律文件。

关贸总协定（GATT）的原始文本中专门制定了海关估价条款（即关贸总协定第 7 条），形成了第一个国际海关估价制度规则。该制度规则的根本原则在于"实际价格"这个概念，要求各缔约方的海关估价规则必须公正地、非歧视地实施且与商业行为保持一致，其实质是防止海关估价成为国际贸易的一项非关税壁垒。

其主要内容为：

（1）各缔约方有义务遵守第 7 条规定的海关估价原则。经一缔约方提出要求，缔约各方应根据这些原则检查各自国家有关海关估价的法令或条例的执行情况，缔约方全体可以要求缔约各方就执行本条规定所采取的步骤提出报告。

（2）海关应使用该条所允许的估价方法，以进口商品或类似商品的实际价格而不是本国产品的价格或武断的或虚构的价格，作为计征关税的依据。

（3）任何进口货物的完税价格都不应包括原产国或输出国所实施的对进口货物已予免税，或已退还，或将要以退税方式免征的任何国内税。

（4）当估价过程需要采用另一国货币所表示的价格换算本国货币时，外汇换算应以国际货币基金协定的规则或相应承认的外汇换算率为根据。

（5）缔约方有义务将估价的价格依据和确定估价的方法公布于众，并保持其一定的稳定性。

关贸总协定第 7 条是历史上第一次就海关估价问题作出的国际性的统一规定，使后来的估价制度有了框架原则，但其仅仅指定了总原则，为各成员国在具体实施时留有较大的余地。

（1）尽管关贸总协定第 7 条确立以产品的实际价格作为海关征税的主要价格依据，但对实际价格的定义过于抽象，难免给实际操作带来困难。

（2）当实际价格难以确定时，关贸总协定第 7 条未能进一步规定可替代的价格标准和依据，只是要求"以可确定和最接近于实际价格的相当价格为依据"对此很难操作。

（3）关贸总协定第 7 条有关检查、提供报告和公告的规定过于原则，缺乏相应的保障程序。

（4）海关估价的技术性较强，关贸总协定第 7 条却未设立专门的管理机构监督各项规定的实施。

由于以上诸条原因，最终导致关贸总协定试图在缔约方范围内建立一套统一的海关估价制度的目的未能达到。

（二）布鲁塞尔海关估价公约

在关贸总协定确立了海关估价的一些基本原则后，1947 年 12 月，欧洲关税同盟研究小组成立，该小组在研究了一些欧洲国家实行多年的估价方法和程序后，根据关贸总协定第 7 条的精神，拟定了《布鲁塞尔海关估价公约》（俗称：布鲁塞尔估价定义）。1950 年，34 个国家和地区加入了有关建立布鲁塞尔估价制度的公约。1953 年 7 月 28 日，该公约正式生效。

《布鲁塞尔海关估价公约》成为世界上第一个专门为海关估价制定具体制度的国际公约。布鲁塞尔估价定义主要内容是规定海关估价应以进出口货物的正常价格作为估价的依据，并规定设立海关合作理事会（世界海关组织的前身）与估价委员会保证公约的解释和实施。所谓正常价格是指在进口方港口或其他交货地交割货物并缴纳关税的这一段时间内，任何买主都能够从买方和卖方相互独立的公开市场上买到这种商品的价格。

《布鲁塞尔海关估价公约》是关贸总协定第 7 条估价原则的具体化和标准化，它比关贸总协定第 7 条前进了一大步。它所确立的"正常价格"标准，曾被包括欧共体国家在内的将近 100 个国家和地区采用或援用，它所确立的制度是当今世界上最有影响的两大海关估价制度之一。

尽管《布鲁塞尔海关估价公约》已发展成为一个符合逻辑的制度，但也存在许多弊端：

（1）其涉及的正常价格仍是一种抽象的价格概念，可操作性比较有限。

（2）某些定义不够规范，存在多种解释的可能，因此即使在欧共体内部，具体实施也往往难以统一。

随着世界贸易组织新的海关估价制度的诞生，《布鲁塞尔海关估价公约》逐渐失去其地位和作用。

（三）东京回合海关估价协定

尽管关贸总协定第 7 条和《布鲁塞尔海关估价公约》制定了一定的海关估价制度规则，但世界各国（地区）的海关估价制度仍然主要基于各不相同的国内立法，相互之间仍存在较大差异，几乎世界上每一个国家或地区都对任何一个其他国家或地区的海关估价制度感到不满，并且这种不满情绪多年来一直在加剧，制定一套真正具有广泛适用性且操作简便的统一的海关估价制度显得愈来愈迫切。

1973 年至 1979 年间的东京回合多边贸易谈判中，各缔约方充分意识到海关估价问题的严重性，于 1979 年 4 月 21 日最终达成了《关于实施关贸总协定第 7 条的协议》（即东京回合估价守则）。该协议确立了以进口商品的成交价格为核心的海关完税价格，只有在成交价格无法确定的情况下，才能采用确定价格的其他方法，而且协议对这些其他方法都作了详细规定。

东京回合海关估价协定的内容较为详尽、具体、系统，可操作性较强，并建立了相应的保障和监督机制，第一次全面地统一了各国和地区实施海关估价的规则，成为关贸总协定海关估价制度形成的标志，在统一海关估价制度和促进国际贸易发展的进程中具有重要意义。但东京回合海关估价协定仍存在不足之处：

（1）它没有规定如何解决合同价格或发票价格有可能是欺骗的或虚假的价格问题。

（2）该协议只按选择性签署的方式对签署缔约方有约束力，而不能约束其他缔约方，因此这一较为完善的海关估价制度未能发挥出广泛的约束力。

（四）WTO 海关估价协定

为弥补东京回合达成的海关估价协定的不足，在建立世界贸易组织的乌拉圭回合多边贸易谈判中，经过重新审议和修订完善，乌拉圭回合于 1993 年底在东京回合达成的《关于实施关贸总协定第 7 条的协议》的基础上顺利达成了《关于实施 1994 年关贸总协定第 7 条的协议》（即《WTO 海关估价协定》）。

1. 《WTO 海关估价协定》的文本框架

《WTO 海关估价协定》分为三大部分（详见附录 1）。

第一部分是一般介绍性说明和序言，前者是对海关估价制度的综合性介绍，主要说明海关完税价格的确定依据；后者说明该协议的宗旨和目的。

第二部分是正文，共四小部分 24 条。其中第 1 至 17 条为海关估价的规则，是该协议的核心内容；第 18、19 条是管理、协商和争端解决；第 20 条规定特殊和差别待遇；第 21 至 24 条为最后条款。

第三部分是附件，其中附件 1 是对正文某些条款的解释，尤其是对 6 种估价方法的具体解释；附件 2 规定海关估价技术委员会；附件 3 是有关发展中国家的规定。

2. 《WTO 海关估价协定》的宗旨

《WTO 海关估价协定》的宗旨，即海关估价制度的制定原则，主要体现在序言部分，包括：

（1）促进 GATT 1994 的目标，并为使发展中国家的国际贸易获得更多的利益；

（2）认识到关贸总协定第 7 条规定的重要性，并愿意制定详细的适用规则，以便在执行中取得更多的一致性和肯定性；

（3）认识到需要有一个公平的、统一的和中性的制度，用以对货物进行海关估价，藉此杜绝恣意的或虚假的海关估价；

（4）认识到海关对货物估价的依据，应尽可能是该货物的成交价格；

（5）认识到海关估价的基础应符合以简易和公平为标准的商业惯例，而且估价程序应是普遍适用的，而不应以供应来源的不同来区分；

（6）认识到估价程序不应用来对付倾销。

《WTO 海关估价协定》所确认的海关估价制度强调了中性原则，即海关不但对待所有商人应公平、统一，不能歧视，对货物供应来源不能歧视，而且不能从满足海关政策要求出发，把海关估价当做反倾销、反欺瞒、反不公平竞争的手段。上述不正当行为应由国家另行制定相关法律法规加以制止，而海关估价制度只能专门对进出口商品进行估价。这种原则有利于避免使海关估价制度成为一种贸易壁垒。

3. 《WTO 海关估价协定》提出海关估价的方法

《WTO 海关估价协定》的核心内容是确定海关估价的估价方法，这些估价方法的次序为：

（1）进口货物的成交价格；

（2）相同货物的成交价格；

（3）类似货物的成交价格；

（4）倒扣价格；

（5）计算价格；

（6）其他合理方法。

上述六种方法中，进口货物的成交价格是主要方法。只有在不能以第一种方法确定完税价时，才能按所列顺序依次采用第二至第六种方法。此外，在一定条件下，可以颠倒"倒扣价格"和"计算价格"的适用顺序。

4.《WTO 海关估价协定》提出的其他海关估价规则

除核心的估价方法外，《WTO 海关估价协定》还涉及其他几项规则，包括：

（1）当确定海关估价需要货币换算时，所使用的汇率应是有关进口国主管机构正式公布的在进出口时期内的有效汇率。

（2）凡属机密性的资料，有关当局应严格保密。未经提供资料的政府或人员的许可，有关当局不得泄露，除非在司法程序中有此要求。

（3）各成员方的立法应规定进口商或其他缴纳关税的人对海关当局所作的海关估价有权起诉，而且不因此而受到处罚。

（4）各成员方应立法规定，如需要推迟最终确定海关估价，进口商应能从海关提取货物；海关可要求进口商以担保押金或其他适当方法作出充分保证，承担最后支付该货物应缴纳的关税数额。

（5）有关进口国应将其普遍适用的，涉及 1994 海关估价协议法律、规章、司法决定和行政规定予以公布。经书面请求，进口商有权取得进口国海关管理机构如何确定进口货物的海关估价的书面说明。

5.《WTO 海关估价协定》提出的海关估价管理机构

（1）海关估价委员会。《WTO 海关估价协定》规定，设立一个由各成员方代表组成的海关估价委员会。该委员会通常每年召开一次会议，为各成员方就有关海关估价的管理问题提供磋商的计划，并履行各成员方赋予它的其他职责。

（2）海关估价技术委员会。《WTO 海关估价协定》规定，在海关合作理事会的主持下设立一个海关估价技术委员会。该技术委员会履行附件 2 中的各项职责，确保在技术方面对《WTO 海关估价协定》的解释与实际适用相一致。

6. 发展中国家的特殊和差别待遇

《WTO 海关估价协定》专门为发展中国家成员方规定了特殊和差别待遇，主要包括：

（1）凡不是东京回合海关估价协议缔约方的发展中成员方，可从世界贸易组织协定生效之日起不超过 5 年的期间内推迟适用《1994 海关估价协议》。对于某些发展中成员方，若 5 年时间仍不充裕，还可以延长推迟试用期。

（2）除上述规定外，非东京回合海关估价协议缔约方的发展中成员方，在适用《1994 海关估价协议》的其他各项规定之后，还可推迟适用该协议第 1 条第 2 款（b）项（Ⅲ）和第 6 条，但不得超过 3 年。

（3）发达成员方应按双方同意的条件，对提出请求的发展中成员方提供技术援助。在此基础上，发达成员方应拟订技术援助计划。

在附件 3 中，《WTO 海关估价协定》还就发展中成员方在海关估价方法、守则保留等方面的待遇作出了进一步宽松的规定。

《WTO 海关估价协定》要求各成员方采用统一的海关估价制度，对进口货物的估价以成交价格为依据，这是一个合理的要求。《WTO 海关估价协定》的贡献主要表现在：

（1）统一了关贸总协定海关估价制度的内容和解释，在更大范围内促进了海关估价的国际统一性，进一步减少了海关估价领域内的潜在争议。

（2）尽可能以成交价格作为海关估价方法，使各国的海关估价更具确定性和可预测性，并使进出口商均可从中受益。

（3）消除了以往各国海关估价制度的保护性特征，特别是禁止在估价实践中使用武断的或虚假的价格规定，使得各国的海关估价程序更为中性。

（4）增强了各国海关提高其海关估价制度透明度的义务，使海关依法估价，有效地防止了海关估价权力的滥用。

（5）在简化海关估价制度的同时，并不降低对某些行业的保护程度。对某些以前需要海关估价制度保护的行业，可通过适当的立法将这一保护转化为适当的关税税率。

（6）设置了有关进出口商对不当估价决定的申诉程序，使进出口商有机会在国内或国际上维护自己的利益。

（7）减轻了各国原有的估价立法的压力，特别是有关估价争议方面立法的压力。这将大大简化海关估价程序，减少行政费用支出，使海关与进出口商的关系更为融洽。

总而言之,《WTO 海关估价协定》在国际上建立了一套公平、统一、中性的海关估价制度。它的实施,有利于各国海关估价制度的完善,有利于国际贸易的发展。

> 《WTO 海关估价协定》是 WTO 的一个法律文件,所有成员必须实施。因此,实施范围实质上已经扩大到所有 WTO 成员,名副其实地成为了统一海关估价制度。

## 第二节　中国海关估价制度

新中国成立后,我国于 1951 年颁布了《中华人民共和国暂行海关法》、《中华人民共和国海关进出口税则》和《中华人民共和国进出口税则暂行实施条例》等一系列海关法规,其中规定了海关估价的定义:"进口货物应以该货物运抵我国的到岸价格为完税价格,出口货物的完税价格为该货物售与国外的离岸价格除去出口税,经海关审查确定者。"并进一步规定:"到岸价格系指货物在采购地之正常批发价格加上出口税和运抵我国输入地点起卸前的包装费、运输费、保险费、手续费等一些费用,经海关审定者。""如进口货物在采购地之正常批发价格,海关未能确定时,其完税价格,应以申报进口时国内输入地点的平均批发市价减去进口费用及营业费用作为计算依据"。

1985 年,我国进行了关税制度改革,制定了《中华人民共和国进出口关税条例》,1987 年又对其进行了修订,以使其符合 1987 年公布的《中华人民共和国海关法》的立法内容。上述两项海关的基本法律,均设专门条款对海关估价制度作出了规定,明确了海关估价的方法。在此基础上,海关总署于 1989 年发布了《中华人民共和国海关审定进出口货物完税价格办法》,对"正常成交价格"这一估价定义作出了明确解释,规定"海关审定的进出口货物的成交价格,应该是该项货物在公开市场上可以采购到的正常的价格"。

1992 年,我国再次修改《中华人民共和国进出口关税条例》,确立海关完税价格为"海关审定的进口货物的成交价格为基础的到岸价格",但由于当时的《中华人民共和国海关法》仍是以"海关审定的正常到岸价格"作为完税价格而并未做相应的修订，加之受"布鲁塞尔估价定义"的影响，在征税实践中基本以海关商品价格资料库中的参考价格进行征税。

因签署 WCO 世界海关组织京都公约以及加入 WTO 世界贸易组织的要求，我国承诺入世后按《WTO 海关估价协定》的要求实施海关估价的有关规定，以"成交价格"作为海关估价的基础，不再以"最低限价"和"参考价"作为估价手段。由于《WTO 海关估价协定》在我国不能直接适用，我国承诺通过制定、修改国内法来履行协议规定的义务。

根据 2000 年 7 月 8 日第九届全国人民代表大会常务委员会第 16 次会议通过的《关于修改〈中华人民共和国海关法〉的决定》，修订后的《海关法》第 55 条规定："进出口货物的完税价格，由海关以该货物的成交价格为基础审查确定，成交价格不能确定时，完税价格由海关依法估定。"这条规定表明我国的海关估价制度从根本原则上确立了以"成交价格"为基准的完税价格认定体系。

2001 年 12 月 31 日，海关总署以海关总署令第 95 号文件的形式公布了新修订的《中华人民共和国海关审定进出口货物完税价格办法》，以履行《WTO 海关估价协定》所规定成员方的义务。至此，我国关于海关估价的法律制度，已基本反映了《WTO 海关估价协定》的内涵。

2001年12月31日海关总署令第95号发布《中华人民共和国海关审定进出口货物完税价格办法》

从2002年起，中国海关即全面实施《WTO估价协定》，以货物的实际成交价格作为进出口商品的估价基础

"忽视估价程序"和"忽视估价证据"

2003年5月海关总署令第102号发布《中华人民共和国海关关于进口货物特许权使用费估价办法》

国务院于2004年修订并实施《中华人民共和国进出口关税条例》

2006年海关总署令第148号发布《中华人民共和国海关审定进出口货物完税价格办法》

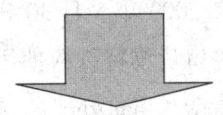

客观、公平、统一

海关总署公告2006年第11号《关于公布海关审定公式定价进口货物完税价格的有关规定》

2009年6月1日施行海关总署第182号令《中华人民共和国海关计核违反海关监管规定案件货物、物品价值办法》

**图 1 – 2　入世后中国海关估价主要文件**

自 2002 年 1 月 1 日起，海关总署令第 95 号的正式实施，考虑到海关估价工作专业性和技术性较强，海关估价人员在短期内难以全面掌握，而且在估价实践中，普遍存在估价人员"忽视估价程序"和"忽视估价证据"两种错误倾向的情况，为使估价人员尽快掌握估价法规，准确估定进口货物的完税价格，在确保国家税收的同时，减少因估价行为引起的行政复议和行政诉讼，海关总署关税征管司制定了署税发〔2002〕349 号"海关总署关于印发《海关估价和质疑程序操作办法》的通知"（详见附件），就海关估价工作的细节操作事项进行专门规定。

为规范进口货物特许权使用费的海关估价，2003 年 5 月 30 日发布的海关总署令第 102 号规定了《中华人民共和国海关关于进口货物特许权使用费估价办法》。

同时，为改善海关估价作业中发现的问题，国务院于 2004 年进一步修订并实施了《中华人民共和国进出口关税条例》（详见附录 2）。

为适应国际贸易中存在的以定价公式约定货物价格的贸易实际，规范对公式定价进口货物的海关完税价格审定工作，便利企业通关，海关于 2006 年 3 月 6 日颁布海关总署公告 2006 年第 11 号（《关于公布海关审定公式定价进口货物完税价格的有关规定》），制定海关审定公式定价进口货物完税价格的有关规定，该公告自 2006 年 4 月 1 日开始执行。

2006 年 3 月 8 日，经海关总署署务会审议通过，出台了新的海关估价制度，以海关总署令第 148 号《中华人民共和国海关审定进出口货物完税价格办法》（详见附录 3）（以下简称为：《审价办法》）公布。2001 年 12 月 31 日海关总署令第 95 号发布的《中华人民共和国海关审定进出口货物完税价格办法》和 2003 年 5 月 30 日海关总署令第 102 号发布的《中华人民共和国海关关于进口货物特许权使用费估价办法》同时废止。

依据《审价办法》，我国进出口货物海关估价方法以及流程如图 1 - 3、1 - 4 所示。

以下先通过介绍某企业不服海关估价决定行政复议案帮助大家初步了解估价基本程序。

某公司不服海关估价决定行政复议案

1. 案件基本情况

2006 年 6 月 10 日，科华外贸公司以一般贸易方式向某海关申报进口集成电路。某海关经审核，发现其申报价格明显低于海关掌握的相同或类似货物

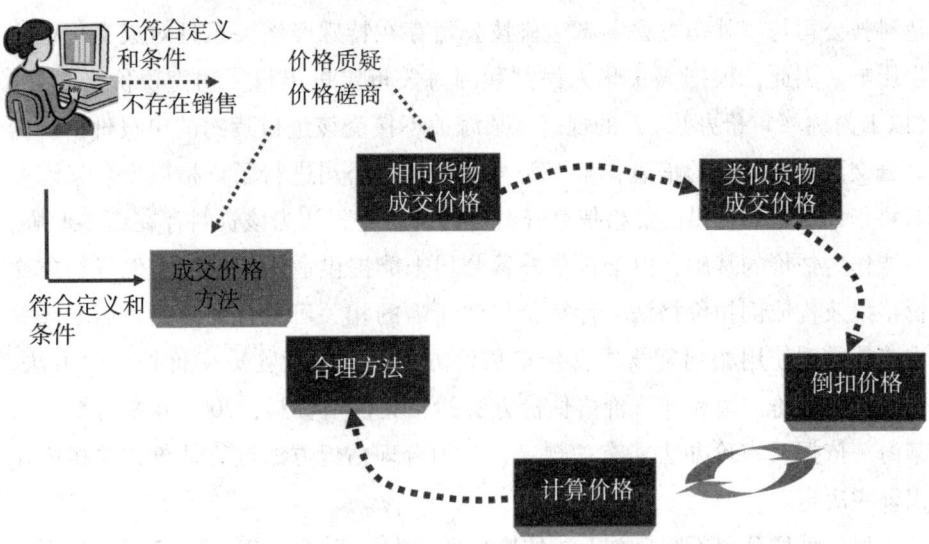

图1-3 进口货物海关估价方法和流程示意图

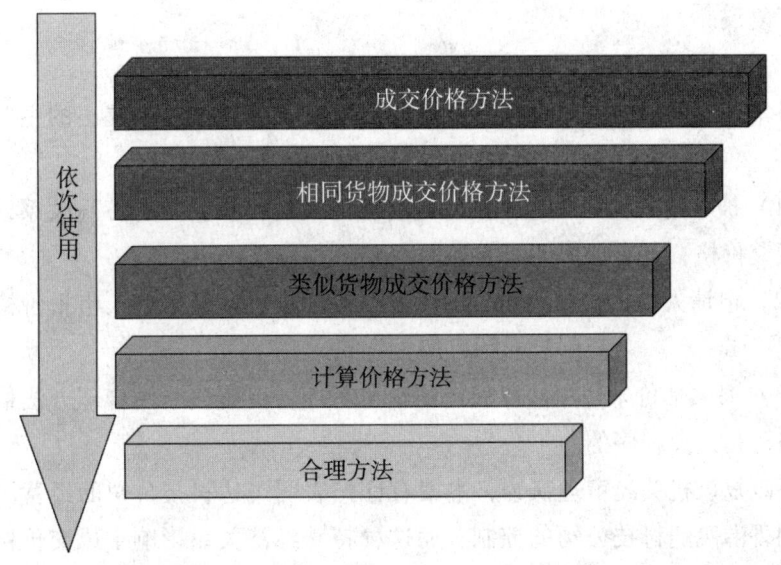

图1-4 出口货物海关估价方法和流程示意图

成交价格或国际市场价格，遂于2006年6月11日制发"价格质疑通知书"，对申请人进行价格质疑，要求其做出书面说明，并提供相关资料。经审查科华外贸公司提供的说明及相关资料，某海关认为不足以证明其申报货物价格的真实性、准确性，而且该海关还发现科华外贸公司代理的国内实际买方飞达科技公司与境外卖方香港飞达科技公司存在特殊经济关系且对成交价格产生影响。因此，根据《中华人民共和国海关审定进出口货物完税价格办法》（以下简称《审价办法》）的规定，某海关不接受该进口货物的申报价格。为充分交流双方掌握的信息，某海关与科华外贸公司进行了价格磋商。某海关对科华外贸公司提供的价格信息资料进行了审查，认为该资料存在诸多瑕疵，不能作为估价的基础；由于科华外贸公司未能提供适用相同或类似货物成交价格以及构成倒扣价格法、计算价格法所需的相关可量化的数据，而某海关也未能掌握使用相同货物成交价格估价方法、类似货物成交价格估价方法、倒扣价格估价方法和计算价格估价方法的相关价格资料，2006 年 9 月 20 日，某海关依据《审价办法》有关规定，使用合理估价方法进行估价，并相应作出征税决定。

科华外贸公司不服海关上述估价征税行为，于 2006 年 9 月 22 日向该海关的上一级海关申请行政复议，作为国内实际买方的飞达科技公司作为第三人参加了复议。

2. 行政复议情况

科华外贸公司与飞达科技公司在"行政复议申请书"中提出的主要申辩理由是：

（1）被申请人认为飞达科技公司与香港飞达科技公司有特殊关系，因而影响成交价格，没有任何证据支持。

（2）申请人提供的报关单、厂商发票等证据可证实申请人申报价格的真实性。

（3）海关估价未适用法律规定的估价程序，而直接采用合理方法估定完税价格，是违反程序的。

行政复议机关经审理认为，本案有证据表明飞达科技公司的经营活动实际受到香港飞达科技公司的控制，而这种特殊经济关系影响了成交价格，被申请人经了解有关情况，并与申请人进行价格磋商后，依次排除了相同货物成交价格估价方法、类似货物价成交价格估价方法、倒扣价格估价方法、计算价格估价方法的使用可能，最后以海关掌握的国内其他口岸相同型号规格产品的实际进口成交价格资料为基础，采用合理方法进行估价，作出了征税决定，认定事实清楚，证据充分，适用依据正确，程序合法，应予支持。2006 年 11 月 27 日，行政复议机关对本案作出复议决定，维持某海关的原估价征税决定。

　　结合近年海关实际估价作业中出现的一些亟待完善的问题，海关正计划完善《中华人民共和国海关审定进出口货物完税价格办法》以及起草《中华人民共和国海关加工贸易及保税货物完税价格审定办法》。

　　中华人民共和国国务院令第 392 号《中华人民共和国进出口关税条例》和海关总署令第 148 号《中华人民共和国海关审定进出口货物完税价格办法》文件是当前海关审定进出口货物完税价格的条文依据。

　　为了准确计核违反海关监管规定案件的货物、物品价值，2009 年 6 月 1 日海关总署第 182 号令规定了《中华人民共和国海关计核违反海关监管规定案件货物、物品价值办法》。

## 第三节　中国海关价格评估机制和价格稽查体系

### 一、海关估价作业过程中的海关事务风险

　　海关估价采用包括价格基础、估价方法在内的统一的估价标准。因海关估价涉及的商品种类繁多、交易环境和形式多种多样，因此，海关估价是海关事务中相当专业、复杂的事务，同时，技术性强，审计的难度较大。海关估价的目的主要是正确确定海关征税的税基，对有关货物、物品征收关税，为关税政策服务，因此，其直接对企业的纳税造成影响。

　　自中国"入世"后，进口完税价格的确定基础从"正常价格"调整为"成交价格"，有些人错误地以为：以"成交价格"估价，海关就不用再审价了。其实，《WTO 估价协定》并不否定海关的估价权，相反还授予海关充分的价格质疑权、审查权和重新估价权。2001 年 1 月 1 日起实施的新《海关法》就特别授予海关对价格瞒骗行为的处罚权。

　　从某种意义上来讲，全面实行"成交价格"估价原则，使海关运用估价手段反瞒报的权力受到一定的约束，这样，就出现一些纳税义务人打着"成交价格"的旗号伪报、瞒报价格。据悉，从海关查获的伪瞒报案件看，不法分子已从原来的单纯伪报、瞒报数量、品名、规格，发展到想方设法钻估价技术的空子以逃税，在掌握海关价格信息后，有目的地低报价格等。

　　当然，更多的企业是由于不熟悉海关估价和关税征收制度，自身估价能

力低，不能够很好地事先进行价格评估，造成估价错误，影响通关效率，并使得税收成本高于预期，影响利润、资金统筹。

另外，还有企业因不接受海关对进口货物的估价而申请将货物退运出境，无形中增加了企业供应链成本。

再者，因为海关税收追征期限为 3 年，有些企业因后续估价补税直接影响到企业的正常运作甚至生存。

为了掌握企业对海关估价原则和方法的熟悉程度，我们对企业进行了深度调研。以下摘录一些接受调研的人员的言论：

"企业与海关对估价进行理论有没有什么好处？"

"没有想到海关估价还有这么多讲究！"

"海关现场估价时很多并没有按照估价程序作业，而是通过海关内部系统设置的参考价格估价，审出的价格远远高于企业的申报价格。"

"企业的利润被'估'掉了！"

从以上简短的描述中，我们不难看出企业在海关估价作业过程中的无知、无奈、消极和痛苦。

我们对企业在海关估价作业过程存在的现象和风险进行了总结。

1. 无知或者知之甚少

我们曾经对 300 名关务人员和财务人员进行海关估价基础知识测试，发现 95% 以上的人不了解海关估价的基础原则和方法，更不懂得如何应用这些估价方法为企业争得利益。

企业的关务人员和财务人员普遍缺乏对海关估价知识的了解，缺乏对海关估价作业应有的重视。

例如，某信息产品（深圳）有限公司因缺乏对特许权使用费完税价格计征方法的全面了解，造成后续补税 1.3567 亿元，创下全国海关迄今有关特许权使用费估价补税额最大的案例。

　　95% 以上的涉外型企业不了解海关估价原则和方法，海关估价风险巨大！

2. 消极被动、无奈

由于知识和方法的缺乏，在海关估价执法过程，企业不能够积极主动寻求有利的方法和证据为企业在估价过程中争得利益，只能够消极地接受海关的估价结论。

3. 无权

有些国内企业属于国际集团的子公司，其国内人员报关、进口申报价格由其总公司总体负责。而国内子公司人员对其真实价格无法知晓，只能够听由集团公司的安排，一旦引发估价争议，国内子公司人员也不能够提供有效的证据支撑。

4. 不主动估价

因为担心估价补税，很多企业人员在明知诸如特许权使用费、转售收益等未计入完税价格的情况下，不积极主动向海关申报，而是心存侥幸，企图蒙混过关。

## 二、外贸企业常见价格瞒骗现象

（一）企业常见的价格瞒骗手段

在企业实际进出口业务过程中，一些企业从自身利益出发，以少缴纳或不缴纳关税为目的，在向海关申报完税价格时使用制造的虚假事实或隐瞒事实真相的方法，谋取不当利益。

所谓价格瞒骗，是指进出口企业在向海关申报进出口货物的完税价格时，将货物的实际价格故意低报或高报，以逃避海关税收或外汇结售汇。

价格瞒骗的手法多种多样，涉及的商品种类繁多、专业性强，审计的难度较大。

一般，价格瞒骗手段包括以下几种方式。

1. "洗单"法

"洗单"是指走私分子利用特殊商业关系与不法中转商勾结，在货物转口进境时，由中转商隐匿原始单证，以中转商的名义开具报关单证、制作虚假单证提供给走私分子在国内的代理商向海关报关使用。

"洗单"的内容多种多样，涉及货物的品名、规格、数量、价格、原产地等。通过"洗单"，进口商将高价商品"洗"成低价商品，将数量多的商品"洗"成数量少的商品，将税率高的商品"洗"成税率低的商品，将贸易管制的商品"洗"成非贸易管制的商品。

如下图所示案例：

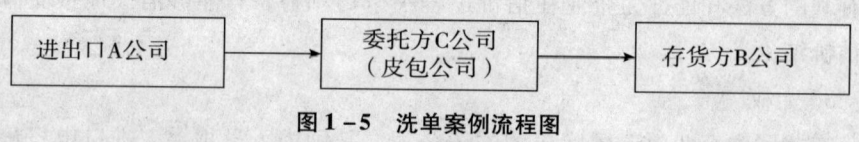

**图1-5  洗单案例流程图**

A公司向某海关申报进口聚丙烯薄膜（服装包装袋用）11票186吨，申报价格全部为每公斤9元港币，产地为德国。

经稽查发现该批薄膜全部为国产电容用薄膜，实际成交价按规范（厚薄）不同分别由每公斤最高9欧元至最低3.9欧元不等，其低报价格折合人民币439万元，补税人民币127.7万元，罚款人民币30万元。

经查实，真正的收货方为B公司。

B公司按报关价加上关税、增值税以及服务费用向C公司支付；A公司接受C公司委托，向海关申报，收取每个货柜4000元的代理费。而A公司为了牟取利益，瞒报真实商品和价格。

2. 伪造商业单证

当国外交易商为维护其商誉、避免遭受不良影响而不愿向进口商提供虚假单证时，进口商往往通过伪造、篡改合同中的价格条款，伪造、变造商业发票和其他单证材料的方式实施价格瞒骗。

3. 分割发票、隐瞒付款、结汇方式

分割发票是指向海关交验的发票价格只是货物成交价格的一部分，而隐瞒了申报进口货物的最终真实"成交价格"，这种手法往往和隐瞒付款、结汇方式一起使用。在实际贸易中，经常出现一个合同分几次付款的情况，如预付款、尾款等，不法商人利用某些商品分期付款的贸易结算特点，仅向海关提交随货发票、预售合同等，申报货物的部分价值，而不提供载有明确成交详情的合同正本，以瞒报预付款、尾款等，达到偷逃税款的目的。

4. 隐瞒或虚报应当计入"成交价格"的成本、费用或收益

不法企业隐瞒除购货的佣金和经纪费用外的应计入实际支付或应当支付的"成交价格"的其他费用，或者虚报成本、费用或收益，以达到逃避税款的目的，同样构成价格瞒骗。

5. 利用双重计量单位瞒报价格

有些货物按照海关规定必须有两个或两个以上计量单位，企业在两个计量单位之间做文章，选择有利于低报价格的计量单位。如某公司向海关申报

进口 PVC 薄膜时，公司进口的 PVC 薄膜向海关申报的重量与卷数均属正常，与实际货物相符。但其申报价格每公斤为 0.5105 美元，重量为 17 654 公斤，总价 9 012.5 美元，申报时合同书上面积数 8 750 平方米，单价 1.03 美元/平方米。经海关查验实为 32 000 平方米，根据进口方提供质保书上的数据为 520 克/平方米和海关实际化验结果基本一致（误差在允许范围内），并以单价 1.03 美元/平方米为依据，海关推断出其实际价格应为每公斤 1.87 美元，总价为 32 960 美元，有明显的低报行为。

（二）价格瞒骗的付款方式

价格瞒骗的付款方式有以下几种：

（1）以出口佣金方式对外付汇，通过有出口业务的公司，将该公司的出口合同、出口发票、收据提供给银行，用合法的方式向境外支付。

（2）与有进料加工贸易业务的企业合谋，伪造单据，提高进口货物价格，将高报部分以 T/T、D/P、D/A（电汇、凭付款交单、凭承兑交单）等方式支付给境外公司。

（3）通过地下钱庄用洗钱方式付汇，将人民币兑换成港币转入香港账户，再由香港账户支付给境外公司。

（4）通过偷带出境。从近年来查获的案件看，旅检渠道已经成为外币走私的重要渠道。

（5）通过国内的其他支付方式。

以下给出两个企业瞒报间接支付款项，不将间接支付款项计入完税价格而被海关认定违规的案例。

 **案例** 1

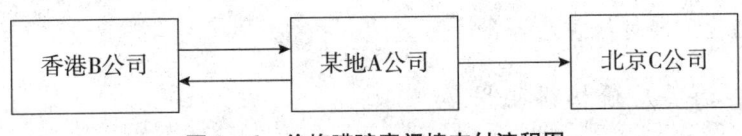

图 1-6　价格瞒骗案间接支付流程图

某地 A 煤气有限公司以"一般贸易"方式报关进口 2 568.217 吨液化石油气（LPG），申报 CIF 价为 276.5USD/T。

经查发现如下事实：

（1）该 LPG 的境外供货商（香港 B 油品公司）为某地 A 煤气有限公司的股东。

（2）在进口合同外存在另一份"合作协议书"（报关时未向海关提供）。

（3）进口货物中有 1 568.217 吨 LPG 是采取"持仓"形式进行销售处理。

（4）某地 A 煤气有限公司按照持仓货物销售价格的 16%（人民币约 59 万元）电汇给北京 C 公司。

（5）北京 C 公司为香港 B 公司在境内的关系户。

根据《中华人民共和国进出口关税条例》第九条的规定，"进出口货物的补税和退税，适用该进出口货物原申报进口或者出口之日所实施的税率"，以申报日进口所实施的税率（综合税率 19.78%）计征补税，共计补税人民币 11.7 万。

### 案例 2

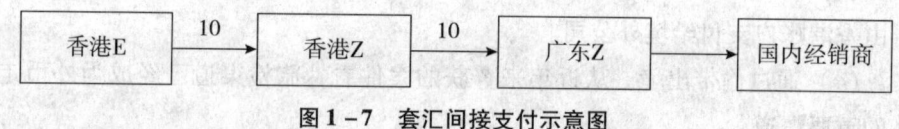

**图 1-7 套汇间接支付示意图**

该案例的间接支付属于一种较为复杂的套汇支付方式。

广东 Z 公司是香港 Z 公司的子公司。广东 Z 公司按香港 Z 公司与香港 E 公司的实际成交价格（单价 10 美元）报关进境，未加上香港 Z 公司应有的利润。海关稽查过程中，发现广东 Z 公司的账簿中体现香港 Z 公司的利润（财务科目：应付账款 - 香港 Z），进一步发现支付香港 Z 公司的利润是直接转付给国内某香港 E 公司的国内经销商，作为该经销商的销售返利。而香港 E 公司将销售返利转付给香港 Z 公司。

## 三、海关反价格瞒骗措施

### （一）海关反价格瞒骗体系

海关建立了高度协调、信息高度综合的高科技网络平台，设立三道防线，对付价格瞒骗。

第一道防线是设立在货物正式申报通关之前，以直属海关职能部门为主，

图 1-8　海关反价格瞒骗防线

审单中心和现场海关参与配合的价格预警防线。

这道防线中，海关通过搜集信息资料，开展价格风险监控分析，建立以关区内信誉良好的大企业为单元的商品价格资料库。设置该过滤网目的在于让信誉好的企业快速通关，同时使职能部门发挥专业优势，发现和捕捉价格瞒骗情况。

第二道防线设在通关和物流环节，以审单中心估价人员和现场海关接单、验估和查验人员为主的审价验估防线。

这道防线是反价格瞒骗的核心环节。包括对企业申报价格的审单、接单审核、价格磋商、验估等。企业的申报价格若被海关质疑，将被转入现场验估岗位，证据确凿的将被移交职能部门和调查部门。

企业单证正常，海关必须接受企业的申报价格，如有质疑，企业有权与海关磋商。短时间内难以认定的技术难题交职能部门进行专业认定。企业如有低价瞒报嫌疑，但海关无法举证又无证据证明的，会被先放行，后核查。

第三道防线设在通关之后，是反价格瞒骗的最后屏障，以职能部门、现场海关的价格核查部门为主的后续核查防线。在每天的价格分析中，一旦发现以往的同类商品成交价有低报瞒骗现象，海关将责成第三道防线的职能部门核查此事，如果证据确凿，就会毫不留情地进行"秋后算账"。

这样的话，即使企业出现价格瞒骗，侥幸当时未被查出。但如果在 3 年内海关发现其瞒骗，那么海关仍有权追回其所有偷逃的税款。到那时，那些企业只好自食其果。

价格核查是该道防线的主要力量，包括常规核查和非常规核查。

常规核查就是定期对企业进行常规性价格核查。

非常规核查是对前两道防线中发现的有疑点的企业、商品因当时难以快速解决所进行的核查。海关可以对一定时期内的企业货物进行全面审核，而且对一定时间内价格瞒骗行为严重的进行从重处理，这样，就加大了海关执法的威慑力。

（二）海关价格核查手段

对进口环节完税价格进行审计时，海关核查人员首先会弄清境内外公司的真实贸易关系，确定进口货物的真正货主，从物流、资金流和信息流三个方面入手，寻找企业可能的交易处理方式，揭示进口活动背后的资金运动，稽查企业价格瞒骗行为。

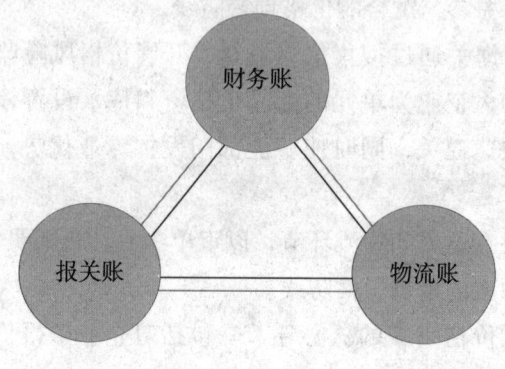

●单证相符　●单证流
●账实相符　●资金流
●账账相符　●物流

图1－9　海关价格核查原理图

1. 确定进口货物的真正货主

进口货物实际收货人为了逃避法律责任，往往隐藏在幕后操控整个贸易过程，如经销商找代理商、代理商再找代理，通过代理企业进行风险移转。而代理企业在利益的驱动下一般不过问货主所进货物的真实用途、价格等，并且代理企业之间还存在层层代理、包税代理，甚至还有代理企业开具增值税发票（增值部分仅为关税和代理费）给实际收货人，在法律上造成国内购销的形式。

一般，在产生法律责任时，代理企业会以代理进口不知实情来推诿，而实际收货人会以国内采购不应承担进出口行为责任来回避。

因此，在进行价格审计时，海关核查人员会对整个供应链上的物流进行分析，了解进口货物的来源和去向，对进口经营单位和收货单位均会重点审计。

同时，还会对其与外商的关系进行了解，弄清交易的真实情况，查实有无"洗单"等情况，确定进口货物的真正货主。

2. 揭示资金运动轨迹

进出口货物涉及资金的流动，而且涉及的多是外汇资金的流动。

我国对进口货物付汇、出口货物收汇实行外汇核销制度，因此，当进口商低报货物价格时，往往会采用不同的付汇方式支付货物的实际价格以及货物的实际价格与低报价格之间的差额货款。

与报关价格等额的货款通常通过正常渠道对外开证付汇或电汇付款，而低报的差额部分的货款则可能采取以出口应收货款抵扣进口低报的货值方式，以人民币支付给外商在国内的子公司或其开办的三资企业、办事处的方式支付给第三家国内公司，或者干脆通过地下钱庄向境外付款或由个人携带出境等方式对外付款。

针对这种情况，海关核查人员首先会核实会计账簿中对外付汇的金额是否与报关金额相符，以及相关进口税款的入账情况；其次会重点核实企业与国内企业的资金往来以及有可能支付差额款项的账户的资金往来情况。

一般来讲，如果海关怀疑企业通过采购货物，支付服务费、管理费的名义向外商在国内的子公司、办事处或其第三家国内公司支付差额货款，就会对"商品采购"、"库存商品"、"管理费用"、"其他业务支出"等科目的明细账与会计凭证进行一一核对，看其是否有真实的贸易往来或提供服务，查清每一笔可疑的支出，必要时到收款的单位进一步核实、取证。

如果怀疑企业通过企业拆借、个人借款的名义挂在往来科目上，海关核查人员会对"应付账款"、"其他应付款"等科目逐一核对，尤其对于长期挂账、金额较大的往来账进行重点核查，以查证企业是否存在伪报价格、转让定价、虚拟价格等行为。

3. 寻找企业可能的交易安排

一般而言，企业总是以追求利益最大化为目的，不会为逃避某一环节支出而增加另一环节的成本。因此，从成本费用的角度考虑，只要是企业应该承担的货款，不管通过何种形式支付出去，必定会通过相关的成本费用类账户反映，以降低自己的总税负。

如某生产企业在反映货物的购入时，为保证账证一致，企业应按货物的申报价格和进境环节关税、消费税等税金之和计入材料采购账户，而货物实际成交价格和申报价格之间的差额一方面通过应付账款或其他应付款等往来账户反映其支付情况；另一方面出于经济利益考虑，必然会通过生产成本、期间费用等较隐蔽的账户来反映，从而体现企业实际的成本水平，达到逃避税赋的目的。因此，海关核查人员会充分关注企业的成本费用类账户，尤其是有异常变动的项目。

对转售收益进行核查时，海关核查人员关键是寻找有特殊安排的合约和卖方指令文件；审核企业的会计账册，重点是查找企业的往来账款和收入、利润（收益）的流向。其中，对于间接获取的转售收益，在查证上有一定的复杂性，海关核查人员将通过收集多方面证据进行综合认定。

此外，海关核查人员还会查证两个方面的内容，一方面是卖方获取的收益与进口货物转售或使用有关，另一方面是获取的收益能具体确定。只有这两个方面条件都具备，才能够将收益计入完税价格。

### 四、海关大监管体系改革和海关估价机构调整

在不断健全执法法律依据的同时，海关积极实施海关大监管体系改革以及流程再造。

2009 年全国海关关长会议确定了把构建海关大监管体系作为我国海关今后一个较长时期的重要工作，以便在全国海关形成一个整体功能强大，包括科学高效的职能管理体系、务实顺畅的通关监管体系和周全可行的监督保障体系在内的"管得住"、"通得快"的大通关环境，最终打造出一支高效廉洁的现代化海关队伍，提高通关速度便利进出口贸易，实现海关功能从管制型向服务型转变。

（一）海关大监管体系内涵

海关大监管体系是我国海关系统在深入学习实践科学发展观的过程中，以构建科学高效的职能管理体系为基础环节、以构建务实顺畅的通关监管体系为目标导向、以构建周全可行的监督保障体系为发展后盾的一种创新思想。海关大监管体系在内容构成上主要包括职能管理体系、通关监管体系和监督

保障体系。

（1）在职能管理方面，我国海关将立足于海关管理的高效运行，理顺三级事权，明确职能定位，在各层级、各领域建立起规范有序、运作顺畅、监督有效的工作运行机制。完善海关决策指挥、组织协调、督办落实、考核评估、监督检查、责任追究等管理制度，努力形成环环相扣、完整有效的内部管理链条。在通关监管方面，我国海关将实行以企业守法管理为基础的分类通关模式，通过拓展监管时空，破解当前海关业务量快速增长与人力资源相对不足的突出矛盾，进一步提高通关效率，改善通关服务，为企业占领和拓宽市场、提高竞争能力给予更大的支持。

（2）在监管上着眼提高海关监督管理整体效能，发挥一线监管、后续管理、打击走私等各方面力量的综合作用，加强与外部的沟通协作，实现各部门各单位的协调配合和有效监控，建立起与"大通关"相适应的具有综合性和整体性的海关大监管体系。

（3）在监督保障方面，我国海关通过建立周全可行的监督保障制度来对海关权力进行监督，保障海关工作不骄不躁、高效廉洁。包括国家最高权力机关全国人民代表大会及其常委会的监督，国家最高行政机关国务院的监督，监察机关的监督，审计机关的监督，司法机关的监督，管理相对人的监督和其他社会舆论的监督，重点突出管理相对人和社会舆论对海关工作的监督。

（二）海关大监管体系的构建

首先，在纵向职能管理上，全国海关仍然沿用原来的集中统一管理的垂直领导体制，从上到下实现高效管理。由海关总署直接管理直属海关，直属海关直接管理所管辖关区内的隶属海关，各海关开展工作只须对上级海关和相关法律负责，减少多头领导所产生的管理成本浪费。三级海关的事权划分应更趋合理，严格按照各级海关事先被安排的基本任务来履行各项职责。原则上是海关总署作为全国海关工作的归口主管部门，统筹安排全国海关各项方针、政策的制定工作，领导和组织全国海关正确贯彻实施《海关法》和国家的有关政策、行政法规。直属海关承担着在关区内组织开展海关各项业务和关区集中审单作业、全面有效地贯彻执行海关各项政策、法律、法规、管理制度和作业规范的重要职责，在海关三级业务职能管理中发挥着承上启下的作用。隶属海关负责办理具体海关业务，包括现场接单审单、查验货物、计征税费和现场放行等基本通关环节，是海关进出境监督管理职能的基本执行单位。

在横向职能管理上，海关总署重点突出对海关总署办公厅（口岸规划办公室）、政策法规司、关税征管司、监管司、加工贸易及保税监管司、综合统计司、稽查司、缉私局等八大署内机构的功能定位和职能管理，强化这八大机构的内部协调与沟通，既要做到各机构开展工作时各司其职，又能体现海关工作的完整性和整体性。使得更多的海关关员充实到室外核查一线，在规范企业进出口行为、促进企业守法自律、建立海关与企业的合作伙伴关系、保障贸易安全与便利、改善海关执法环境、提高海关管理效能等方面，均将起到积极而显著的作用。

为有序组织实施全国海关大监管体系建设，海关总署党组公布了署党发〔2010〕24号《海关大监管体系建设方案（试行）》和《〈海关大监管体系建设方案（试行）〉任务分解》的通知，明确了大监管体系建设的重要意义、指导思想、基本原则、主要内容和实施步骤。

依照大监管体系改革要求，总署各司进行了职能调整，其中与海关估价紧密关联的机构职能调整动向为：将进出境货物、物品税收和船舶吨税的管理职责统一归口到关税司负责，审单业务由关税司牵头指导。

对应各直属海关、隶属海关机构职能也进行了调整。以下为某关区结合大监管体改革进行的职能调整：

法规处：所有业务参数的管理职责统一归口法规处负责，其他职责不变。

监管通关处：所有物流监控和通关管理的职责统一归口监管通关处负责，将保税货物的物流监控和通关管理职责划归监管通关处负责，进出境物品的税收征管和减免税管理职责划归关税处，其他职责不变。

加工贸易监管处：保税货物的物流监控和通关管理的职责划归监管通关处，保税中后期核查职责划归稽查处，其他职责不变。

综合统计处：所有统计数据的质量控制和管理职责统一归口综合统计处负责，其他职责不变。

稽查处：企业稽查、减免税核查和保税中后期核查的管理职责统一归口稽查处负责，其他职责不变。

督察内审处：所有内控监督、考核评估指标管理和各类内控考核评估结果发布的职责统一归口督察内审处负责，其他职责不变。

审单处：调整为业务现场，机构性质属于总关派驻机构，原有的报关单删改、滞报金减免、证明联签发等管理职责划归监管部门，非政策性退税、通关事务担保、商品规范申报和海关报关单及随附单证审核等管理职责划归关税部门，其他职责不变。

这种调整使得估价专业认定统一归口到关税管理部门管理，有利于统一海关执法口径，有利于良性关企价格磋商机制的发展。

# 第二章　看透海关估价上下位法

《WTO 海关估价协定》是我国海关必须遵循的国际法律文件之一。我国现行的海关估价法律制度结合我国经济社会特点，历经多次调整，基本体现了《WTO 海关估价协定》的原则和精神。不过，我国现行颁布的海关估价相关规定文件并未就各海关估价方法所涉相关特点要素、具体操作细则、适用性给予足够的诠释。

为使企业对现行海关估价法律制度体系有更全面的掌握，本章节将结合《WTO 海关估价协定》和我国海关估价制度要求，阐述各种估价方法的特点要素、适用性。

考虑相对于出口货物海关估价方法，进口货物海关估价对海关和企业的双重重要性，本章节将重点放在阐述各种进口货物海关估价方法上。

## 第一节　先行了解海关估价中的"被估货物"

我国海关估价制度未就进出口"被估货物"的特点进行明细说明，而这却是海关估价首先必须明确的事务。在此专门阐述，以期引起足够的重视。

《WTO 海关估价协定》第 1 条中的"该货物"是指被估货物或待估货物，实付或应付价格是指被估货物的价格。只有被估货物的价格才能作为海关估价的基础，而其他货物的价格（进口国生产的相同货物的价格、外销至第三国的价格或虚构的价格等）不能作为海关估价的基础。《WTO 海关估价协定》明确将实际的具体的待估货物作为成交价格的货物基础。因此待估货物的价格是指在进口或估价时的状态下该货物的价格。

货物既有有形物品，也有无形物品，同时作为有形物品还具有无形的价值，如商标、专利、服务等。

### 一、不符合合同要求的货物

国际贸易中有时会出现交付的货物在质量或数量上与买卖双方交易合同的要求有不符的情况。处理此类情况时，理论上应该采用一项基本原则：以待估货物在进口时的质量和数量为准。但因为进口环节不一定能够及时获取进口货物的质量和数量，因此，滞后的质量和数量的确定存在着如何让海关认可的问题。

（一）有缺陷的货物

卖方负责交付的货物有缺陷且与合同规定的要求不符。

对于这种情况可能存在三种可处理结果：

（1）进口商以进口货物与合同规定的要求不符为由，拒收该货物并将其退运出境。这样就不存在估价和征收关税的问题，若已征税也应退还。

（2）调换货物，即以合格品更换有缺陷的货物，这样更换后的货物符合合同规定的要求，合同价格仍可作为替换货物的成交价格。

（3）该有缺陷的货物被买方所接受，则原合同价格不能作为该货物的价格。买方一般拥有降价的要求和权利，降价后的价格就是该货物成交价格的基础。不过这涉及时间和程序方面的问题，特别是在支付关税和结关放行后才发现货物有缺陷的情况下，就存在这种缺陷如何得到海关认定的问题。

（二）有受损的货物

进口商要求按合同装运货物，如果该货物在报关前运输途中受到损坏，其中部分货物未受损而留下，其余货物因受损而必须丢弃。在这种情况下，若合同中并无遇此类情况可对单位价格进行调整的规定条款，则货物的原单位价格为未受损货物成交价格的依据。若受损货物被调换，则原合同价格应为更换后货物的价格。

（三）运抵进口国前毁坏或灭失的货物

若货物在运往进口国的途中而未抵达进口国，则无应税可言。若货物在运抵进口国之前已全部毁坏，则上述原则同样适用。

在这种情况下，由于误认为货物完好无损已被买方接受而征收的关税，应予以退还，但同样存在一个海关认定的问题。如果合同中规定由买方承担此类风险，由买方支付全部价款，但买方事后可从投保公司和承运人方面得到补偿，也应按同一原则处理。若毁坏的货物被运抵进口国，则应按其进口时的状态进行估价。欧盟有关法律规定，在这种情况下，应依据进口货物到达和进口时的实际数量和状态进行分摊。

（四）收缩、挥发及其他类似货物

由于收缩、挥发及其他类似情况所造成自然的可预见的受损处理，取决于买卖双方所达成的协议。若买方仍须支付合同的全部价格，这就意味着已把这种损失因素计入合同价格，则合同价格为成交价格的基础。若合同价格可依据合同的规定进行调整，并且这种调整发生在向海关通关申报之前，则该调整后的价格为完税价格的基础。

（五）进口后灭失或损坏的货物

完税价格的确立是以进口时状态下的货物为基础的，因此货物进口后所发生的灭失或损坏与海关估价无关，对关税不产生任何影响，海关不予退税操作。

## 二、分批进口的货物

《WTO 海关估价协定》评论部分（以下简称为：《评论》）将分批装运货物定义为"若干批托付的货物。若干批托付货物尽管是买卖双方之间一笔交易的主体，但由于交付、运输、支付等原因不是一次性到货向海关呈验结关，则是随后经同一海关或不同海关分批或连续分批进口"。

分批装运货物绝大多数情况分属下列三种类型：

（1）由于在数量上一次性进口所有的货物对有关各方是不可能的或者是不方便的，货物只能分批装运。

在这种情况下，海关应以实付或应付的价格作为估价的基础，其单位价格取决于合同货物的总量。若在合同规定的时间内，分批装运的货物没有进口，此时海关可以对其实付或应付价格进行核实，会特别关注买卖双方是否存在修改原始合同的补充协议的情况。

例如：买方与卖方签订购买 6 000 件某货物的合同，约定单价 70 美元，合同规定分 5 个月进口，每月进口 1 200 件。第一批进口的 1 200 件，海关估价时应以合同中总量 6 000 件的单位价格为依据，即每件价格为 70 美元。虽然每一批数量为 1 200 件的货物单位价格一般会高于 6 000 件的单位价格，但这并不违反"该货物"的要求。

针对这种情况，为了简化海关估价程序，我国《审价办法》规定，"同一合同项下分批进出口的货物，海关对其中一批货物已经实施估价的"。在该情形下，海关可以不进行价格质疑和价格磋商。

（2）由于地理分布原因而分批装运到不同的口岸或海关。

在买卖双方的一项交易中，买方向卖方购买某一数量的货物，分批单独装运到一个、两个或多个进口国的两个以上口岸或海关，对进入每一海关的部分货物的完税价格，必须依据该货物的实付或应付价格来确定。

《WTO海关估价协定》对分批装运两个或两个以上进口国的货物的估价作了规定，不过为了避免在成本、费用分摊等方面引发海关估价争议，建议买卖双方应尽量避免将涉及两个或两个以上国家的进口贸易捆绑在一起的做法。

（3）成套工业设备或者工厂分批装运。

成套工业设备或工厂分批装运的原因是，该货物来自不同的供应渠道，或者一次性装运完毕实际上是不可能的，或者需要错开装运期便于适应建厂计划。

依照《评论》，此类货物海关估价有以下特点：

（1）这类情况涉及因尺寸等原因必须分批进口的某些群组货物和整套设备，对这些分批装运货物在关税和海关程序方面的待遇取决于进口国的国内立法。

（2）每批货物的完税价格应以有关的实付和应付价格为基础，也就是说以买方为进口货物向卖方或为了卖方利益已支付或将支付的反映在双方达成交易中货款总额的适当比例为基础。

（3）如果部分装运货物有单独发票，必须在发票的款额中计入调整因素，并以同样的方法对待扣除的因素。

（4）如果部分装运货物没有单独发票，在确定其完税价格时，可以采用合乎情况的方法并根据公认的财会原则分摊交易的总额。

（5）在这些情况下，由于上述进口业务常常包括诸如工程费用之类的因素或价格复议条款，每批到货的完税价格不能在进口时最后加以确定，如果需要推迟最后确定完税价格，进口商则可以从海关提取货物。在货物分批进口的情况下由海关估定的临时关税税额，在最后确定完税价格时加以修正。

三、一揽子交易货物

一揽子交易是指在一次交易中，就一并销售的一组货物或一组相关的货物支付一笔总的款项。已售货物的价格构成了唯一的对价。

对于一揽子交易货物，存在着潜在的海关估价难题，期待进出口企业予以重视。

（一）以单一总价销售不同的货物并据此开具发票

只要符合《WTO 海关估价协定》第 1 条的规定，不同货物的单一总价并不妨害成交价格的适用。海关不能仅因税则归类的原因而拒绝适用成交价格。

若不同的货物归于不同的税目，则需对总价进行合理分摊。分摊时可以使用几种方法，如包括使用以前进口的相同或类似货物的价格或价值，但这些方法应能有效地表明一揽子交易中各种货物的价格，以公认的财会原则为基础的合适价格分类细目也可由进口商予以提供。

（二）以单一总价销售不同质量的货物并据此开具发票，但仅部分货物输入进口国

《评论》专门给出此种事务的处理案例。例如：某种货物由高、中、低三种不同质量的货物（A、B、C）组成，并以一项总价开具发票单位价格为每公斤 100 货币单位，但买方仅把高质量货物 A 输入进口国，其申报价格为每公斤 100 货币单位。

鉴于对不同质量的套货已经约定了实付或应付总价，申报投入进口国使用的高质量货物 A 不存在议定价格，因此不能适用成交价格。但如果买方将上述一揽子货物的三种不同质量的货物按一定比例同时进口，则可按比例将总价进行分摊，分摊后的价格可成为成交价格的基础。

但是，在以上案例中，如果以构成这批寄售货物的每种产品在一揽子货物中所占指定的合适比例（如 1/3 或 1/2），而不是以货物三种质量的其中一种申报投入国内使用的货物，那么，根据申报投入国内使用的货物占所购货物总量的比例得出该部分货物按总价比例计算出来的价格，可以作为成交价格的基础。

（三）由于关税或其他原因，对同一交易中不同的货物按各自确定的价格开具发票

就此类事务，《评论》也给出了案例。

假设产品 A 和 B 按 110 货币单位的价格以一揽子交易方式购得，开具的发票内容为：

表 2 -1

| 产品 | 价格 | 税率 |
| --- | --- | --- |
| A | 45 货币单位 | 15% |
| B | 65 货币单位 | 6% |

发票中对高税率产品 A 开低价，对低税率产品 B 开高价，显然这种方式可以减少关税税额，也可能用来对付反倾销措施或配额限制。但产品 A、B 单独的价格并无依据，无法确定。买卖双方在一揽子交易中对不同的货物采用单一的一次总付的价格，为了各自的需要（如减少总税额，绕过反倾销措施或配额限制），将该项总价在发票上或报关单上的数种货物之间硬性分摊，这种陪衬性的价格上下调整使估价无法进行。根据《WTO 海关估价协定》第 1 条 1 款（b）项规定，"销售或价格不受某些使被估货物的价值无法确定的条件或因素的影响"，因而不能适用成交价格。

### 四、根据保证条款进口的替换零部件

若买方向卖方购买机器时，双方约定作为整个交易的组成部分，卖方保证免费替换在第一年内所损坏的任何零部件。这样双方的议定价格就包括了这一保证费用（一般为预计替换零部件的平均成本）。该零部件进口时，进口商向海关提交有关证明资料。海关在处理此类问题时，首先认定该项须替换的零部件是否确实损坏，若确实损坏，因该零部件在最初进口时关税已付，无须再次纳税。

当进口零部件的税率高于整机的税率时，有人认为这样处理是不合理的。但若对进口的零部件征税，会产生征收双重关税的做法，显然也是不合理的，否则就要对以往进口机器的完税价格进行追溯性调整，这在实际操作上是很不方便的，而且在程序上是否可行依各国立法而定。有人想到了一种稳妥的做法，即当机器进口时，将机器价格和保证费用单独列出来，机器进口时仅对机器本身征税，以后替换零部件进口时另行征税。仅从海关估价工作方面考虑，合同中的议定价格尽可能不要包括保证费用，不过，这种做法显然不符合商业惯例。

### 五、零件

若零件随同机器一起进口，且其价格已包括在议定价格中，则其属于"该货物"的一部分，在估价时不存在什么特别的问题。但若由于某些原因（如归类），必须对零件单独估价，则有必要对有关价格进行分摊。如果零件在机器进口之后单独交运，其价格已包括在原进口机器的价格中，并已据此付税，这样第二次交运的货物（零件）的成交价格为零。应注意，在这种情况下所采用的价格仅限于交易双方所议定的价格，该项价格为两次交运货物的合并价格，在第一次货物进口时已全部付清了有关关税。

我国海关法规规定："用于在保修期限内免费维修有关外国产品并符合无代价抵偿货物有关规定的零部件"作为保税仓储货物出库时依法免征关税和进口环节代征税。

## 第二节　成交价格估价方法的特点要素和适用性

《WTO 估价协定》中最基本最重要的估价方法是成交价格法。据统计，WTO 成员国进口货物的 90% 以上均采用成交价格来确定完税价格。掌握这种估价方法，无论对于海关工作人员还是企业都有重大意义。

### 一、成交价格估价方法的特点要素

（一）海关估价成交价格与商业成交价格

中华人民共和国国务院令第 392 号《中华人民共和国进出口关税条例》（以下简称为《关税条例》）、《审价办法》对进出口成交价格给出了一致的定义。如《审价办法》关于成交价格的定义为：

进口货物的成交价格，是指卖方向中华人民共和国境内销售该货物时买方为进口该货物向卖方实付、应付的，并且按照本章第三节的规定调整后的价款总额，包括直接支付的价款和间接支付的价款。

出口货物的成交价格，是指该货物出口销售时，卖方为出口该货物应当向买方直接收取和间接收取的价款总额。

不过，两个规定并未就成交价格所涉相关要素以及如何确定成交价格的有效性、合理认定给出具体的解释和说明。企业必须深入了解成交价格的认定特点，才能够有效避免海关估价风险。

进出口货物海关估价成交价格与商业成交价格两者之间有着必然的联系。商业上的成交价格是指买卖双方所议定的价格，即合同价格。商业上买卖双方所议定的合同价格是成交价格和海关所确定的完税价格的基础。海关估价时，承认商界有决定价格的权利，且海关对发票价格仅作最低限度的调整。

但两者之间海关估价所采用的成交价格与商业上所使用的成交价格在概念上是不同的。

以进口货物为例，进口货物海关估价成交价格应满足四项条件：

（1）它必须是实付或应付价格；

（2）它必须是该进口货物的价格；

（3）它必须是出口销售给进口国时的进口货物的价格；

（4）它必须是经过依据相关规定调整后的价格。

依据《WTO 海关估价协定》，实付或应付价格是"指买方为进口货物向卖方或为卖方的利益而已付或应付的支付总额"。实付是指海关确定进口货物完税价格时，货款已经支付，海关就以已付的价格作为海关估价的基础。应付是指海关确定进口货物完税价格时，货款尚未支付，海关就以应当支付的价格作为海关估价的基础。实付或应付价格实际上相当于商业上买卖双方的合同价格，交易双方所议定的合同价格是成交价格的基础，是海关确定完税价格的依据。

应注意议定价格无须一定以书面合同的形式出现，实际上目前有相当比例国际贸易业务，是以简单订单形式或者电子文书方式约定买卖双方的契约关系，因此议定价格可能没反映在进口商向海关提交的有关书面合同上。关键是买卖双方实际议定的意向，这种意向可以通过信件、电传、备忘录、Email、交易和支付的履行来证实。发票价格虽然并不等同于实付或应付价格，但它是确定该价格的重要依据。

（二）成交价格的变动

进出口贸易中，实际支付价格会因某些情况的变化而发生变化。价格的变动可能是由于合同本身的条款所引起的，也可能是由于买卖双方的意向所引起的。这些造成成交价格变化的原因可能引起海关估定完税价格的调整。

1. 货物进口前发生的价格变动

如果买卖双方在货物运抵进口国前，由于出口商市场策略的调整须修改议定的价格，双方约定修改相应的合同，以新价格代替原价格。不论新价格高于或低于原价格，海关估价都以新价格为估价基础。

例如：国内买方与境外卖方就某种货物达成销售合同，单位价格为 10 美元。在该货物运抵国内前，卖方结合市场变化，重新与买方议定价格，对原合同作了修改，将单位价格修改为 8 美元。尽管变动后的单位价格比原单位价格低 2 美元，根据实付或应付价格的规定，新价格应该可以作为海关估价的基础。

2. 货物进口后发生的价格变动

货物进口后或报关后，因汇率变化、数量差异、质量差异、规格型号不符、未及时交货等诸多因素，买卖双方约定新的结算价格。对这种情况，某些国家规定在合理的时间限度内予以退税或对价格进行调整。

由于货物的数量、质量、规格或交货时间与合同规定的要求不符，构成实质性违约，卖方须采取一些补救措施，不得不给予进口商一定的回扣。若买方接受回扣，则须同意在价格降低的情况下接受该货物。这种情况下，如何鉴定货物的数量、质量、规格确实与合同规定的要求不符，如何给予合理许可及设置许可时限，以免被不法商人利用成为各国立法中要谨慎应对的事务。

海关总署令第 124 号《中华人民共和国海关进出口货物征税管理办法》（以下简称为：《征税管理办法》）就进出口货物出现残损、短少、品质不良或者规格不符等原因引发的无代价补偿作业制定了相关规定："进口无代价抵偿货物，不征收进口关税和进口环节海关代征税；出口无代价抵偿货物，不征收出口关税。前款所称无代价抵偿货物是指进出口货物在海关放行后，因残损、短少、品质不良或者规格不符等原因，由进出口货物的发货人、承运人或者保险公司免费补偿或者更换的与原货物相同或者与合同规定相符的货物。""纳税义务人应当在原进出口合同规定的索赔期内且不超过原货物进出口之日起 3 年，向海关申报办理无代价抵偿货物的进出口手续。""海关认为需要时，纳税义务人还应当提交具有资质的商品检验机构出具的原进口货物残损、短少、品质不良或者规格不符的检验证明书或者其他有关证明文件。""海关认为需要时，纳税义务人还应当提交具有资质的商品检验机构出具的原出口货物残损、短少、品质不良或者规格不符的检验证明书或者其他有关证明文件。"

《征税管理办法》就因品质、规格原因引发的退税作业也作出了相关规定："因品质或者规格原因，出口货物自出口放行之日起 1 年内原状退货复运进境的，纳税义务人在办理进口申报手续时，应当按照规定提交有关单证和证明文件。经海关确认后，对复运进境的原出口货物不予征收进口关税和进口环节海关代征税。""因品质或者规格原因，进口货物自进口放行之日起 1 年内原状退货复运出境的，纳税义务人在办理出口申报手续时，应当按照规定提交有关单证和证明文件。经海关确认后，对复运出境的原进口货物不予征收出口关税。"

（三）货币支付或实物支付

贸易活动中，价格的表现形式既可以是货币或实物（货物、劳务或者权利等），也可以部分用货币部分用实物表示。如用实物支付，则买卖双方按易货贸易方式交易。

易货贸易是买卖双方交换大约等值的货物或劳务，而不借助于货币进行交易。例如，进口商以若干大米换取若干钢材，当钢材进口时，大米就是进口商支付的价格。在我国现行通关制度下，易货贸易方式按贸易方式代码0130向海关申报。

实物支付并不是海关拒绝适用成交价格的理由。但实物支付适用成交价格是有前提的，即实物的价格能用货币来表示。上例中由于"该货物"钢材的价格没有确立，因而不能适用成交价格，只能依次选择其他方法进行估价。

需要提醒的是，如果买方为了进口货物的生产或销售向卖方提供了货物或劳务，而未向卖方收取全部成本或价值，则买方所提供的货物和劳务将被计入有关价格中，成为完税价格的一部分。

货币支付可通过银行支付工具进行，如支票、跟单信用证、电汇、期票和商业承兑汇票等。

（四）直接支付或间接支付

《WTO海关估价协定》附件3第7点也对实付或应付价格作了界定，规定"实付或应付价格包括作为销售进口货物的条件由买方向卖方、或为履行卖方的义务而由买方向第三方实付或应付的全部款项"。该规定说明实付或应付价格包括间接支付。

间接支付是指买方根据卖方的要求，将货款全部或者部分支付给第三方，或者冲抵买卖双方之间的其他资金往来的付款方式。间接支付的方式可以是由买方指定人付款或付给卖方指定人（如卖方债权人），还可以是支取以前某一笔交易卖方所留下的赊欠。此类间接支付即使在发票上没有列明，也应包括在进口货物的完税价格中。

（五）买卖双方都受益的活动

依据《WTO估价协定》附件1规定："买方自负责任所从事的活动，除第8条规定的进行调整的活动外，即使可能被视为对卖方有利，也不被视为对卖方的间接支付。因此在确定完税价格时，此类活动费用不得计入实付或应付价格。"

这类活动最常用的方式是广告、保证以及其他销售和促销活动，它以扩大销售和提高进口产品知名度的方式使买卖双方都受益。

有关此类费用，附件1作了进一步规定："如买方自负责任从事与进口货物的销售有关的活动，即使经卖方同意，这些活动的价值既不是完税价格的一部分，也不应导致成交价格被拒绝接受。"

因此，如果卖方支付广告费用，并且在其议定价格的过程中得到相应补偿，这一广告成本应被包括在有关价格中。而且在《WTO 估价协定》中也没有把这一成本排除在成交价格之外的有关规定。

（六）出口销售给进口国

1. 销售

销售是成交价格成立的先决条件，不存在销售就无成交价格可言。由于国际贸易方式的多样性，难以对销售进行界定，《WTO 估价协定》以及海关估价制度未具体给出销售的定义。

海关估价技术委员会在《关贸总协定第 7 条》咨询性意见（以下简称为：《咨询性意见》）中指出，为了实现在解释和实施方面的一致性，应最广泛地理解"销售"一词，即按《关贸总协定第 7 条》第 1 条和第 8 条合并理解加以确定，从而达到尽可能使用进口货物的成交价格进行海关估价的目的。

一般说来，对于销售这一概念，不同的国家可能有不同的规定，但作为销售的基本特征来说基本是一样的，即货物的所有权发生转移，且存在价格支付行为。一般应满足以下两个条件：卖方有偿转让货物的所有权并获得货物的价值（即获取买方的支付），买方有偿转让价值（支付给卖方）并获得货物的所有权。

为了理解销售概念上的一致性，《咨询性意见》制定了一份不能视为《WTO 海关估价协定》构成符合第 1 条和 8 条合并要求和条件的销售案例清单，也就是说不能认作是销售行为的情况。以下就这些不能认作销售行为的销售案例清单进行单独说明。

（1）免费交付的货物。

免费交付的货物如礼品、货样、推销物品等，这类货物或物品的进口不是因销售而引起的，虽然货物的所有权发生了转移，但没有发生价格支付行为，该项交易不能视为销售交易，因此不能适用成交价格估价方法。

（2）寄售的进口货物。

根据这种贸易方式，货物发往进口国不是为了立即销售，而是寻找机会，等待代理商以可能获得的最好价格将货物售给进口国国内的买主。

代理商扣除自己的佣金和其他成本后，将剩下的余款汇回给出口商。在此类交易中，货物进口时所有权没有发生转移，仍为出口商所有，在进口时没有发生销售行为，其代理商对进口国国内买主的销售属于进口国国内市场的国内销售，因此不能适用成交价格估价方法。

例如：出口国 A 的生产商 P 将一批 50 件的货物发往进口国 B 的代理商 Q，通过拍卖方式进行销售。在进口国，货物以总价 500 000 个货币单位出售。由代理商 Q 用于支付进口货物而转给生产商 P 的款项总额应是 500 000 个货币单位减去由代理商 Q 承担的与货物销售有关的费用以及代理商 Q 在这笔交易中的所得酬金。

寄售进口不应与利润分成交易混为一谈。在后一种情况下，货物进口后立即销售，而且暂时以某一价格开具发票，货物在进口国市场上出售而获取的部分利润必须加入该价格中。这类交易必须视为附有保留确定最后价格条款的销售交易；此类交易的性质并不妨碍按《WTO 海关估价协定》第 1 条进行估价，但必须特别注意该条第 1 款（C）项规定的条件。

（3）由不购买货物而在进口后销售货物的中间商进口的货物。

这种做法与寄售交易有些相似，但还是有区别的。寄售是一种独立的、具体的贸易做法，是为了给出口商寻找最好的出售货物的时机。在不购买而是进口后销售的中间商进口货物（包括在商业惯例中面临的整个系列）的情况下，货物交付给中间商而没有销售对象。这种做法在国际惯例中不应视为寄售出口。

例如：进口国 I 的进口商 X 是出口国 E 的外国生产商 F 的代理商。进口货物由 X 结关后补充代理行的库存货物，以后在进口国内代 F 销售，由 F 承担风险。

应当注意的是，根据供应商和客户之间按业已签订的销售合同进行的代理进口经销，完全构成了作为《WTO 海关估价协定》第 1 条估价基础的交易。

（4）按租借或租赁合同进口的货物。

即使在上述合同中包括了购买货物的选择权，但就租赁交易的性质而言，不构成销售交易。

有关按租借或租赁合同进口货物的估价方法将在后续章节详述。

（5）以出借方式提供但仍属于提供者的货物。

有时，货物（通常是设备、工具）由货主出借给客户。这类交易不属于销售交易。

例如：某国 E 的制造商 F 出借给进口国 I 的进口商 X 一部专用机器，生产塑料涂层包装纸。由于所有权没有转移，进口商获得的仅是货物的使用权而非所有权，不存在销售交易。

（6）为在进口国销毁而进口并由发货人向进口商支付劳务费用的货物。

这种情况涉及进口后销毁的废料或碎料等。由于承担的费用与销毁有关，出口商向进口商支付劳务费。进口商不支付进口货物的货款，反而因接受这类须销毁的货物收取劳务费用，没有发生销售交易。

（7）暂准出口制造、加工或修理后返回的货物。

如果在国外制造、加工或修理后复进口的货物申报投入国内使用，各国立法可规定或不规定全部或部分免除进口关税和国内税。但是，在每种情况下，复进口货物的价格必须根据《WTO 估价协定》的适用条款加以确定。

有关暂准出口制造、加工或修理后返回的货物的估价方法将在后续章节详述。

2. 出口销售

在进出口交易中，货物往往经多次转手才运交到进口人手上。在这一串销售链上，究竟哪一笔交易所达成的价格可视为成交价格。

按《WTO 海关估价协定》规定，应以"出口销售至进口国时"的那一笔交易为准。应注意上述"出口销售至进口国时"并不是一个时间标准，而是指如果这样的销售存在，是一种销售行为的假设。

出口销售一方面说明内销交易达成的价格不能作为海关估价的基础；另一方面也意味着出口销售交易并不需要发生在特定的出口国，《WTO 海关估价协定》中并未提及自某一国出口的必要。实际上在国际贸易中，出口销售交易并不都是发生在出口国，"出口销售"这一概念是指由进口国以外输入的销售，即"并无必要非得要求销售须发生于某个特定的出口国"。

3. 输入进口国

《WTO 海关估价协定》第 15 条第 1 款将"进口国"定义为"进口的国家或进口的关税领土"。关税领土，也就是指关境范围。一国的国境和关境并不一定完全一致，在很多情况下，关境可能会大于或小于国境。对于构成关税同盟的国家来说，其关境就会大于国境；而对设置自由贸易区、自由港或海关特殊监管区域的国家来说，其关境将会小于国境。《WTO 海关估价协定》允许有这两种解释，就是充分考虑到了关境与国境存在不一致的情况。

买卖双方的交易就交货地点、风险转移或损失负担等条款所达成的任何协议，并不影响对相关的销售所作的选择。如出口商以 EXW 或 FOB 价格报价，只要该货物销往进口国，该价格仍可作为成交价格的基础。

例如：如果出口商 S 在进口国 I 有常驻业务代表或有连续性的销售或服务活动，则制造商 M 售与出口商 S 的较低价格可以成为成交价格的基础。如果出口商 S 是以进口商 T 的代理商的身份为其进货，此时制造商 M 与进口商 T 之间的销售属于直接销售，出口商 S 作为进货代理人，不应将其佣金计入完税价格。

例如：I 国的进口商 B 向本国的卖主 S 购买货物，卖主 S 在 E 国采购该货物并输往进口国 I。按《WTO 海关估价协定》要求，交易并不需要发生在特定的出口国，B 与 S 所达成的交易构成了"出口售给进口国"的销售交易，双方所达成的价格为成交价格的基础。

4. 货物从海关特殊监管区域进口

大多数国家都设有保税仓库、保税工厂、自由港区、出口加工区、保税物流中心等海关特殊监管区域，进口货物进入这些地方不须缴纳进口关税，但一旦由该场所运出进入该国关境时就应征收关税。

由于《WTO 海关估价协定》把"进口国"定义为"进口的国家或进口的关税领土"，从海关估价的角度看，这些货物的运抵时间或以后的通关时间都可作为输入该国的时间，这一时间的选择将会影响海关估价的认定行为。如果货物进入这些区域后，使用进口国的劳务和物料进行加工，这类加工后的货物已经改变了进入这些区域时的状态。对于这些区域货物的估价问题与保税仓库等在各国的法律地位有关。对于这类货物的估价一般有以下几种情况：

（1）以这类货物输入这些区域时的状态为估价基础；

（2）以这类货物输出这些区域时的状态为估价基础；

（3）以这类货物输出这些区域时价值，扣除在这些区域加工中产生的增值，推算出其进入进口国时的价格，以该价格作为估价的基础。

近年来，我国海关特殊监管区域发展迅猛，有关海关特殊监管区域的海关估价方法也日趋成熟。

二、成交价格估价方法的适应性和成立条件

依照《WTO 海关估价协定》的基本原则是以成交价格作为海关估价的基本方法。一般情况下，海关都力求按成交价格估价方法进行估价，在确定完税价格时，对价格的调整应限制在最小范围内。

不过，由于国际贸易环境的复杂性，并不是所有的进口货物都适用成交价格估价方法，例如：成交价格估价方法是以存在货物出口销售为前提的，没有出口销售就谈不上成交价格估价方法。也就是说，适用成交价格估价方法须满足一定的条件，否则只能按其他方法进行估价。

另外，《WTO 海关估价协定》第 8 条特别规定，如被视为构成完税价格组成部分的某些特定要素由买方负担，但未包括在进口货物的实付或应付价格中，则应对实付或应付价格作出调整。第 8 条还规定，在成交价格中应包括以特定货物或服务的形式而非以货币的形式由买方转给卖方的某些因素。也就是说，在特定情形下，成交价格需要依据实付或应付的价格进行调整。

成交价格须以货物出口售给进口国的价格为基础。如果销售没有发生，就不存在销售价格，因而也就不存在确定完税价格的依据。在许多情况下，销售并没有发生，如礼品赠送、租赁货物、寄售货物等。

《WTO 海关估价协定》第 1 条第 1 款列出了适用成交价格估价方法必须满足的四项条件：

（1）不对买方处置或使用该货物设置限制；

（2）销售或价格不受某些使被估价货物的价值无法确定的条件或因素的影响；

（3）卖方不得直接或间接得到买方随后对该货物转售、处置或使用后的任何收入，除非能够依照第 8 条的规定进行适当调整；

（4）买方和卖方无特殊关系，或在买方和卖方有特殊关系的情况下，根据第 2 款的规定为完税目的的成交价格是可接受的。

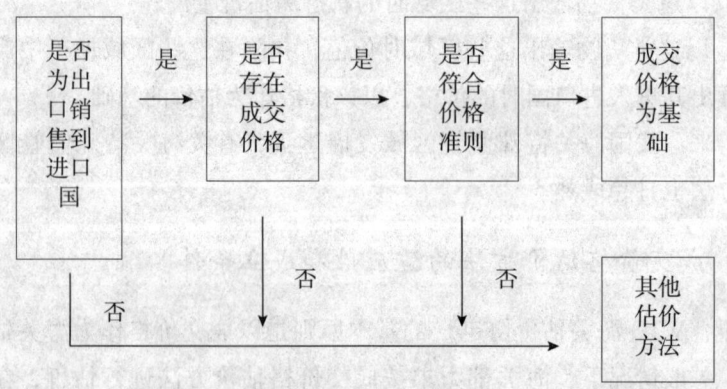

图 2－1　海关审核成交价格估价方法基本思路

我国《审价办法》参照《WTO 海关估价协定》于第 8 条明确指出，进口货物的成交价格应当符合下列条件：

（1）对买方处置或者使用进口货物不予限制，但是法律、行政法规规定实施的限制、对货物销售地域的限制和对货物价格无实质性影响的限制除外；

（2）进口货物的价格不得受到使该货物成交价格无法确定的条件或者因素的影响；

（3）卖方不得直接或者间接获得因买方销售、处置或者使用进口货物而产生的任何收益，或者虽然有收益但是能够按照本办法第 11 条第 1 款第（四）项的规定做出调整；

（4）买卖双方之间没有特殊关系，或者虽然有特殊关系但是按照本办法第 17 条的规定未对成交价格产生影响。

下文对此分别进行讨论。

（一）对买方处置或者使用进口货物不予限制

如果在货物销售中卖方对买方有关货物进口后的处理或者使用设置了某些限制，一般价格就会受到影响，可能低于实际应出售的价格，因此，不能适用成交价格。

《WTO 海关估价协定》的基本原则之一是尽可能采用成交价格，因而在附件一中，认为该条款不应妨碍成交价格的适用原则，有些限制实质上并不影响进口货物的价格。但对何为实质性影响，并没有给予进一步解释，只是列举简单例子加以排除。为了更好地理解这一条款，《WTO 海关估价协定》列举了应排除在该限制以外的三种例外情况。

1. 由进口国法律或政府主管部门强制执行或要求的限制

此类限制一般与国家管理、公共安全、环境卫生以及公共事业有关，如外汇管理、许可证管理、卫生防疫管理等。这些限制不是针对某些进口商的，而是适用于一切进口商。所有进口商在这些限制面前是公平的，平等的，因而不会对价格产生实质性的影响，仍然适用成交价格。

2. 对货物转售的地域限制

如果卖方只允许买方在进口国或进口国的某些地区销售进口货物，或者只允许买方把进口货物销售给进口国的某些消费群体，显然这些限制只是对货物销售的某些限制，并没违反成交价格的要求，因此仍适用成交价格。

3. 在实质上不影响货物价格的限制

这一例外情况指出，只有当限制对价格产生实质性影响时，成交价格才不能适用，否则即使价格受到一些影响，仍适用成交价格。

（二）交易的条件或因素不能影响价格的确定

《WTO 海关估价协定》第 1 条第 1 款（b）项规定："销售或价格不受某些使被估价货物的价值无法确定的条件或因素的影响。"如果由于某些条件或因素，使得进口货物的价格或应含其中各项因素的价格不能得以确定，则成交价格不能成立。

针对如何认定某项需要审核的价格"无法确定"，在附件一中共列举了三种情况。

1. 卖方确定的进口货物的价格，以买方向其同时购买规定数量的其他货物为条件

这种情况属于一种搭售行为，进口商向出口商购买某种货物，必须同时购买一定数量的另外一种或几种其他货物，出口商给予一定的价格优惠，否则价格不能优惠甚至不能成交。例如，买方向卖方购买硅片线切割机，卖方要求买方必须同时向其购买切割钢丝。

2. 进口货物的价格取决于买方向卖方出售其他货物的价格

这种情况属于一种互售行为，买方向卖方购买一种货物时，必须向卖方出售另一种或几种其他货物。例如，进口商向国外出口商购买汽车，其价格是在进口商以某一价格向出口商出售一定数量其他货物的条件下达成的，此时进口汽车的成交价格不能成立。

3. 根据与进口货物无关的付款形式确定价格

例如，卖方向买方提供原材料或半成品，以卖方获得买方一定数量的最终成品为支付形式作为条件，原材料或半成品的价格显然受到最终成品价格的影响，因此进口货物的成交价格不能成立。另外进口商或进口国因缺少外汇，往往希望以实物支付。有时进口国为了鼓励本国产品出口，也希望以实物支付。

上述三种情况说明，进口货物的销售若受到其他货物销售的限制，进口货物的价格因受到其他货物价格的影响而不能确定时，成交价格不能成立。在分析这些条件或因素时，应注意以下几种情况：

（1）这些条件或因素是否影响进口货物的成交价格，关键在于这些条

件或因素是否能通过计算以价值来表示，如果能通过计算确定其价值，那么这些条件或因素将被视为一种间接支付，不影响进口货物成交价格的成立；

（2）若出口销售以买方对进口货物的生产提供协助为条件，即存在买方协助行为，按第8条规定，这些协助应计入完税价格，这些条件或因素不影响进口货物成交价格的成立，即使买方提供的是在进口国内所从事的非应税性协助，也不能成为拒绝使用成交价格估价方法的理由；

（3）如果出口商要求进口商在进口国内销售进口货物活动中承担某些义务，按规定，这些关于促销活动的要求不影响进口货物成交价格的成立，而且其费用不得成为完税价格的组成部分。

（三）买卖双方之间不得存在影响价格的特殊关系

买卖双方之间若有特殊的关系，进口货物的价格就有可能受到影响。在国际贸易中，货物的价格是在以利润最大化为目的的买卖双方交易谈判中达成的。但在买卖双方有特殊关系的情况下，如母子公司之间，对利润的追求可能会通过公司间的财务安排来实现，而不是反映在货物的价格上，显然这种价格不能成为该货物的成交价格。例如，由于买卖双方存在特殊关系，可能运费是免费的（但绝不是无偿的），此时有关价格会受到关系的影响。

在国际贸易中许多交易发生在有关系买卖双方之间，随着全球经济一体化的发展，跨国公司不断增多，今后这种现象会越来越多。如果买卖双方的关系导致价格的扭曲，接受这种扭曲的价格，就会与《WTO海关估价协定》公平、公正的原则相悖。如果仅仅因为买卖双方有关系，就把他们之间达成的交易价格排除在成交价格之外，同样也违背了《WTO海关估价协定》尽量适用成交价格的原则。因此《WTO海关估价协定》并不把特殊关系本身看成是否适用成交价格的关键，重要的是这种关系是否导致价格的扭曲。

1. 买卖双方有关系的定义

根据《WTO海关估价协定》第15条第4款的规定，下列情况应视为有特殊关系的人，包括法人和自然人。

（1）他们互为商业上的高级职员或董事。

"互为"指明双方的关系必须是相互的，如果仅仅一方是另一方公司的高级职员或董事，那么双方并不因此而存在关系，只有在同时另一方也在一方公司任高级职员或董事的情况下，才能认定双方有关系存在。

（2）他们是法律承认的商业上的合伙人。

"合伙人"是指由进口国国内法律所确认的合伙人，他们之间进行交易时，被认为是有关系的买卖双方。

（3）他们是雇主和雇员。

关于"雇主和雇员"存在两种理解：第一种理解是指交易发生在雇主和雇员之间，这一交易属于公司内部的事情，也就不存在销售关系。第二种理解是指进出口人在与该交易无关的公司中是雇主与雇员的关系，他们之间的交易被视为有关系买卖双方的交易。笔者更倾向于第二种理解。

（4）直接或间接拥有、控制或持有双方5%或5%以上有表决权的发行在外的股票的任何人。

这一条款指的是股权控制的情况，一个投资者想要得到控股权，就必须取得多数股权的地位。多数股权的地位一般可分为绝对多数股权和相对多数股权。前者是指投资者拥有半数以上的公司的股权；后者是指投资者拥有的股权虽不够半数，但超过其他投资者所拥有的股权，处于相对多数股权的地位。条款中的5%并不是一个绝对的比率，5%的股权是否有表决权，取决于其余95%的股权是为少数人所有还是广泛地分散在众多的小股东手里。如果一家公司的股票分布不广，一个极端的情况是其余95%股票为另一个投资者所拥有，则5%的股票并没有取得控股权，在这种情况下"关系"并不存在。条款中5%的比率关键要看是否具有表决权。

（5）其中一人直接或间接控制另一人。

在附件一中对"控制"作出了解释："就本协议而言，如果一人在法律上或经营上处于限制和指导另一人的地位，则前者应被视为控制后者。"在法律上一人控制另一人只能是通过所有权关系来进行控制，除此之外，很难说明在法律上一人限制和指导另一人的情况。

在公司经营上，只有同一公司内部一人才能通过权力或职能对另一人进行控制，但同一公司内部不存在销售。在买卖双方的销售合同中，由于经济实力的关系，一人可能比另一人处于较优越的地位，但这显然不是该条款所适用的情况。

总之，"控制"是指一人采用股权控制以外的各种手段来控制另一人的企业经营管理权，在法律上或经营上对另一人施加限制或指导，实行非股权控制。一般非股权控制通过各种协定或人事安排来实现。

（6）双方直接或间接被同一第三人控制。

买方、卖方直接受到同一第三者的控制，例如，买方、卖方为某一跨国集团下的两个下属公司。

（7）双方共同直接或间接控制同一第三人；或买卖双方同时为第三人的控制方，如双方合资成立了一家公司，根据该条款这两家公司之间的销售将被认为是有特殊关系双方之间的销售。

（8）双方属同一家族成员。

《WTO 海关估价协定》并未对"家族成员"进行界定，家族关系一般包括夫妻、父子（母子）、兄弟（姐妹）、祖孙、叔侄、翁婿（婆媳）、连襟及妯娌等关系。这种关系的亲疏程度一定程度上影响到成交价格。

对于独家代理人、独家经销人或独家受让人的情况，《WTO 海关估价协定》第 15 条第 5 款作了如下规定："对于在商业上彼此有联系的人，一人是另一人的独家代理人、独家经销人或独家受让人，无论如何称呼，如他们符合第 4 款的标准，则就本协议而言应被视为有特殊关系的人。"在商业上，经销人可能依靠其供应商生活，供应商在经营上也离不开经销人，他们之间互为依靠。但根据该条款的规定，除非符合第 15 条第 4 款的标准，否则上述关系不能构成第 1 条第 1 款（d）项下的特殊关系。

2. 特殊关系本身不能成为拒用成交价格的理由

如果买卖双方被确认为存在特殊关系，此时成交价格能否被接受呢？《WTO 海关估价协定》第 1 条第 2 款规定："买卖双方之间存在属第 15 条范围内的特殊关系的事实本身不得构成将该成交价格视为不能接受的理由。"这说明不能仅仅以特殊关系存在就推定背离成交价格，特殊关系存在仅是进一步查询和审核的理由。只有在经审查确认关系影响价格的情况下，才能拒绝成交价格。也就是说：

（1）有关系双方之间的交易可能会对成交价格是否能被接受造成影响。

（2）仅凭关系本身尚不足以成为拒绝成交价格的理由。对于有关系买卖双方的交易价格，人们往往认为会低于无关系双方的交易价格，导致降低关税税额。但在现实经济生活中，这种现象不一定必然发生，因为价格还受到其他因素的制约，如跨国公司转让定价等。

3. 对有关系双方交易的销售环境的调查

对有关系买卖双方的交易,《WTO 海关估价协定》第 1 条第 2 款（a）项规定:"应审查围绕该项销售的情况,只要此种关系并未影响价格,则即应接受该成交价格。如按照进口商或其他方面提供的信息,海关有理由认为此种关系影响价格,则海关应将其理由告知进口商,并给予进口商作出反应的合理机会。如进口商提出请求,则海关应以书面形式将其理由通知进口商。"对销售情况的调查,并非对所有有关情况都是必要的。如果在有关系双方所达成价格的接受性已不存在任何疑问的情况下,海关就不需要进行调查,可接受成交价格。只有在海关对有关系的买卖双方所达成的价格产生疑问时,才需要对关系进行调查。如果调查结果表明,结果确实受到关系的影响,则成交价格不能适用。

如果有关系买卖双方如同没关系一样进行交易,这就表明价格没有受到影响。附件一列举了此类交易的三种形式:

（1）价格制定的方法与该行业定价惯例相一致;

（2）卖方如同向无关系的买方那样定价;

（3）有关价格足以保证补偿全部成本和利润。

4. 与测试价格非常接近

当买卖双方存在关系,而且海关对价格存在疑问时,就须对有关系交易的情况进行调查。为了加强调查工作,规定了一种具体方法,来检验关系是否影响价格。即将买卖双方的交易价格与某一海关以往所接受的测试价格进行比较,若两者非常接近,说明价格未受关系影响,应予以接受。

（1）测试价格。

《WTO 海关估价协定》第 1 条第 2 款（b）项规定,在有特殊关系的买卖双方之间的销售中,只要进口商能证明成交价格接近于下列同时或大约同时发生的价格之一,则该成交价格应予以接受:

供出口至相同进口国的相同或类似货物售予无特殊关系的买方的成交价格;

根据第 5 条的规定确定的相同或类似货物的完税价格,即按倒扣价格确定的完税价格;

根据第 6 条的规定确定的相同或类似货物的完税价格,即按计算价格确定的完税价格。

上述三种测试价格所涉及的原则是相同的，即只要有关价格与海关以前已接受的相同或类似货物的完税价格相吻合，则该价格应予以接受。

（2）测试价格的要求。

根据上述规定，测试价格必须满足以下要求：

用于比较的测试价格必须是与有关货物的相同或类似货物的价格；

用此两种比较货物的交易必须发生于同时或大约同时；

用于比较的测试价格必须是海关以前接受过的价格；

待估货物的价格必须非常接近于测试价格。

在进行价格比较时，由于测试价格采用的是相同或类似货物的价格，因此必须考虑时间因素，两笔交易必须发生在同时或大约同时。《WTO 海关估价协定》规定中并没有指出是同一出口时间还是同一进口时间。

上述三种测试价格本身的含义实际上已隐含了这一点。在第一种测试价格条件下，同时或大约同时指的是出口时间。第二种测试价格是由倒扣价格估价方法推算出来的，所以指的是进口时间。第三种测试价格是由计算价格估价方法推算出来的，所以是指出口时间。

至于成交价格在什么程度上才算"非常接近"测试价格，《WTO 海关估价协定》并没有给出明确的标准，但在附件一中给出了这方面的指导性意见："在确定一种价格是否'非常接近'另一种价格时，必须考虑许多因素。这些因素包括进口货物的性质、行业本身的性质、货物进口的季节以及价格上的差异是否具有商业意义。"因此可能出现以下情况，在某种条件下，微小的价格差异会影响成交价格的成立，而在另一种条件下，较大的价格差异反而被接受。在进行价格比较时，所比较的两项交易中的卖方可以是同一人，也可以不是同一人。当测试价格为倒扣价格或计算价格时，进行比较的交易中的买卖双方可以是无关系的，也可以是有关系的。

（3）对价格比较的差异，应根据情况作必要调整。

根据《WTO 海关估价协定》第 1 条第 2 款（b）项的规定："在适用上述测试价格时，应适当考虑在商业水平、数量水平、第 8 条包含要素以及在买卖双方无特殊关系的销售中卖方承担的费用与在买卖双方有特殊关系的销售中卖方不予承担的费用方面的已证实的差异。"因此在选用测试价格时，可能需要作以下四个方面的调整：商业水平、数量、第 8 条所列的调整要素以及售予无关系买方时卖方所承担的费用和售予有关系买方时卖方不承担的费用。

例如：不同商业水平，相同数量的价格调整

表 2-2

| 出口商 | 进口商 | 商业水平 | 单位价格（CIF） | 数量 |
|--------|--------|----------|----------------|------|
| E | I | 批发商 | 6 货币单位 | 1 500 |

进口商向海关提供了一种测试价格，该价格为出口商 E 售予无关系买方 M 的相同货物的成交价格：

表 2-3

| 出口商 | 进口商 | 商业水平 | 单位价格（CIF） | 数量 |
|--------|--------|----------|----------------|------|
| E | M | 零售商 | 7 货币单位 | 1 500 |

进口国海关确认 I 是批发商，M 是零售商。E 是以 6 货币单位向批发商销售，以 7 货币单位向零售商销售。在这种情况下，1 货币单位为调整的数额，由于商业水平不同而产生价格的差异，测试价格为 6 货币单位。由于 I 申报的单位价格为 6 货币单位，与测试价格一致，因此该价格可作为进口货物的成交价格。

（4）使用测试价格应注意的问题。

如果有关系双方的交易价格非常接近于任一测试价格，该成交价格应予以接受，并按《WTO 海关估价协定》第 1 条第 1 款的规定对进口货物进行估价，确定完税价格。应注意这里所说的是非常接近于任一测试价格，即使在其他测试价格没有得到的情况下也应如此，并且无须考虑《WTO 海关估价协定》第 1 条第 2 款（a）项的影响问题。

海关在对有关系双方的交易价格有疑问，在确定是否需要进一步调查时才采用测试价格，其目的在于确立一种无须进一步审查即可自动接受的机制，而不是用测试价格替代进口货物的完税价格。如果交易价格非常接近于某一测试价格，这个价格将被海关接受，并按第 1 条和第 8 条规定的成交价格估价方法来确定其完税价格，而不是以该测试价格作为进口货物的完税价格。

如果在海关所掌握的价格资料中查找到可作为测试价格的以往的完税价格，那么无论这一价格是否对进口商有利，无论进口商是否向海关提出过采用测试价格的请求，这一价格应作为进口货物估价是否被接受的依据。

5. 存在关系时的程序性保护

《WTO 海关估价协定》中不少条款涉及对进口商以及交易的其他有关方面的程序性保护，其中最重要的是有关特殊关系的条款。

（1）进口商的申诉机会。

在海关缺乏充分的价格资料以便接受成交价格时，海关应该给进口商进一步提供有关销售情况的更为详细资料的机会。如果海关有理由认定交易双方的关系已经影响了价格，海关应将其理由通知进口商，并给予适当的申诉机会。如果进口商要求书面通知，海关应该以书面形式将其理由告知进口商。

对于测试价格问题，当进口商可证实某一测试价格与其进口货物的价格彼此非常接近时，实际上说明进口商对这一问题拥有发表意见的权利。虽然海关能全面掌握进行价格比较时所采用的以往完税价格或估价依据的情况，但进口商也可通过某种渠道了解有关的资料。只要进口商能够证实其待估货物的价格与某一测试价格非常接近，便可说明关系未对价格产生实质性影响，可适用成交价格。

（2）进口商不负举证责任。

《WTO 海关估价协定》并没规定进口商具有提供资料的义务。当海关对进口商的申报价格有疑问时，可请进口商提供进一步的说明，包括提供文件或其他证据。如果进口商拒绝提供资料，海关就不能确定关系是否影响价格，此时海关可采用其他估价方法进行估价。

如果进口商提供的仅仅是一些非敏感的价格资料，并不能说明问题，海关据此仍难以确定特殊关系是否影响价格。在这种情况下，海关也可采用其他估价方法。

当海关有理由认为特殊关系已影响了价格时，进口商有被告知和申诉的权利，但这不能理解为价格未受影响的举证责任在进口商。因此海关怀疑价格受到关系影响时，海关可请进口商作进一步说明，但不能要求进口商提供价格未受关系影响的证据。相反，海关认为关系影响价格时，应将理由告知进口商，或应进口商的要求以书面形式将理由通知进口商。因此实际上海关起了"关系影响价格"的举证责任。

虽然进口商不负举证责任，但根据《WTO 海关估价协定》的磋商原则，进口商应与海关合作，积极配合海关开展估价工作，提供能进一步说明情况的资料，尽可能适用成交价格。

### 三、成交价格的调整因素

海关在确定进口货物的完税价格时，首先要看有关货物的价格是否符合成交价格成立的条件，如果符合，有关价格可能需要进行调整后才能计算完税价格。

价格调整的内容包括两个方面：一是需要计入的项目，即调增；二是需要扣减的项目，即调减。

（一）应计入到有关价格中的调增项目

《WTO 海关估价协定》第 8 条指出依据成交价格估价方法确定完税价格时，应在进口货物的实付或应付价格中加入：

（1）下列各项，只要由买方负担但未包括在货物实付或应付的价格中：

1）佣金和经纪费用，购买佣金除外；

2）为完税目的而与所涉货物被视为一体的容器费用；

3）包装费用，无论是人工费用还是材料费用。

（2）与进口货物的生产和销售供出口有关的、由买方以免费或降低使用成本的方式直接或间接供应的酌情按比例分摊的下列货物和服务的价值，只要该价值未包括在实付或应付的价格中：

1）进口货物包含的材料、部件、零件和类似货物；

2）在生产进口货物过程中使用的工具、冲模、铸模和类似货物；

3）在生产进口货物过程中消耗的材料；

4）生产进口货物所必需的、在进口国以外的其他地方所从事的工程、开发、工艺、设计工作以及计划和规划；

5）作为被估价货物销售的条件，买方必须直接或间接支付与被估价货物有关的特许权使用费和许可费，只要此类特许权使用费和许可费未包括在实付或应付的价格中；

6）进口货物任何随后进行的转售、处置或使用而使卖方直接或间接获得的收入的任何部分的价值。

1. 佣金和经纪费

佣金和经纪费是因中间人参加签订销售合同而向他支付的款额。佣金和经纪费是卖方或买方向代表其参与某项商业活动的代理商支付的劳务费用，是代理商获得报酬的形式。

从理论上讲，在"经纪人"及"经纪费"和"购货/销售代理商"及"佣金"之间存在着一点差别，但实际上，两者之间并没有明显的区别。在有些国家中，"经纪人"及"经纪费"等语即使以前曾经使用过，现在也已很少使用。

（1）销售佣金。

销售佣金又称为卖方佣金，是支付给卖方代理商的劳务费用。卖方代理商为卖方兜揽顾客，征集订单，在某些情况下还负责安排货物的储存和交运事项。该代理商因在签订合同中提供的服务而获取的报酬通常称为"销售佣金"。通过卖方代理人销售的货物如果不支付佣金给销售代理商，便不能购获。根据《WTO 海关估价协定》，销售佣金应计入有关货物的完税价格。销售佣金由卖方支付，作为一项销售成本而计入有关价格。销售佣金一般有两种支付形式：

1）通过卖方代理商发出的订单交付货物的国外供应商本人向其代理商支付服务费用。而且在向顾客开具的价格中包括了该项费用。在这种情况下，无须考虑这类服务项目来调整销售（发票）价格，因此无须对有关价格进行调整。

2）根据合同规定由买方代替卖方支付该项佣金，并且该项费用没有包括在销售（发票）价格内。这样实际上等于买方承担了卖方的这部分职责，该项支付应视为是一种间接支付，其应作为有关价格的一部分计入完税价格。

这样，对于销售佣金若已包括在货物价格中，则无须另行计入；若未包括在货物价格中，则须计入完税价格。

（2）采购佣金。

采购佣金又称为买方佣金，是支付给买方代理商的劳务费用。根据《WTO 海关估价协定》规定，采购佣金（买方佣金）属于采购成本，因此不能成为完税价格的一部分。因为进口商自己或派员工到国外采购，其旅差费用（如交通费、通讯费、食宿费等）、采购人员的工资等属于采购成本，而不是进口货物的成本。至于买方代理人是否为独立的法人实体，是否为第三方或买方自己的分支机构，都是无关紧要的。

（3）与佣金相关的两个问题。

1）为买方垫付货款情况下的佣金属性。

买方代理商为买方垫付货款其所得佣金是否仍属于买方佣金？对这个问

题的认识一般有三种不同的意见：

买方代理商以自己的资金垫付货款，可看成其对进口货物享有所有权，因此改变了代理的性质，代理商变成了当事人。所以在这种情况下，采购佣金应计入完税价格。

买方代理商在交易中垫付货款，这是商业上的通常作法，是商业习惯。其因垫付货款而承担风险，但这并不能说明不存在代理关系，因此反对将这种情况下的采购佣金计入完税价格。

买方代理商垫付货款，还不能凭此就断定其改变了代理商的性质，关键在于有关代理安排的全面情况和具体的证据。若代理合同规定由代理商垫付货款，则代理商的性质并没改变，其所得的采购佣金应按《WTO 海关估价协定》规定不计入完税价格。若代理商由于垫付货款而在交易中获得收益，则该代理商可被认为是货物的买方，海关可不接受采购佣金。此种意见实际是上述两种意见的折衷。对于买方代理商垫付货款的问题应具体问题具体分析，不应一概而论。

2）担保费用问题。

买卖双方签订交易合同以后，对出口商来说，除了按合同组织货源外，最关心的是进口商是否能按合同规定付款。如果出现进口商拒付、少付或无能力付款的情况，出口商就要蒙受较大的经济损失。为了避免由此带来的风险，出口商往往求助于结算融资服务，即保付代理。出口商委托保理商（银行或其他金融机构）提供保付代理服务，如对进口商的资信调查和评估、对进口商的赊销信用控制、为出口商提供收账担保等业务。当然出口商须付给保理商一定的手续费和担保费用，出口商也往往会将这些费用转嫁到进口商头上。

《WTO 海关估价协定》对上述费用是否属于卖方佣金范围没有明确的规定。大多数意见倾向认为，担保费用是一种金融服务的费用，如同延期付款的利息，因此这类担保费用不属于卖方佣金，不应计入完税价格。当然，也有意见认为，担保费用由于是进口商因出口商的要求而支付的，因此该费用的支付构成了有关货物出口销售的一项条件，应计入完税价格。

2. 容器费和包装费

根据《WTO 海关估价协定》海关按有关货物成本对待的容器费用、包装材料和劳务费用，应成为完税价格的一部分。

一般情况下，容器是指与有关货物构成一体的容器，这种情况下，出口商在销售货物时，不单独对容器报价，而是包含在产品当中。

对于类似供长途运输、能重复使用且具有商业价值的大型商业容器（如集装箱），则不能成为完税价格的一部分。这种容器按通常惯例或税则归类，不能与有关货物构成一体，如果按同一物品看待，须照章纳税后才能进口。

包装费用包括用于包装的材料和劳务两部分成本。对于诸如盒子、箱子及其他包装物，通常是为了保护货物在良好的状态下安全运抵进口国。此类非重复使用的兼具保护性和运输特点的包装费用，应计入实付或应付价格。通常情况下此类包装费用往往已包含在货价中。

3. 买方协助

买方协助是指为了进口货物的生产和销售，买方向卖方直接或间接提供的各种免费或减价的货物和劳务。

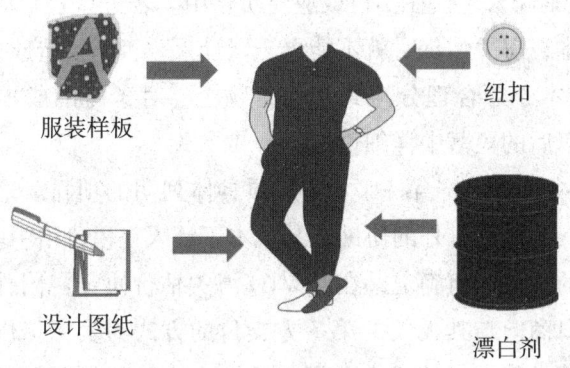

服装样板　　　　　　　　　　　　纽扣

设计图纸　　　　　　　　　　　　漂白剂

图 2－2

例如，上图中，买方向卖方订购服装，但卖方生产过程中使用服装样板、纽扣、设计图纸、漂白粉等由买方提供。买方不仅仅是个单纯的购买者，而常常会在相当程度上参与商品的设计和生产过程，担负其中的一部分工作。此类协助买方参与了有关货物的生产或销售，此过程全部或部分被消耗转化为有关货物成本的一部分。由于此类协助是由买方免费或减价提供的，卖方在对货物定价时就会考虑到这一情况，在价格中不包括这部分成本，进而影响货物的价格。在这种情况下，此类协助成本是属于间接支付，根据《WTO海关估价协定》规定，应成为完税价格的一部分。

（1）构成买方协助的条件。

根据《WTO 海关估价协定》规定，协助成本计入完税价格时，必须同时满足以下条件：

1）协助必须是买方以免费或减价的方式直接或间接向卖方提供的。另外还要注意以下几点：

不必考虑协助来自何方，其可能来源于进口国，也可能来源于第三国或出口国，关键在于协助必须是由买方提供的；

买方不必是有关协助的拥有者或实施者，他可通过向第三方支付的方式，使其为卖方提供协助；

所谓减价必须以买方的支付成本为标准，而不是以其他复杂的估价方式得出的成本为标准。

2）协助必须用于进口货物的生产和出口销售上。这就是说，若用于其他方面，协助成本就不能成为完税价格的一部分。

3）协助成本尚未包括在实付或应付价格中。若进口货物的有关价格中已包含了协助成本，海关估价时就不能再予以计入，否则会造成重复加计。

4）协助成本必须合理分摊到待估货物上。对于协助成本的合理分摊问题，我们将在以后的段落中详细讨论。

5）协助必须是第 8 条第 1 款（b）项具体列明的项目。这说明协助项目有特定的范围，该范围以外的协助，其成本不计入完税价格中。

对于协助的价值如何确定，在《WTO 海关估价协定》附件一中作了明确的规定。若进口商向与其无关的第三方支付的方式为卖方提供某项协助，则该协助的价值就是其支付的成本费用。若构成协助的某项要素是由进口商自己生产的或是由与其有特殊关系的人生产的，则该价值就是生产该要素的成本。若构成协助的某项要素是进口商以前曾经使用过，不管是进口前进口商自己生产的，还是从其他方面获得的，该要素的成本必须作合理的向下调整（折旧），以确定其价值。

（2）买方协助的四种类型。

《WTO 海关估价协定》将买方协助的范围分为四大类：

1）"进口货物包含的材料、部件、零件和类似货物"。

这类协助属于有形项目，在生产中这些协助的价值转移到进口货物的价值之中。若此类协助的成本未包含在进口货物的货价内，则海关在确定该货物的完税价格时，应将其计入完税价格。

2）"在生产进口货物过程中使用的工具、冲模、铸模和类似货物"。

这类协助属于生产项目，其成本类似于固定成本，其价值不是一次性地转移到所生产的产品中，而是经多次使用，使其价值一部分一部分地逐步转移到所生产的产品中。因此只有当这类协助的价值在进口货物的生产过程中耗尽，或消耗后失去使用价值时，其成本才能全部计入进口货物的实付或应付价格中。否则除了需要为整个协助确定价值外，还须对该价值进行合理的分摊。此时应将协助的成本分配于在此类协助的使用年限里所生产的或预计生产的产品数量中。

值得注意的是，由买方提供的生产设备并非都是应税的协助，只有那些类似于工具、冲模和铸模的项目，才属于应税的协助范围，这就需要对此类协助进行明确的界定。美国对生产性设备和非生产性设备之间划分了界限，前者属于应税的协助，而后者属于非应税的协助。这类协助中冲模和铸模的概念是比较明确的，但对"工具"这一概念的理解方面可能会产生差异，容易出现分歧。

3）"在生产进口货物过程中消耗的材料"。

此类材料主要包括催化剂、润滑剂、研磨材料、燃料、染料以及类似物品，其不构成进口货物的成分。它们的使用价值在生产过程中一次耗尽，其价格全部转移到所生产的进口货物中，类似于变动成本。这类协助的价值应计入进口货物的完税价格。

4）"生产进口货物所必需的、在进口国以外的其他地方所从事的工程、开发、工艺、设计工作以及计划和规划"。

这类协助属于无形项目，只有这些指定的协助项目的成本才能计入完税价格，否则不应计入。如"研究"一项并未列入协助的范围，而工程和开发却列在其中。研究分基础性研究和应用性研究，在商业实践中，人们很难而且很少在某项产品的基础研究、应用研究、试生产和最后开发之间划分明确的界限。但如果研究成本已包含在产品的有关价格中，在运用《WTO 海关估价协定》第 1 条进行估价时，不存在将其从有关价格中扣除的可能性。这类协助项目的认定是协助中最为复杂、最为困难的事情，因为买卖双方合同中所使用的词语与《WTO 海关估价协定》中所使用的词语可能会不一样，而且不同国家和不同的工业部门对有些项目可能有不同的解释。

无形协助必须同时满足以下三项条件才能成为完税价格的一部分：

第一，无形协助必须在进口国以外的其他地方所从事。这类协助有地域限制，而前三类协助没地域要求。这一条件限制的是无形协助的"从事地"，而不是这类协助的"执行地"。"从事地"是指有关工作以该地为基地或中心，或者为指挥或创始地。只要某项无形协助的"从事地"在进口国外，不论此项协助在何处执行（即使在进口国内），该协助的成本应计入完税价格。反过来，若某项无形协助的"从事地"在进口国内，无论其在何处执行，其成本不能成为完税价格的一部分。假如某项无形协助既在进口国内又在进口国外的数个地方所从事的，则只有在进口国以外地方所从事的那部分协助的成本才能计入完税价格，这时须将该项协助的总成本按公认的会计原则进行合理分摊。

第二，为进口货物的生产所必需。如果某项无形协助尽管满足了上述第一项的要求，但其并不是生产进口货物所必需的，仍不能将其成本计入完税价格。

第三，协助的无形项目必须是《WTO 海关估价协定》指定范围内的。如果进口商提供的无形协助是《WTO 海关估价协定》指定范围以外的，即使其满足以上两项条件，也不能将其成本计入完税价格。例如在《WTO 海关估价协定》指定范围内未包括"研究"，其原因在于人们实际上很难区分基础性"研究"和应用性"开发"之间的区别。基础性"研究"虽然与进口货物有关，但其通常是属于免税的。又如专利及类似的权利也未列入指定范围，这类权利通常与产品有关。若买方向卖方提供与某进口货物有关的专利权，是否应将专利权使用费用计入完税价格，关键在于该项专利的对象究竟被看成是"研究"还是"开发"。"研究"一般是指基础性研究，而"开发"一般是指将技术应用于某项特殊的用途上。另外买方向卖方免费提供的质量控制和人事管理，因其不在指定范围内，因此不能被看成是一项间接支付，其成本不应计入完税价格。

（3）买方协助值的计算。

《WTO 海关估价协定》在附件一中明确指出协助价值是指进口商因购买或生产有关协助而支出的成本。

1）购买或生产成本。如果协助是由进口商向第三方购买的，则该协助的价值就是进口商的购买成本，如果协助是由进口商自己生产的，则该协助的价值就是其生产成本，不包括由此而产生的利润。对于第四类协助，若协助是在国外购买的，则协助的价值为购买成本；若是租借的，即为租借成本；若协助是在数国所从事的，则须按公认的会计原则进行合理分摊；若提供的设计、规划等属于公共知识或随意可取的，则其只具有名义上的价值，仅仅是复印成本。

2）折旧。如果某项协助在运交出口国以前曾被进口商使用过，则无论该项协助是进口商购买的还是进口商自己制造的，其价值都应进行折旧。另外如果因时间推移或管理不善而造成协助质量下降，即使该协助从未被使用过，也应按此办法处理。

3）汇率。在许多情况下，进口商从第三国购买协助，然后直接运交国外的制造商。若该协助用外币支付，当进口国海关对进口货物进行估价时就会涉及汇率的适用问题。这时协助的成本最好按该协助的付款时间的汇率进行换算，这样就能较容易地从进口商的账面记录中推算出用进口国货币表示的该协助的价值。根据《WTO 海关估价协定》第 9 条的规定，在确定完税价格必须进行货币兑换时，可以适用进口时或出口时的汇率。但该条所指的是待估货物价格的兑换情况，而协助是合并在进口货物中的或是仍留在出口国（如工具），即未"进口"又未"复出口"。第 9 条并不是针对协助适用情况而制定的，因此按协助付款时的汇率进行换算是比较合适的。

4）运交成本。《WTO 海关估价协定》中没有对协助的运交成本是否应包括在协助价值内作出规定，但根据《WTO 海关估价协定》的基本精神，协助成本为协助的购买成本或生产成本，因此若协助的运交成本能与协助的购买成本或生产成本相区分，应予以扣除。正因为对此《WTO 海关估价协定》没有明确规定，所以协助的运交成本是否计入的问题取决于各国的立法规定。

5）非应税性协助。对于第四类无形协助，若协助是在进口国外购买或租借的，则该协助的价值为购买成本或租借成本。若协助是在数国完成的，则该协助的价值应按公认的会计原则进行分摊。但在无形协助中有些是属于非应税性质的，即它们的价值不应包括在完税价格中。前面谈到的基础性研究成本、机器规格的详细说明书的成本不应成为完税价格的一部分。另外众所周知的、随时可取的或公众所具有的信息、设计等也属于这种情况。

（4）买方协助价值的分摊。

协助的分摊涉及两个要素，即协助本身的价值以及分摊的方法。通过计算确定了协助的价值以后，接下来就是如何用合理的方法将协助的价值分摊到待估货物的实付或应付价格中去。

由于第一类协助的使用价值合并在待估货物中，第三类协助的使用价值在进口货物的生产过程中完全耗尽，其价值也已全部转移到待估货物中。它们价值的分摊比较容易，只要将生产进口货物过程中全部协助成本除以该货物的数量（或重量）就是单位货物的协助成本。

对于第二类和第四类协助，由于其价值是分次转移的，分摊就比较困难。《WTO 海关估价协定》对这两类协助虽没规定具体的分摊方法，但认可存在不同分摊的可能性，认为分摊方法应根据进口商所提供的资料，采用符合实际情况的且符合公认的会计原则的合理方法。常用的有以下几种分摊方法：

1）将协助成本分摊到第一批运交的货物中；

2）将协助成本分摊到截至第一批货物运交时已生产的产品中；

3）将协助成本分摊到全部预定生产的产品中。

上面仅讨论了全部预计产品能够确定的情况，此种情况比较简单，否则会出现许多难以确定的因素。例如，销售可能与预计不符；模具或冲模未到使用年限就已损坏；预计产品出口多个国家而且部分内销，但数量不明等情况。另外从生产国税务部门的角度来看，显然不允许将一件使用年限较长、价格昂贵的工具的全部成本在较短时期内折旧完，因此将其全部成本分摊于早期生产的产品上就会显得不太妥当。因此在上述情况下，只有将协助成本对全部单位产品进行分摊，才能较好地解决问题。

（四）特许权使用费与许可费

进口货物常常会涉及各种类型的无形权利，这些权利一般与进口货物的制造、销售、使用或转售等活动有关。非权利所有人在使用该权利前，必须征得所有人的同意或支付一定的费用，否则将被视为侵权行为，要负法律责任。"特许权使用费"和"许可费"并没有多大区别，在《WTO 海关估价协定》中它们是放在一起使用的，以下统称为特许权使用费。

特许权使用费，是指进口货物的买方为获得使用专利、商标、专有技术、享有著作权的作品和其他权利的许可而支付的费用。

一般说来，特许权使用费是指为获得使用以下权利而支付的费用：

（1）与制造进口货物有关的专利、设计、图样、工序和诀窍等；

（2）与进口货物的出口销售有关的商标、注册设计等；

（3）与出口货物的使用有关的著作权、版权等。上述支付的对象可以归纳为权利、信息和服务等三类。

这些权利有的已为法律所确认、规范和保护（如专利、著作权、注册商标等），有的尚未被法律所确认（如诀窍、信息、服务等）。

《WTO 海关估价协定》第 8 条第 1 款（c）项规定，"作为被估价货物销售的条件，买方必须直接或间接支付与被估价货物有关的特许权使用费和许可费，只要此类特许权使用费和许可费未包括在实付或应付的价格中"，应计入完税价格。

鉴于近年来海关加强对特许权使用费的价格稽查，同时许多企业对特许权使用费是否应该计入完税价格存在相当大的困惑，本书后续部分将单列章节专门对特许权使用费的适用性、计算方法等进行详细阐述。

（二）从价格中扣减的项目（价格下调因素）

《WTO 海关估价协定》在附件一关于第 1 条的注释中规定，完税价格不得包括发生在进口国内的成本和费用，只要这些成本和费用可与进口货物的实付或应付价格相区别。这些成本和费用包括建设安装费/维修费、进口后的运输费用和进口国的关税和国内税等。

1. 建设安装费/维修费

《WTO 海关估价协定》关于第 1 条的注释中指出，"如工厂、机械或设备等进口货物进口后发生的建设、安装、装配、维修或技术援助费用"（简称为：建设安装费/维修费），应该从进口货物的实付或应付价格中予以扣除。

建设安装费/维修费通常包括材料和劳务两个方面内容。这些材料和劳务可以从国外购买，但在许多情况下是在进口国内购买。例如，进口商要求国外供应商负责整个纺织厂的设计和实施，通常从国外购进生产流水线及特定的关键设备，而其他的辅助设备、某些零部件，可以从进口国内购得，工厂也是由进口国内承包商建造。

"进口后发生的"不应单纯理解为时间上的先后关系。上述进口货物在进口前有时要求做一些前期准备工作或基础性工作，如浇灌水泥，安装、调试机器设备的技术协助等。只要这类工作与进口货物有关，就应包括在上述范围内。"进口后发生的"包含了"在进口国内发生的"意思，因此对其从时间和空间的结合上来理解可更清楚些。

我国《审价办法》进一步就保修费用是否进入完税价格进行了规定：进

口货物的价款中单独列明的厂房、机械或者设备等货物进口后发生的建设、安装、装配、维修或者技术援助费用不计入该货物的完税价格，但是保修费用除外。

2. 进口之后的运输费用

《WTO海关估价协定》规定，发生在进口国内的运费不应计入完税价格，即使其已包含在买卖双方的议定价格中，只要其可与有关价格相区分，也必须予以扣除。最简单的情况是，进口货物的运费只计算到进口地，进口以后的运费单列的，此时只要将进口国内的运费扣除就行了。

如果在货物自进口国外某地至进口国内某地联运的情况下，则须对运费进行合理分摊。不同国家处理联运时运费分摊的方式和方法是不同的，《WTO海关估价协定》对此也未作统一规定。对于如何确定进口国国内的运输费用，首要的问题是要确定进口国国内运输的起始点在何处。例如，在空运情况下，起始点可以是货物运抵的航空港或飞机飞跃关境线上空的那一点。在海运的情况下，可以将卸货港或目的港作为进口国国内运输的起始点。同时，在联运的情况下，可能使用同一运输工具（如火车、卡车），也可能中途更换运输方式（如由空运、水运改陆运）。如果进口前后使用同一运输工具，则通常根据里程对运费按比例分摊。如果中途更换运输方式，则除了考虑里程因素外，还须考虑相关的运费标准。在有些情况下，最简单的一种方法就是只扣除内陆运费的金额，即使这一数额可能会超出按比例分摊联运费用时内陆运费所占的份额。

如果进口商进口一批货物运往进口国内不同地点，且该货物具有同一价格，则完税价格可能会因目的地不同而存在差异。由于运费问题由各国根据本国立法自行处理，扣除的金额可能会大于（或小于）内陆运费。为了避免上述运费分摊可能出现的问题，买卖双方可根据进口国的海关估价的做法，而决定按照FOB或CIF条件成交。

我国《审价办法》给出了"进口货物运抵中华人民共和国境内输入地点起卸后"这个分界线。在此分界线之后发生的运输及其相关费用、保险费不计入进口货物的完税价格。

3. 进口国的关税和国内税

《WTO海关估价协定》明确规定，有关进口国的关税和国内税应予以扣除。对于进口国内的地方当局对进口货物的课税，应按进口国的国内税对待，因为《WTO 海关估价协定》把一国的所有次级行政单位作为该国的组成部分。

我国《审价办法》规定：进口关税、进口环节海关代征税及其他国内税不计入进口货物完税价格。

4. 其他从价格中扣减的费用

（1）《WTO 海关估价协定》关于第 8 条的注释中规定："在进口国内复制进口货物的权利所需的费用不得计入进口货物的实付或应付价格。"

（2）除以上税费之外，我国《审价办法》还规定以下费用可以不计入进口货物完税价格：

1）境内外技术培训及境外考察费用。

2）符合下列条件的利息费用不计入完税价格：

- 利息费用是买方为购买进口货物而融资所产生的；
- 有书面的融资协议的；
- 利息费用单独列明的；
- 纳税义务人可以证明有关利率不高于在融资当时当地此类交易通常应当具有的利率水平，且没有融资安排的相同或者类似进口货物的价格与进口货物的实付、应付价格非常接近的。

（三）关于"可与进口货物的实付或应付价格相区别"

有关成本和费用须从有关价格中扣除，是以"可与进口货物的实付或应付价格相区别"为条件的。

本节在此讨论"可与进口货物的实付或应付价格相区别"的相关问题。

1. 有关成本和费用已包含在进口货物的有关价格中

如果此类成本和费用没有包含在进口货物的有关价格中，就谈不上将其从有关价格中扣除，因此有关成本和费用包含在进口货物的实付或应付价格中是其与有关价格相区分的前提。有关成本和费用可从进口货物的实付或应付价格中扣除，意思是指它们不应计入完税价格。例如，关税不应计入完税价格，如果关税包含在进口货物的实付或应付价格中，则应将其从有关价格中扣除。

2. 区分的原则（标准）

本节在此讨论如何能确保有关成本或费用与进口货物的实付或应付价格相区分。有关费用不必通过买卖双方的交易合同来区分，区分的依据是客观的数据资料，而这些相关数据可由海关、税务以及外界其他相关事实来确定。

（1）关税与进口货物的实付或应付价格的区分问题。

如果实付或应付价格包括了关税和国内税，而这些税款未在发票上单独列出，进口商又未在其他地方提出扣除要求，在这种情况下，关税和国内税是否应予以扣除？

《咨询性意见》就此给出意见"鉴于进口国的关税和国内税就其本质而言可与实付或应付价格区分，它们不应构成完税价格的组成部分"。

如果关税包含在有关价格中，不论关税的数额最终是多少，即使关税数额超出卖方的预计数额，风险应由卖方承担。

总之，若关税包含在有关价格内，即使关税没有单独列出，仍可根据海关所确定的该货物的税率，来确定应扣除的关税。关税的确定有赖于关税税率，只要税率确定了，关税的确定也就解决了。

（2）进口国内运输费用与有关价格的区分问题。

对于进口以后的运输成本，也可根据上述原则进行解决。其费用不必在买卖双方的议定合同中所说明，只要存在第三方的收费标准以及里程等相关资料，就可通过计算将运费合理分摊，进口后的运输费用就可予以区分。

如果进口后的运输成本包括在进口货物的实付或应付价格之中，而出口商用自己的运输工具（汽车）将进口货物运抵买方在进口国内的指定地方，并且不存在全程的收费标准，那么由卖方来划分其内陆运费的比例作为扣除的运费数额，就缺乏客观的标准，因此也就不能说明区分问题。这种情况下，买卖双方有必要提供进一步的证据，以便在各特定的路段进行分摊，使进口后的运费与进口货物的实付或应付价格相区分。

（3）建设安装费/维修费等项目与进口货物的实付或应付价格的区分问题。

如果买卖双方的交易合同单独列示建设安装费/维修费等项目，则将建设安装费/维修费等项目从成交价格中扣除相对容易些。

如果买卖双方的交易合同中只有单一的总价，没有单列建设安装费/维修费等项目，这种情况下，区分建设安装费/维修费等项目与进口货物的实付或应付价格就相对麻烦。一般来说，买卖双方可以在签订合同时或以后的任何时间，双方议定总价的划分，以便区分进口后的材料和劳务价格。有关一方申报时只要具有客观的划分依据，就便于建设安装费/维修费等项目与进口货物的实付或应付价格相区分。

（四）选择性调整项目

《WTO 海关估价协定》第 8 条第 2 款规定："每一成员在制定法规时，应对将下列各项内容全部或部分地包括或不包括在完税价格之中作出规定：（a）进口货物运至进口港或进口地的费用；（b）与进口货物运至进口港或进口地相关的装卸费和处理费；及（c）保险费。"

从以上规定可以看出，尽管《WTO 海关估价协定》的目标在于统一各国海关的估价方法，但在运费和相关费用的问题上，为每一成员国留有较大的自由处理的余地。上述费用与海关采用何种价格为估价基础有很大关系，直接影响完税价格的高低。若以 FOB 为估价基础，上述三项费用就可能不包括在完税价格内；若以 CIF 为估价基础，这些费用就可能包括在完税价格之中。从各国现行估价制度来看，有的国家以 FOB 为估价基础（如美国），而有的国家以 CIF 为估价基础（如我国）。

《WTO 海关估价协定》之所以要将上述三项费用由各成员国自行处理，是因为：

（1）以 FOB 作为估价基础或者以 CIF 作为估价基础，各自具有优缺点，很难达成共识。

1）以 FOB 为估价基础，可以避免因运输方式、原产地和进口口岸的不同产生价格差异，有利于本国进口商同各国进行贸易。

2）以 CIF 为估价基础，运输方式、原产地和进口地的不同会引起运保费的不同，从而引起价格的不同。从经济角度来看，这是合理的，而且在同一关税税率水平下可以增加一国的关税收入。

两种估价基础各有优劣，难以取舍，因此《WTO 海关估价协定》由各成员国自行决定估价基础。

（2）贸易统计要求各国的贸易数据应有可比性，运输费用单独记录，单独对外公布，无论以 FOB 还是 CIF 为估价基础，都可以进行国际间的贸易对比。如美国虽以 FOB 为估价基础，但仍搜集运输费用的资料，并且编制 CIF 统计资料供大家参考。

（3）关税水平取决于关税税率和完税价格。若统一采用 CIF 为估价基础，则以 FOB 为估价基础的国家的实际关税水平将会相应提高。若统一采用 FOB 为估价基础，则以 CIF 为估价基础国家的关税水平将会相应降低。要保持原有的关税水平，就须对原有的关税税率进行相应的调整。

采用统一的估价基础将会在各成员国之间引起较大的矛盾，会影响关税减让谈判的成果和《WTO 海关估价协定》的实施。将运输费用留给各成员国自行解决，可避免不必要的矛盾，有利于《WTO 海关估价协定》的实施。

1. 以 FOB 为估价基础

（1）运输成本。

以 FOB 为估价基础的国家，运输成本是指进口货物运抵进口港或进口地的费用。它可简单地分为两个部分：

一是出口国的国内运费，即进口货物从工厂或起运地运抵出口港（地）的运输费用；

二是国际运费，即从出口港（地）运抵进口国进口港（地）的运输费用。

以 FOB 为估价基础的国家，国际运费不能作为完税价格的组成部分。对出口国的国内运费一般应计入完税价格。但也不能一概而论。例如，根据美国法律，对于出口国的国内运费存在计入或不计入完税价格两种可能性。它规定若该运费已包含在买卖双方议定的价格中时，则不应将其扣除，否则不必将其计入。1984 年经美国海关规则修正案的补充修订，对上述原则进行了修正，出口国的国内运费若发生在输往美国的出口销售之后，且有关货物的国际流动又经联运提单或其他单证所证实，该费用可从买卖双方的议定价格中扣除。

（2）其他相关费用。

运费以外的其他相关费用是指保险费、仓储费、装运费、驳运费等，它们可享受与其相关运费的同等待遇。一般来说，货物的空运可作为国际货运而不应作为国内运输看待，即使空运起自出口国内陆某地，只要它属于联运性质，也应参考此做法。

2. 以 CIF 为估价基础

（1）运输成本。

以 CIF 为估价基础的国家，运输成本包括出口国的国内运费、国际运费和进口国的国内运费。

根据《WTO 海关估价协定》规定，发生在进口国的国内运费不应计入完税价格，但在联运情况下要合理分摊，使其与有关价格相区分。

由买方支付的截至到进口港或进口地的实际运输成本（出口国的国内运

费和国际运费）应计入完税价格。这一原则适用于以多种贸易术语条件成交的销售交易。

例如：买卖双方议定以 CIF 贸易术语条件进行交易，由卖方负责将货物海运至进口国的进口港，并预定了货船到达的日期。由于卖方的原因，无法将货物按时装船，只得将海运改为空运，卖方承担增加的额外费用。海关在估价时只能将买方的实际成本（即海运费用）计入有关价格。即使由买方先付空运费用，然后再向卖方索回多付的费用，也应照此办理。如果情况相反，由于买方出于急用等原因，要求卖方将海运改为空运，并且由买方承担全部额外的运费，那么这些实际的运输成本都应该计入完税价格。

以 CIF 为估价基础的运输成本，包括有关货物从出口国第一装运地点至进口港（地）整个运输过程中所发生的全部费用。因此下列费用若未包括在有关货物的货价中，应将其计入该货物的有关价格中：

1）运输附加费（用于加急货运的支付，或由货物的异常规格、重量和危险程度而支付的额外费用）；

2）佣金以及承运代理人或其他中介人的费用；

3）港口费或机场费；

4）更换运输工具所需的临时仓储费；

5）集装箱的租借费和包装费。

若买卖双方以 FOB 方式成交，而进口国海关以 CIF 为估价基础，由于货船在装运起卸之前需要等待一些时间，所产生的滞期费应由买方负担。如果卸货迟延发生在进口国的某一港口，相关的滞期费显然不属于出口销售运抵进口国进口港或进口地的运输成本，因而不得将其计入完税价格。如果货船不得不在出口国的港口等待装运，由此产生额外费用，也不能将其视为"与进口货物运至进口港或进口地相关的装卸费和处理费"（第 8 条第 2 款（b）项）。该条款中根本没有提及任何"相关费用"的字眼。因此以 CIF 为估价基础的各成员国海关在估价时，不得随意将后续成本因素计入完税价格。

（2）国内运费的扣除和分摊。

在以 CIF 为估价基础的国家里，进口货物运抵进口港或进口地的运输成本应计入实付或应付价格。如果国际运费中包括了从进口国边境到目的地这一段国内运费，或者买卖双方议定价格中包含有进口国国内运费。这种情况下，有必要根据资料进行计算，以确定运费在完税价格中应计入和应排除的适当比例，将总的运费合理分摊。

（3）装卸费和处理费

根据《WTO 海关估价协定》第 8 条第 2 款（b）项的规定，以 CIF 为估价基础的国家，完税价格应包括"与进口货物运至进口港或进口地相关的装卸费和处理费"。这里的卸货费可能会令人不解，因为卸货通常发生在进口货物运抵进口国之后，若由公路或铁路运输，卸货甚至可能发生在进口货物结关之后。在这些情况下，卸货费与进口货物运抵进口港或进口地运输无关。应注意，该条款中的卸货费仅指进口货物运抵进口国之前，因更换运输工具所引起的卸货费用。

该条款中的处理费是指鲜鱼冰冻、动物饲养以及损坏货物分检等之类费用。若此类费用单独计价，应计入完税价格。

然而条款中与运输相关的费用不包括以下内容：

1）为签发原产地证书或公证发票而支付的咨询费；

2）货物出口前为买方利益而支付的储存费（货运期间的临时储存费除外）；

3）进口货物的清点费、过秤费和质量管理费。

上述费用须以未包含在有关价格内且由买方支付为条件。

（4）免费运输或由买方提供运输。

《WTO 海关估价协定》第 8 条只提及了运输费用而没提及运费的支付，在有些情况下，进口货物的运输可能是免费的或由买方自己提供的。在买方自己提供进口货物运输的情况下，买方的实际运输成本可能要比正常的运输成本低得多。若买方能提供证据证明其实际运输成本确实较低，则应接受该较低的成本，因为有关条款中对运费的支付并未作出规定。免费运输其实并不是无偿的，如果卖方不向买方收取运费，则卖方承担的运输费用会在进口货物的货价中得到补偿。如果买卖双方存在特殊关系，可能运费是免费的（但决不是无偿的），此时有关价格会受到关系的影响，这样将适用《WTO 海关估价协定》第 1 条第 1 款（d）项以及第 2 款的规定。只有当运输是由与卖方无关系但与买方有关系的第三方免费提供时，运费应计入有关价格中。此时买卖双方的交易价格相当于 FOB 价格，与买方有关系的第三方的运输成本可能会在与买方的其他交易中得到补偿。

由于确定上述运输的实际成本比较困难，欧共体采用了"正常运输费用"

的概念。当运输为免费或由买方自己提供时，运抵进口港（地）的运输费用，若能依据同一类型运输方式所采用的运输牌价而确定，应计入完税价格。这就是说，运费应以"正常运输费用"推定而计入完税价格。欧共体的这一规定虽然比较务实，但已把抽象价格概念移植到《WTO 海关估价协定》的实施中。

（5）保险费

保险费是指补偿进口货物运抵进口港（地）途中发生灭失或损坏的保险金额，不包括对获利机遇丧失的保险。有关保险的全部内容应根据进口国的立法而定。如果将进口货物运抵进口国内陆的目的地，而保险费是依据货物价值而非距离来确定，则全部保险成本应计入完税价格。如果保险费是以距离而定，并且能证明这一运抵进口港（地）的保险费确实低于运抵目的地的实际全程保险费，在确定完税价格时，可将较低的保险费代替较高的实际保险成本。

我国《审价办法》规定：

"第三十九条 进口货物的保险费，应当按照实际支付的费用计算。如果进口货物的保险费无法确定或者未实际发生，海关应当按照"货价加运费"两者总额的3‰计算保险费，其计算公式如下：

保险费 =（货价 + 运费）×3‰

第四十条 邮运进口的货物，应当以邮费作为运输及其相关费用、保险费。

第四十一条 以境外边境口岸价格条件成交的铁路或者公路运输进口货物，海关应当按照境外边境口岸价格的1%计算运输及其相关费用、保险费。"

3. 仓储费

仓储费是与运输有关的费用，类似于运费、手续费和保险费。《WTO 海关估价协定》中没有具体提及，但在《评论》给出了案例加以说明。

针对仓储费的估价问题，首先要确定在何种情况下仓储费与进口货物有关，某项特定的仓储费是发生在进口前还是进口后。

下列是产生估价问题的仓储情况：

1）货物在输往进口国出口销售时在国外储存；

2）货物在购买后但在出口至进口国前在国外储存；

3）货物于结关投入国内使用前在进口国储存；

4）货物在运输中暂时储存。

（1）货物在输往进口国出口销售时在国外储存。

 **案例 1**

（1）进口国 I 的买方 A 向出口国 X 的卖方 B 购买由 B 在 X 国库存的货物。A 向 B 支付的仓库交货价格包括所发生的库存费用。

（2）进口国 I 的买方 A 按工厂交货价格向出口国 X 的卖方 B 购买货物。在成交时，货物由 B 在 X 国库存。除货物价格外，买方 A 还根据单独发票向卖方 B 支付仓储费用。

（3）进口国 I 的买方 A 按工厂交货价格向出口国 X 的卖方 B 购买货物。在成交时，货物由 B 在 X 国库存。除货物价格外，买方 A 还向仓库所有人支付由卖方 B 引起的仓储费用。

《WTO 海关估价协定》规定，实付或应付价格是买方为进口货物向卖方或为卖方的利益已支付或将支付的总额。可以设想，卖方会将获取的仓储费用作为买方实付或应付价格的一部分。因此，在上述案例中，仓储费用应是货物实付或应付价格的组成部分。

（2）货物在购买后但在出口至进口国前在国外储存。

 **案例 2**

进口国 I 的买方 A 向出口国 X 的卖方 B 购买货物。货物在进口到 I 国之前由买方自己库存于 X 国。

购买货物之后由买方引起的费用不能视为是向卖方或为卖方利益直接或间接支付的款额。所以，这类费用不应是实付或应付价格的组成部分。

另一方面，这些费用确实代表买方自己进行的活动。这些活动的费用仅仅在按《WTO 海关估价协定》第 8 条规定予以调整时，才应加入到进口货物的实付或应付价格中，在本范例中，没有这种适用的规定。因此该项储存费用不应构成完税价格的组成部分。

（3）货物于结关投入国内使用前在进口国储存。

 **案例 3**

进口国 I 的买方 A 向卖方 B 购买货物。货物抵达进口港口时，买方 A 自己将货物储存于海关仓库直至生产计划开始实施之时。进口货物按计划要制造成为其他货物。3 个月后，买方 A 呈交货物投入国内使用的申报单，并支付储存费用。

《WTO 海关估价协定》关于第 1 条的注释中，规定了实付或应付价格是指买方为进口货物向卖方或为卖方的利益已支付或将支付的总额，同时又规定，由买方自己进行的活动费用，除在第 8 条内规定须调整者外，不应加入到实付或应付价格中。

购买货物之后由买方引起的费用不能视为是向卖方或为卖方利益直接或间接支付的款额。所以，这类费用不应是实付或应付价格的组成部分。

另一方面，这些费用确实代表买方自己进行的活动。这些活动的费用仅仅在第 8 条规定要予以调整时，才应加入到进口货物的实付或应付价格中。因此，该项储存费用不应构成完税价格的组成部分。

（4）货物在运输中暂时储存。

 **案例 4**

（1）进口商 I 按出口国工厂交货价格购买货物。在货物装上出口船舶之前在出口港发生储存费用。

（2）进口时，在卸货和呈交申报单之间相隔一段时间。在这段时间内，货物在海关监管下储存，因而引起了储存费用。

这类费用是货物在运输期间临时发生的，应该视为是与货物运输有关的费用。因此，对这类费用应按本《WTO 海关估价协定》第 8 条第 2 款（2）项的规定处理，或者如果这些费用是在货物进口后发生的，按关于第 1 条的注释对待。该说明规定，进口后的运输费用不应包括在完税价格中，但该运输费用应能与进口货物的实付或应付价格中区分开来。

### 四、成交价格估价方法在中国的应用

中国海关要求估价人员应首先采用成交价格方法进行估价。经审核，申报价格符合成交价格条件的，估价人员应按成交价格方法确定进口货物的完税价格。按成交价格方法对进口货物估价时，计入到完税价格中的各项费用，应有客观量化的数据资料作为调整依据。

（一）完税价格调增

估价人员在使用成交价格方法时，如发现有下列费用未包括在申报价格中，将要求进口货物的经营单位将其补充计入完税价格：

1. 除购货佣金以外的佣金和经纪费

估价人员将重点审查合同中是否订明佣金或经纪费条款，或是否存在单独的代理协议，有关代理商是否严格按照代理协议行事，以及有关代理商在交易过程中所扮演的角色（是卖方代理还是买方代理，是代理人还是卖方）等，并搜集和保留载有佣金和经纪费的条款和金额的相关资料。

2. 与进口货物视为一体的容器费用

估价人员将重点审查合同、发票或其他单证中是否存在单独支付的容器费用，并搜集和保留载有容器费用金额的相关资料。

3. 包装材料和包装劳务的费用

估价人员将重点审查合同、发票或其他相关单证中是否存在单独支付的包装费用，尤其是对"整体拆除"方式进口的货物，并搜集和保留载有包装费条款和金额的相关资料。

4. "协助"的价值或费用

估价人员将重点审核合同、发票或其他相关单证，审查是否存在买方免费或减价提供的"协助"，并搜集和保留载有"协助"条款和金额的相关资料。

对"协助"价值或费用的分摊按以下方法和步骤进行：

（1）如"协助"价值或费用全部消耗在进口货物本身的生产或出口销售中，则全部分摊到进口货物的价格中；

（2）如有关货物不是一次进口的，则将视具体情况，根据进口商的要求和所提供的单证资料，按下列三种方法之一对"协助"价值或费用进行分摊：

1）将"协助"价值或费用分摊于第一批货物数量；

2）将"协助"价值或费用分摊于截止第一批货物发运时已生产出的货物数量；

3）将"协助"价值或费用分摊于全部预计的生产数量。

5. 特许权使用费

估价人员将重点审核专利、商标、专用技术和著作权的许可、转让和使用协议，审查特许权使用费的支付是否与进口货物有关，是否构成进口货物销售的一项要件，是否包含在申报价格中，并搜集和保留载有特许权使用费条款和金额的相关资料。

特许权使用费的表示方式通常有以下几种：

（1）以净销售额的百分比表示；

（2）以净销售额的百分比表示，且每年固定不低于一定金额；

（3）以进口货物金额的百分比表示；

（4）以销售净额与进口货物金额之间差额的百分比表示；

（5）以"提成费""入门费"或"技术费"等名称的具体金额表示。

6. 转售（含处置和使用）收益

估价人员将重点审查合资（合作）合同、可行性研究报告等资料中是否存在转售收益等利润返还的规定，并搜集和保留载有转售收益条款和金额的相关资料。

（二）完税价格扣除

估价人员在使用成交价格方法时，如发现下列费用单独列明，或有明确的计算方法加以区分，将从完税价格中扣除：

（1）厂房、机械、设备等货物进口后的基建、安装、装配、维修和技术服务的费用。

估价人员将重点审核上述费用在货款总额中的比例，对比例明显偏高的，应补充审核技术服务协议，从技术服务的内容、时间长短、难易程度和提供服务的专家人数等方面作重点审核，综合判断其比例的合理性，并搜集和保留技术服务协议等相关资料。

（2）货物运抵境内输入地点后的运输费用。

（3）进口关税和国内税。

（三）不适合成交价格估价方法的情形

有下列情形之一的，估价人员将依次采用其他估价方法确定其完税价格：

（1）进口货物的所有权没有发生转移，如以寄售贸易方式进口的货物。估价人员应审核合同或相关协议，并搜集和保留"所有权未发生转移"的相关资料。

（2）进口货物未发生买卖行为，即买方获得进口货物而并未支付相应的货币对价，如免费交付的货物。估价人员应注意审核合同或相关协议，并搜集和保留"买方并未支付货币对价"的相关资料。

有下列情况之一的，估价人员将要求进口货物的经营单位补充价格申报单，并依次按其他估价方法确定其完税价格：

（1）买方对进口货物的处置或使用受到限制，但国内法律、行政法规规定的限制、对货物转售地域的限制、对货物价格无实质影响的限制除外。

估价人员将重点审核合同及相关协议，有下列情况之一的，应认定为"买方对进口货物的处置或使用受到了限制"，估价人员将搜集并保留相关资料。

1）买卖双方的交易规定进口货物只能用于展示或免费赠送；

2）买卖双方的交易规定进口货物只能转售给与卖方有特殊关系方；

3）买卖双方的交易规定进口货物加工为成品后必须全部回购；

4）其他经海关确定为"买方对进口货物的处置或使用受到限制"的情况。

（2）进口货物的出口销售或价格受到导致该货物价值无法确定的条件或因素影响。

估价人员将重点审核买卖合同、协议或往来商业函电，如有下列情况之一的，将认定为"货物的出口销售或价格受到导致该货物价值无法确定的条件或因素影响"，估价人员将搜集并保留相关资料。

1）买卖双方的交易是"搭售交易"，即进口货物的销售价格取决于买方同时向卖方购买特定数量的其他货物；

2）买卖双方的交易是"互售交易"，即进口货物的销售价格取决于买方向卖方销售其他货物的价格；

3）其他经总署确定为"货物的出口销售或价格受到导致该货物价值无法确定的条件或因素影响"的情况。

（3）卖方直接或间接获得因买方转售、处置或使用进口货物而产生的任何收益，但能按规定作出调整的除外。

估价人员将重点审核买卖合同、协议，或合资（合作）合同、可行性研究报告等，如果发现存在进口货物的转售收益返还于卖方，且有客观量化的数据资料的，则将其计入完税价格；如果发现有进口货物的转售收益返还于卖方，但无客观量化的数据资料的，则依次按其他估价方法估定货物的完税价格。对上述情况，估价人员将搜集并保留相关资料。

（4）买卖双方之间有特殊关系，且特殊关系影响到成交价格。

估价人员将重点审核买卖合同或相关协议。如果发现买卖双方虽然存在特殊关系，但能找到"测试价格"，且申报价格非常接近于"测试价格"的，则将按成交价格方法实施估价；如果买卖双方存在特殊关系，且有下列情况之一的，将认定为"特殊关系影响到了成交价格"，估价人员将注意搜集并保留相关资料。

1）买卖双方的交易价格不符合该行业的正常定价惯例；

2）买卖双方的交易价格与向无特殊关系的第三方的销售价格不相符；

3）卖方的出口销售利润不符合同类货物出口销售的一般利润水平；

4）其他经海关确定为"特殊关系影响到成交价格"的情况。

## 第三节　相同货物成交价格估价方法的特点要素和适用性

相同货物成交价格估价方法是在进口货物成交价格不能够根据《WTO 海关估价协定》第 1 条规定确定的情况下，依次采用的第 2 种估价方法。根据《WTO 海关估价协定》第 2 条规定，采用相同货物成交价格估价方法，被估价货物的完税价格应为与被估价货物同时或大约同时出口销售至相同进口国的相同货物的成交价格、应使用与被估价货物相同的商业水平销售的、数量实质相同的相同货物的成交价格确定完税价格。如不能认定此种销售，则应使用以不同商业水平销售的和/或数量不同的相同货物的成交价格，并应对可归因于不同商业水平和/或不同数量的差异作出调整，只要此类调整能够清楚地确定调整的合理性和准确性即可，而无论调整是否导致价格的提高或降低。

我国《审价方法》第 18 条规定："相同货物成交价格估价方法，是指海关以与进口货物同时或者大约同时向中华人民共和国境内销售的相同货物的成交价格为基础，审查确定进口货物的完税价格的估价方法。"

## 一、相同货物成交价格估价方法的特点要素

一种货物是否与被估货物相同，根据《WTO 海关估价协定》第 15 条的规定，应考虑以下几个方面的因素。

第一个条件：各方面都相同的货物

《WTO 海关估价协定》第 15 条第 2 款（a）项规定，相同货物是指在所有方面都与被估货物相同的货物，包括物理特性、质量和信誉，但表面上的微小差别允许存在。我国《审价方法》给出了接近的定义。

在所有方面都相同是衡量货物是否相同的第一个条件，如果在某一方面或几方面相同，仍不符合相同货物的要求。例如，小轿车与卡车虽都为汽车，但物理特性不同，不能视为相同货物。不同品牌的轿车，由于信誉不同，不能视为相同货物。又如，A、B 两个公司委托某加工厂生产衬衫，布料和工艺相同，但用各自拥有的商标，其中 A 公司的为名牌商标，而 B 公司的属一般品牌商标。这两种衬衫虽然在物理特性和质量方面都相同，但由于商标的信誉不同，因而也不能作为相同货物。再如，两辆相同型号的宝马轿车，一辆是银灰色的，另一辆是红色的，由于两辆轿车在物理性能、质量和信誉方面都相同，仅在颜色上存在细微差别，因此可认为是相同货物。

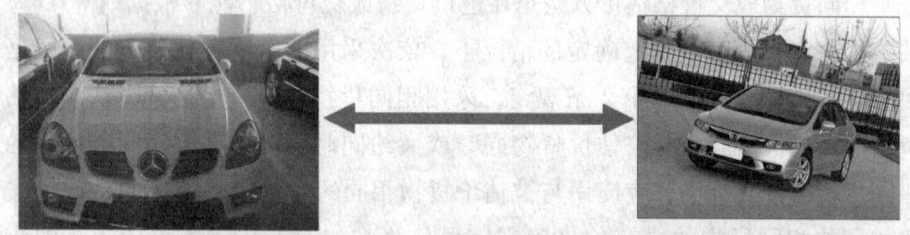

图 2-3　商业水平对成交价格的影响

《评论》中给出了有关相同货物的 3 个案例，对相同货物进行说明：

**案例 1**：为不同用途而进口的相同成分、经相同加工、相同尺寸的钢板。

虽然进口商用其中一些钢板制造汽车，用其中另一些钢板制造熔炉套筒，但货物是相同的。

**案例 2**：由内装修者和批发经销商进口的墙纸。

（1）即使墙纸由内装修者和批发经销商按不同价格进口，在所有方面都相同的墙纸，依照《WTO海关估价协定》第2条规定，仍然是相同货物。

（2）虽然不同的价格可能表示质量或信誉上有所差别。质量或信誉上的差别是用以考虑区分相同货物和类似货物的因素，但价格本身不是这种因素。在适用第2条时，当然需要对商业水平和/或数量进行调整。

**案例3**：未经组装的花园杀虫剂喷射器和已经组装的设计相同的花园杀虫剂喷射器。

（1）喷射器由两个未安装的部分组成：

1）泵和安装在盖上的喷咀；

2）盛装杀虫剂的容器。

为了使用喷射器，需要将它拆开。容器装满杀虫剂，盖子拧上。然后，喷射器才能投入使用。被比较的喷射器在所有方面都是相同的，包括物理性质、质量和信誉。唯一不同点是未经组装和已经组装。

（2）组装作业通常妨碍将已经组装和未经组装货物按相同或类似货物对待。但是，在这种情况下，如果货物的设计是在普通使用过程中组装、拆卸，组装作业的性质并不妨碍将它们视为相同货物。

第二个条件：在同一国家生产

《WTO海关估价协定》第15条2款（d）项规定，除非货物与被估货物在同一国家生产，否则不能将其视为相同或类似货物。例如：在不同国家生产的同一款手机，不能视为相同货物。

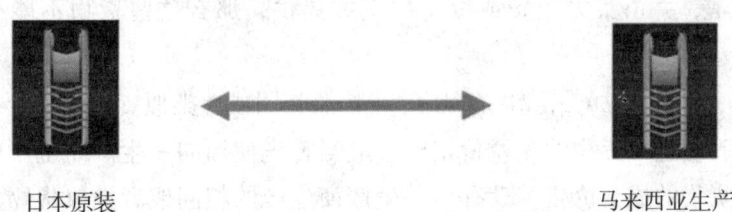

日本原装　　　　　　　　　　　　　　　　　　　马来西亚生产

**图2-4　不能视为相同货物的手机**

"在同一国家生产"是衡量货物是否相同的第二个条件。如果货物与被估货物满足第一个条件，但不是在同一国家生产的，则不能将其看成是相同货物。

对"同一国家"的理解应注意以下几点：

（1）同一国家指的是货物的生产国，而不是货物的出口国。生产国和出口国并不总是一致的，例如 A 国生产货物，在 B 国进入流通领域，而后又从 B 国输往 C 国出口销售。

（2）生产国指的是生产货物的国家，而不是关境。这与进口国的概念不同，进口国可以是进口的国家，也可以是进口的关境领土。因此同一关境内的两个不同国家，不能被视为同一生产国。例如，法国和德国生产的货物不是相同货物，虽然这两个国家在同一关境内。

（3）如果货物的生产涉及两个或两个以上的国家，如何确定哪一个国家为生产国呢？《WTO 海关估价协定》对此问题未作任何规定，并将其留给进口国立法解决。

目前，各国制定的原产地规则不尽相同，原产地规则在国际贸易谈判中日益引起关注。

第三个条件：同一生产商制造

同一生产商制造是相同货物的第三个条件。《WTO 海关估价协定》第 15 条第 2 款（e）项同时提出了对该条件不能够完全满足时的处理方案，当被估货物的生产商未曾生产过相同货物时，可以考虑不同生产商生产的货物，但在顺序上，同一生产商生产的货物总是优先于不同生产商生产的货物。

在确定相同货物时，除了应满足上述三个条件外，同时还需要注意，如果有关货物包含了在进口国所从事的工程、开发、工艺、设计、计划和图表等成本，并由买方免费或减价向卖方提供，那么这些货物不能视为相同货物。

我国《审价方法》第 21 条规定："按照相同或者类似货物成交价格估价方法审查确定进口货物的完税价格时，应当首先使用同一生产商生产的相同或者类似货物的成交价格。没有同一生产商生产的相同或者类似货物的成交价格的，可以使用同一生产国或者地区其他生产商生产的相同或者类似货物的成交价格。"

第四个条件：同时或大约同时向同一进口国出口销售

相同物必须是与被估货物出口销售给同一进口国。因为在相同货物成交价格估价方法中，被估货物的价格是建立在相同货物的价格基础上的，时间是影响价格的因素之一。为了体现公平、公正的原则，在确定相同货物时必须考虑时间因素。

《WTO 海关估价协定》第 2 条规定，相同货物与被估货物必须在同时或大约同时出口。

对于什么是同时或大约同时，《WTO 海关估价协定》并未作明确规定。海关估价技术委员会认为，应将其理解为尽可能接近出口时期的一段时间，在该期间内，对有关价格产生影响的商业做法和市场条件基本不变。由此可理解为，该段时间长短取决于市场条件对有关货物价格稳定程度的影响。对于价格比较稳定的货物，在对时间的要求的解释上就可能宽松一些，这一时间范围可能就会长一些；对于价格变动比较频繁的货物，在对时间要求的解释上就可能严格一些，这一时间范围就可能短一些。如果近期内不存在其他类比交易的情况下，海关可能倾向于将时间相对延长，以便找到相同或类似货物。

为了使成员国在时间因素上尽可能统一，《WTO 海关估价协定》提出"同时或大约同时"的要求，应将其视为一个整体，时间的选择应是最接近于待估货物出口的时间。不少国家将待估货物出口前后 90 天视为"同一或大约同一时间"的要求。应注意，对时间要求不应违背第 2 条，只要符合时间要求，即使类似货物比相同货物更接近于待估货物的出口时间，仍然按第 2 条进行估价，即采用相同货物成交价格估价方法，不能越过第 2 条而按第 3 条进行估价。

我国《审价办法》规定："大约同时，指海关接受货物申报之日前后 45 天内。按照倒扣价格法审查确定进口货物的完税价格时，如果进口货物、相同或者类似货物没有在海关接受进口货物申报之日前后 45 天内在境内销售，可以将在境内销售的时间延长至接受货物申报之日前后 90 天内。"

第五个条件：相同的商业水平销售的、数量实质相同

根据《WTO 海关估价协定》第 2 条第 1 款（b）项规定，采用相同货物成交价格估价方法进行估价时，这些货物应与被估货物在商业水平和数量上基本相同，否则应根据商业水平和数量因素而产生的差异进行调整，无论这种调整是否导致价格增加或降低。若调整无法进行，则第 2 条就不能适用，必须采用其他估价方法。

《WTO 海关估价协定》关于第 2 条的注释中明确了如果不能够认定与被

估价货物相同的商业水平销售的、数量实质相同的相同货物的销售。则可使用在下列三条件中任何一条件下发生的相同货物的销售：

（1）相同商业水平但数量不同的销售；

（2）不同商业水平但数量实质相同的销售；或

（3）不同商业水平和数量不同的销售。

同时，在认定根据以上三条件中任何一条件下的销售后，应视情况对下列因素做出调整：

（1）仅对数量因素；

（2）仅对商业水平因素；或

（3）商业水平和数量因素。

"和/或"的措辞允许在上述三条件中任何一条件下在使用销售和做出必要调整方面可以有灵活性。

由于不同商业水平或不同数量而做出调整的一个条件是：无论此种调整导致价格提高还是降低，只能依据清楚地确定调整的合理性和准确性的明确证据做出，例如包含涉及不同商业水平或不同数量价格的有效价格清单。例如，被估价进口货物由 10 个单位的一单货物组成，而唯一存在成交价格的相同进口货物包含 500 个单位，并且已知卖方给予数量折扣，则可通过采用卖方的价格清单并使用适用于 10 个单位的销售的价格完成要求做出的调整。此点并不要求销售必须是按 10 个单位进行的，只要该价格清单是按其他数量销售的真实情况制定的即可。但是，如无此种客观标准，则根据第 2 条的规定确定完税价格是不适当的。

### 二、相同货物成交价格估价方法适应性和差异调整

（一）商业水平和数量的差异调整

在实施相同货物成交价格估价方法时，针对商业水平及数量出现的差异有必要按第 2 条的规定进行调整。对于商业水平和数量而产生的差异应当给予考虑，并且调整的依据必须合理和正确。

值得一提的是，只是商业水平和数量方面存在差异的话，这种差异的本身不需要调整，只有在商业水平或数量的差异导致价格或价值产生差异时，才有必要进行调整。调整必须以能清楚地确认其合理性及正确性为基础。如果达不到这种要求，那么就不能进行调整。

《评论》中针对不同商业水平及数量进行调整的有关情况给出了具体案例说明（注：下列处理相同货物的范例也适用于类似货物）。

1. 同一商业水平和数量

 案例1

表2-4

| 供应商 | 数量 | 单位价格 | 进口商 | 商业水平 |
|---|---|---|---|---|
| E | 1 700 件 | 5 货币单位（CIF） | I | 批发商 |

存在下面涉及相同货物交易的成交价格：

表2-5

| 卖方 | 数量 | 单位价格 | 进口商 | 商业水平 |
|---|---|---|---|---|
| E | 1 700 件 | 6 货币单位（CIF） | P | 批发商 |

在这种情况下，没有调整的必要，而且按《WTO估价协定》第2条规定6货币单位的成交价格是完税价格。

2. 同一商业水平、不同数量

在数量上出现差别，如果出口商在销售货物时对数量差别没有给予考虑，而发生这种差别失去商业关联的情况，在这种情况下，也不需要调整。

 案例2

表2-6

| 供应商 | 数量 | 单位价格 | 进口商 | 商业水平 |
|---|---|---|---|---|
| E | 2 000 件 | 5 货币单位（CIF） | I | 批发商 |

存在下面相同货物的成交价格：

表2-7

| 卖方 | 数量 | 单位价格 | 进口商 | 商业水平 |
|---|---|---|---|---|
| R | 1 700 件 | 6 货币单位（CIF） | P | 批发商 |

海关确认 R 以 6 货币单位的价格向所有采购商销售货物，采购商至少买 R 的 1 000 件货物而未因其所采购数量的变化而改变价格。在这种情况下，虽然存在数量差别，但是这种差别并没有影响价格，因为相同货物的出口商在所进行的两笔销售的数量幅度内并没有改变价格，因此不需要作数量调整。6 货币单位的成交价格应是第 2 条项下的完税价格。

如果出口商的价格政策是对于不同的购买数量给予不同的价格优惠，而且数量的差异影响了价格，此时就需要调整。

## 案例 3

表 2－8

| 供应商 | 数量 | 单位价格 | 进口商 | 商业水平 |
| --- | --- | --- | --- | --- |
| E | 1 500 件 | 5 货币单位（CIF） | I | 批发商 |

存在下面相同货物的成交价格：

表 2－9

| 卖方 | 数量 | 单位价格 | 进口商 | 商业水平 |
| --- | --- | --- | --- | --- |
| R | 1 000 件 | 6 货币单位（CIF） | P | 批发商 |

海关认定 R 以 6 货币单位的价格向所有采购商销售货物，并且 R 向购买 1 500 件以上（含 1 500 件）的采购商给予九折优惠。在这种情况下，数量的差异影响了价格，应作调整，6 货币单位打九折后的价格 5.4 货币单位应是第 2 条项下的完税价格。

3. 不同商业水平、不同数量

## 案例 4

表 2－10

| 供应商 | 数量 | 单位价格 | 进口商 | 商业水平 |
| --- | --- | --- | --- | --- |
| E | 1 500 件 | 5 货币单位（CIF） | I | 批发商 |

存在下面相同货物交易的成交价格：

表 2 - 11

| 卖方 | 数量 | 单位价格 | 进口商 | 商业水平 |
|---|---|---|---|---|
| R | 1 200 件 | 6 货币单位（CIF） | P | 零售商 |

R 没有因采购水平改变其价格，但他将按每件 6 货币单位的价格向采购至少 1 000 件以上的人销售。在该案例中，虽然在商业水平上存在差别，但并没有因此而产生价格上的差别，因为相同货物的卖方在向采购商销售货物时没有考虑商业水平。另外，两笔交易在数量上是可比的，在数量上都超过了 1 000 件，所以不需调整。6 货币单位的成交价格应为第 2 条项下的完税价格。

当商业水平或数量引起价格上的差别时，为了得到与待估货物在相同的商业水平和大致相同数量上一致的价格，必须作出某种调整。在进行调整时，相同或类似货物卖方在交易中的习惯做法是主导因素。

当数量上的差别需要调整时，调整的数额应该是便于确定的。然而对商业水平而言，所采用的标准可不必那样明细。海关将要审查相同或类似货物卖方实际交易情况。一旦卖方的实际情况清楚，那么对被估货物的进口商活动的检查结果，应成为确定相同或类似货物的卖方给予进口商有关何种商业水平的依据。

 **案例**5

表 2 - 12

| 供应商 | 数量 | 单位价格 | 进口商 | 商业水平 |
|---|---|---|---|---|
| E | 1 700 件 | 4 货币单位（CIF） | I | 批发商 |

存在下面相同货物交易的成交价格：

表 2 - 13

| 卖方 | 数量 | 单位价格 | 进口商 | 商业水平 |
|---|---|---|---|---|
| F | 2 300 件 | 4. 75 货币单位（CIF） | R | 零售商 |

海关已认定 F 实际上按价格表中的价格销售,而且仅仅根据采购商采购的不同数量,实行价格变动,即购买 2 000 件以下的价格为 5 货币单位,而购买 2 000 以上的价格为 4.75 货币单位,不考虑采购商的商业水平。

采购数量上的差别是与商业有关的因素,它影响货物的销售价格,对这种由数量而产生的差别必须调整。在这种情况下,对数量的调整数额应是 0.25 货币单位,即 5 货币单位应是第 2 条项下的完税价格。

上面指出,第 2 条及第 3 条要求调整应以能清楚地确认其合理性和准确性的证据为基础。

第 2 条及第 3 条的注释提供了此类证据的例子,表列价格包括了有关不同商业水平或不同数量的价格。对表列价格真实性的确认还要建立在逐案处理方式的基础上。在缺乏客观标准的情况下,要按第 2 条及第 3 条的规定来确定完税价格将是不合适的。

 **案例 6**

表 2 – 14

| 供应商 | 数量 | 单位价格 | 进口商 | 商业水平 |
|---|---|---|---|---|
| D | 2 800 件 | 1.5 货币单位 (CIF) | K | 批发商 |

存在下面相同货物交易的成交价格:

表 2 – 15

| 供应商 | 数量 | 单位价格 | 进口商 | 商业水平 |
|---|---|---|---|---|
| E | 1 200 件 | 2.5 货币单位 (CIF) | P | 批发商 |

海关确认 E 坚持按公布表列价格对批发商扣减 20%,对零售商扣减 15%。在交易中,对 P 的销售是按表列价格进行的。这一证据将允许利用 2.5 货币单位的表列价格的单价对批发商销售并对批发商按 20% 扣减,以此对相同货物的成交价格作出调整。这样,2.5 货币单位减去 20% 将作为第 2 条项下的完税价格。

从以上案例可知,商业水平或数量的差异本身并不需要调整,只有在这种差异导致价格差异时，才需要进行调整。这种调整必须以确切的资料为依据，如进口商在物流过程中所处的地位、出口商的价格政策等。

（二）运输费和其他费用的调整

根据《WTO 海关估价协定》规定，除了对因商业水平和数量不同而引起的价格差异须进行调整外，对于由于运输距离和运输方式的不同而在运输费用、保险费和其他费用方面所引起的价格差异也应进行调整。例如，相同货物以空运方式进口，而待估货物以海运方式进口，显然待估货物在运输成本和其他费用方面要低于相同或类似货物的相关费用，由此需要进行调整。

此类调整不仅对于以 CIF 为估价基础的国家是需要的，对于以 FOB 为估价基础的国家有时也是需要的，因为出口国的内陆运费也会产生价格差异。

我国《审价方法》第 20 条规定："按照相同或者类似货物成交价格估价方法的规定审查确定进口货物的完税价格时，应当使用与该货物具有相同商业水平且进口数量基本一致的相同或者类似货物的成交价格。使用上述价格时，应当以客观量化的数据资料，对该货物与相同或者类似货物之间由于运输距离和运输方式不同而在成本和其他费用方面产生的差异进行调整。在没有前款所述的相同或者类似货物的成交价格的情况下，可以使用不同商业水平或者不同进口数量的相同或者类似货物的成交价格。使用上述价格时，应当以客观量化的数据资料，对因商业水平、进口数量、运输距离和运输方式不同而在价格、成本和其他费用方面产生的差异做出调整。"

## 第四节　类似货物成交价格估价方法的特点要素和适用性

### 一、类似货物成交价格方法的特点要素

类似货物成交价格估价方法是在进口货物成交价格不能根据《WTO 海关估价协定》第 1 条、第 2 条规定确定情况下，依次采用的第 3 种估价方法。

根据《WTO 海关估价协定》第 3 条规定，采用类似货物成交价格估价方法，被估货物的完税价格应为与被估价货物同时或大约同时出口销售至相同进口国的类似货物的成交价格、应使用以与被估价货物相同的商业水平销售的、数量实质相同的类似货物的成交价格定完税价格。如不能认定此种销售，

则应使用以不同商业水平销售的和/或数量不同的类似货物的成交价格，并应对可归因于不同商业水平和/或不同数量的差异作出调整，只要此类调整能够根据清楚地确定调整的合理性和准确性的明确的证据作出，而无论调整是否导致价格的提高或降低。

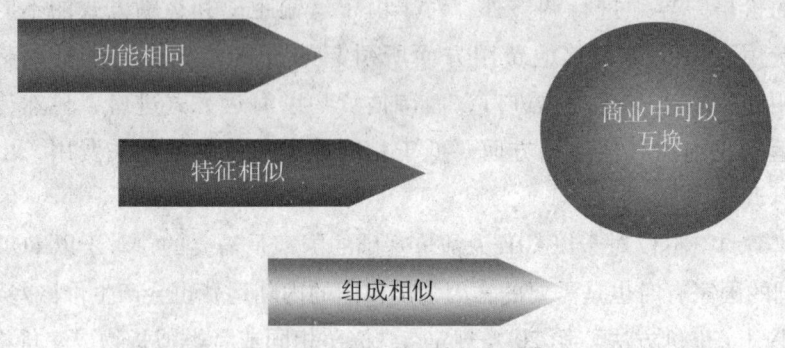

**图 2 - 5　类似货物的特点要求**

我国《审价方法》第 19 条规定："类似货物成交价格估价方法，是指海关以与进口货物同时或者大约同时向中华人民共和国境内销售的类似货物的成交价格为基础，审查确定进口货物的完税价格的估价方法。"

类似货物成交价格估价方法与相同货物成交价格估价方法是两种不同的估价方法，但两者之间存在许多相同之处。

根据《WTO 海关估价协定》第 2 条和第 3 条的规定，采用这两种估价方法时，被估货物的完税价格为与被估货物同时或大约同时向同一进口国出口销售的相同或类似货物的成交价格，本质上这两种方法采用的也是成交价格，但与进口货物成交价格估价方法有着本质的区别。

进口货物的成交价格估价方法是建立在被估货物本身基础上的，而相同或类似货物的成交价格估价方法是建立在其他货物，即与被估货物相同或类似的货物基础上的。相同或类似货物的成交价格是根据《WTO 海关估价协定》第 8 条调整后符合第 1 条规定已被海关所接受的成交价格。

一种货物是否与被估货物类似，根据《WTO 海关估价协定》第 15 条的规定，应考虑以下几个方面的因素。

第一个条件：类似的货物

根据《WTO 海关估价协定》第 15 条第 2 款（b）项的规定：类似货物是指具有相似的特征和相似的组成材料，并且具有相同的功能，在商业上可以互换的货物。在确定货物是否相似时，须考虑质量、信誉和商标等因素。

相似的特征、相似的组成材料、具有相同的功能、在商业上可以互换相似性，这是衡量货物是否相似的第一个条件。

我国《审价方法》规定："类似货物，指与进口货物在同一国家或者地区生产的，虽然不是在所有方面都相同，但是却具有相似的特征，相似的组成材料，相同的功能，并且在商业中可以互换的货物。"

《评论》中给出了有关类似货物的 4 个案例，对类似货物进行了说明：

**案例 1**：同样大小但不同品种的郁金香球茎，生长大致相同形状、大小以及相同颜色的花卉。

因球茎是不同的品种，它们不是相同货物。但是，它们生长大致相同形状和大小以及相同颜色的花卉，而且在商业上可以互换，所以，它们是类似货物。

**案例 2**：从两个不同的制造商进口的车轮里胎。

（1）同一系列尺寸的橡胶里胎从同一国家的两个不同生产商进口。两个生产商使用不同的商标，而两者生产的里胎达到同一标准和同一质量水平，享有同等信誉，并为进口国机动车辆制造商所用。

（2）里胎带有不同的商标，因此它们不是所有方面都是相同的，根据第 15 条第 2 款（a）项的规定，不应视为相同货物。

（3）里胎虽然不是所有的方面都是相同的，但确实具有相似的性质和相似的组成材料，从而能使它们起到同样的效用。由于货物的生产达到了同一标准和同一质量水平，享有同等信誉，并带有商标（即使是不同的商标）。它们应视为类似货物。

**案例 3**：漂白用的普通等级过氧化钠和分析用的特级过氧化钠加以比较。

特级过氧化钠的生产工序须使用非常纯正的尘状原料。因此其价格远远高于普通等级的过氧化钠。鉴于普通等级的过氧化钠不是很纯正而不能达到分析用的规格，加之既不能完全溶解又不能呈尘状，所以，它不可代替特级过氧化纳加以使用。既然两者不是在所有方面都相同，不属于相同货物。至于类似性，特级过氧化纳因价格过分昂贵而不使用于漂白目的，也不使用于化学剂的大规模生产。虽然两种过氧化钠具有类似特征和类似组成材料，但因普通等级过氧化钠不能用于分析目的，它们在商业上是不能互换的。

**案例4**：质用油墨以及纸质和纺织品用油墨。

货物要达到第 3 条和第 15 条第 2 款（2）项所规定的类似性，尤其需要满足商业上的互换性。仅适用于纸张印刷的油墨不能说是类似于纸质和纺织品用油墨，即使后者在纸张印刷行业中在商业上是可接受的。

其他条件

除了上述条件外，与相同货物一样，类似货物必须满足以下条件：

（1）第二个条件：同一国家生产

（2）第三个条件：同一生产商制造

（3）第四个条件：同时或大约同时向同一进口国出口销售

（4）第五个条件：相同的商业水平销售的、数量实质相同

第二十条　按照相同或者类似货物成交价格估价方法的规定审查确定进口货物的完税价格时，应当使用与该货物具有相同商业水平且进口数量基本一致的相同或者类似货物的成交价格。使用上述价格时，应当以客观量化的数据资料，对该货物与相同或者类似货物之间由于运输距离和运输方式不同而在成本和其他费用方面产生的差异进行调整。

在没有前款所述的相同或者类似货物的成交价格的情况下，可以使用不同商业水平或者不同进口数量的相同或者类似货物的成交价格。使用上述价格时，应当以客观量化的数据资料，对因商业水平、进口数量、运输距离和运输方式不同而在价格、成本和其他费用方面产生的差异做出调整。

第二十一条　按照相同或者类似货物成交价格估价方法审查确定进口货物的完税价格时，应当首先使用同一生产商生产的相同或者类似货物的成交价格。

没有同一生产商生产的相同或者类似货物的成交价格的，可以使用同一生产国或者地区其他生产商生产的相同或者类似货物的成交价格。

如果有多个相同或者类似货物的成交价格，应当以最低的成交价格为基础审查确定进口货物的完税价格。

有关以上各类似货物衡量条件的相关细节说明，与相同货物一致，请参考本书"相同货物成交价格估价方法的特点要素"章节部分内容，在此不再赘述。

同样，实施类似货物成交价格估价方法时，因商业水平和数量引发的差

异调整以及由于运输距离和运输方式不同而在成本和其他费用方面产生的差异调整具体处理方法，与相同货物成交价格估价方法一致，请参考本书"相同货物成交价格估价方法适应性和差异调整"章节部分内容。

## 二、相同或类似货物成交价格估价方法在中国的应用

按相同或类似货物成交价格估价方法确定完税价格时所需基本单证资料包括：

（1）发票或其他能明确标明进口货物数量及名称的单证；

（2）已按第一种估价方法估价的相同或类似货物进口报关时所用单证；

（3）运输费、保险费单证；

（4）其他有关应增加或应扣减费用的单证；

（5）数量和商业水平调整所需的单证。

（一）相同或类似货物成交价格估价方法的条件

遇有下列情况之一时，估价人员将采用相同或类似货物成交价格方法，对进口货物实施估价：

（1）进口货物没有成交价格。

（2）申报价格不符合成交价格条件。

（3）估价人员怀疑申报价格的真实性或准确性，或者怀疑买卖双方的特殊关系影响到成交价格，并经价格质疑程序后，仍有理由怀疑的。

（二）相同或类似进口货物的成交价格磋商

估价人员在使用相同或类似进口货物成交价格方法时，可在确保商业秘密的前提下，与进口货物的经营单位进行价格磋商，充分交流双方掌握的信息，以确定相同或类似进口货物的成交价格。

价格磋商的内容主要有：

（1）双方各自掌握的与被估货物有关的各种价格资料、产品信息和市场情况。

（2）双方各自掌握的相同或类似进口货物的各种价格资料、产品信息和市场情况。

（3）双方各自掌握的与被估货物、相同或类似进口货物成交价格有关的所有交易背景资料，包括成交数量、商业水平、运输方式和运输距离等。

（4）其他需要磋商的与进口货物价格相关的内容。

注：价格磋商不是海关估价的必经程序。如果估价人员有充足的证据确定相同或类似货物的成交价格，可以不进行价格磋商。

（三）倒扣价格估价方法的选择

在采用相同或类似货物成交价格估价方法时，遇有下列情况之一时，估价人员应采用倒扣价格方法，对进口货物实施估价。

（1）经与进口货物的经营单位价格磋商，或通过调阅报关单数据库资料等方式，仍未找到相同或类似进口货物成交价格的。

（2）虽找到相同或类似进口货物成交价格，但对因成交数量、商业水平、运输方式和运输距离不同而产生的价格差异缺乏客观量化的数据资料进行调整的。

## 第五节　倒扣价格估价方法的特点要素和适用性

如果实施进口货物估价时，成交价格估价方法、相同货物成交价格估价方法和类似货物成交价格估价方法都不能适用，根据《WTO 海关估价协定》规定，则完税价格应根据第 5 条的规定来确定，即采用第 4 种估价方法——倒扣价格估价方法。如果完税价格不能根据倒扣价格估价方法的规定来确定，则应根据《WTO 海关估价协定》第 6 条的规定来确定，即采用第 5 种估价方法——计算价格估价方法。

根据《WTO 海关估价协定》第 4 条规定，进口商享有选择颠倒使用第 5 条（倒扣价格估价方法）和第 6 条（计算价格估价方法）顺序的权利。但根据《WTO 海关估价协定》规定，发展中国家对第 4 条可享有保留权，即只有在发展中国家海关当局的同意下，进口商才能行使颠倒使用倒扣价格和计算价格的选择权。

倒扣价格是以进口货物、相同或类似货物在进口国内的转售价格为基础，然后作出适当扣除，以取得进口货物的进口地价格（CIF）或出口地价格（FOB）。如果进口商对进口货物在进口国内进行加工后再转售，则以加工后的转售价格为基础，在作扣除时，应扣除加工的增值部分。

《WTO 海关估价协定》第 5 条第 1 款（a）项规定："如进口货物或相同或类似进口货物在进口国按进口时的状态销售，则根据本条的规定，进口货物的完税价格应依据与被估价货物同时或大约同时进行的售予与销售此类货物无特殊关系的买方的最大总量的进口货物或相同或类似进口货物的单位价格确定，但须扣除下列内容：

（1）与在进口国销售同级别或同种类货物有关的通常支付或同意支付的佣金，或通常作为利润和一般费用的附加额；

（2）运输和保险的通常费用及在进口国内发生的相关费用；

（3）在适当时，第8条第2款所指的成本和费用；以及

（4）在进口国因进口或销售货物而应付的关税和其他国内税。"

我国《审价办法》作出了相近的规定。

以下详细阐述采用倒扣价格估价方法需要关注的相关特点要素。

## 一、货物按进口时的状态销售

在第5条第1款（a）项下的倒扣价格估价方法中，估价的基础是进口货物、或者相同或类似货物在进口国内按进口时的状态销售的价格。所谓按进口时的状态，就是说有关货物进口后至转售前这一段时间内，不得有包括在内容上和外观上的任何改变。对于海外包装材料的简单拆包工作可能会得到允许，但任何重新包装可能会改变货物进口时的状态，其作用如同简单加工一样。对于货物的正常自然变化，如蒸发、收缩、风化等，则不能认为改变了货物进口时的状态。

（一）转售价格

根据《WTO海关估价协定》规定，转售价格是指待估货物进口时间的同时或大约同时，向购买这些货物无特殊关系的人出售最大总量的进口货物、或者相同或类似货物的单位价格，它是确定完税价格的基础。

1. 转售货物

转售货物不仅是指待估货物，还包括相同货物或者类似货物，转售价格可以是上述三种货物销售价格中的任何一种。

通常大家以为上述三种货物应以待估货物为基础，应首先考虑待估货物的销售价格，其实不然。上述三种货物销售价格并没有使用上的先后顺序，它们的地位是同等的。

　　　　待估货物、相同货物、类似货物的销售价格在使用上并没有先后顺序，它们的地位是同等的。

　　如果待估货物没有按进口时原状转售，只要存在相同或类似货物按进口时的状态销售的情况，仍可按进口时的状态销售的倒扣价格进行估价。在待估货物进口后按进口时原状转售的情况下，若待估货物进口后具保放行，然后再将货物转售出去，这可能需要过一段较长时间，海关才能得到这一转售的价格，从而采用倒扣价格估价方法以确定待估货物的完税价格。为了尽量避免延期估价，海关可能会根据《WTO 海关估价协定》规定，将相同或类似货物的转售价格作为待估货物完税价格的基础。

　　2. 转售货物的买方

　　《WTO 海关估价协定》规定，转售的对象必须是"与销售此类货物无特殊关系的买方"。应注意的是，这里所说的关系不是指进口商与出口商的关系，而是指进口国内转售有关货物时买方与卖方的关系。这里的"特殊关系"是《WTO 海关估价协定》第 15 条第 4 款中所定义的关系。若转售者与购买者之间存在特殊关系，则不能适用倒扣价格估价方法。

　　另外，《WTO 海关估价协定》关于第 5 条的注释中提到，"售予……最大总量货物的单位价格"的措辞指在发生此类销售的进口后的第一级商业水平，售予与销售此类货物无特殊关系的人的最大总量单位的价格，即买方必须是"进口后第一级商业水平"的买主。任何进口后的第一项销售自动属于第一级商业水平，是否存在外销交易以及是否在卖方通常的业务地点转售并不重要。例如，寄售货物代理人、佣金代理人或分公司为了发货人或分公司的国外总公司而在进口国市场上转售有关货物，那么这就是货物进口后第一级商业水平的转售。在这种情况下，进口商本身不是进口货物的买主或拥有者，但实际上其仍被作为转售者看待。

　　进口后"第一级商业水平"存在两层意思。

　　（1）是指有关货物在进口国内经销过程的第一步，任何在其后的商业水平的转售都不予考虑。例如，进口商向批发商出售有关货物，批发商又向零售商出售，而零售商再向顾客出售，只有在这一经销过程的第一步，即进口商向批发商的销售，才能予以考虑，其余的商业水平都不予考虑。可能有关货物的转售交易在该货物运抵进口国以前就已经进行，此时有关转售价格仍可作为倒扣价格的基础，只要进口商进口并在进口国内向买方出售这些货物。

　　（2）若在进口商将有关货物转售给不同类型买方的情况下，如批发商和零售商，虽然这两种转售都是在进口国内经销过程的第一步，但只能将批发商考虑在内。其次，有关货物的出口交易中不能包含《WTO 海关估价协定》第8 条第1 款（b）项所列的协助，否则对该货物的任何转售都不予考虑。

（二）转售时间

根据《WTO 海关估价协定》规定，转售的时间必须是与待估货物进口的同时或大约同时。对于"同时或大约同时"并没有明确的时限规定，应根据市场和价格的变动情况加以理解，如市场和价格状况比较稳定时，可将时限适当放宽一些。

如果在进口货物进口的同时或大约同时不存在任何转售价格，根据《WTO 海关估价协定》第5 条第1 款（b）项的规定，应以待估货物进口后90 天内，在进口国内最早日期发生的有关货物的转售价格，作为倒扣价格的基础。

《WTO 海关估价协定》关于第5 条的注释中对"最早日期"作了说明，"应为进口货物或相同或类似进口货物的销售数量达到足以确定单位价格的水平的日期"。《WTO 海关估价协定》并没有规定谁具有确定最早日期的权力。一般来说，有关日期是由海关根据所掌握的有关交易资料确定的，但进口商可能会期望在90 天的期限内有进一步的销售归档，并对单位价格产生对其有利的影响。因此在这一问题上海关和进口商之间难免会产生矛盾，根据《WTO 海关估价协定》的基本精神，此时海关和进口商应尽量通过协商妥善解决。

我国《审价方法》规定："按照倒扣价格法审查确定进口货物的完税价格时，如果进口货物、相同或者类似货物没有在海关接受进口货物申报之日前后45 天内在境内销售，可以将在境内销售的时间延长至接受货物申报之日前后90 天内。"

（三）最大总量的单位价格

根据《WTO 海关估价协定》第5 条第1 款（a）项规定，与待估货物进口的同时或大约同时转售的有关货物的单位价格为完税价格的基础；（b）项规定，若有关货物是在待估货物进口后90 天内转售的，则以最早转售日期的单位价格为完税价格的基础。在上述两种情况中，有关货物是在进口国按进口时的状态进行销售，单位价格是指第一级商业水平的最大总量的单位价格。

最大总量是指将有关货物按第一级商业水平向无特殊关系买方销售的最大总量，建立在这种数量上的单位价格就是最大总量的单位价格。

（1）若有关货物进口后是按进口时的状态整批销售的，则该批销售货物的数量就是最大总量；

（2）若有关货物是分批销售的，以不同的价格和数量销售给不同的买方，则将相同价格出售的所有货物的数量相加，然后进行比较，其中最大的数量即为最大总量，其对应的价格就是最大总量的单位价格。

以下是《WTO 海关估价协定》关于第 5 条的注释中列示有关最大总量的单位价格的几个案例。

**案例 1**：下面是一张出售某种货物的价格清单，对大笔数量的购买给予优惠的单位价格，购买数量越多，单位价格越低；购买数量越少，单位价格越高。

表 2 - 16

| 购买数量 | 单位价格 | 实际销售数量 | 按每种价格出售的总数量 |
|---|---|---|---|
| | 100 | 5 个单位的 10 笔<br>3 单位的 5 笔 | |
| 1 - 10 个单位 | | | |
| 11 - 25 个单位 | 95 | 11 个单位的 5 笔 | 65 |
| 25 个单位以上 | | 30 个单位的 1 笔 | 55 |
| | 90 | 50 个单位的 1 笔 | 80 |

从上述价格清单中可以看出，按某一种价格出售的最大销售数量是 80，与其相对的单位价格是 90，因此这种货物的最大总量的单位价格是 90。

**案例 2**：对某种货物有两笔交易，第一笔销售了 500 单位，单位价格为 95 个货币单位。第二笔销售了 400 单位，单位价格是 90 个货币单位。那么，最大销售数量是 500 单位，这种货物的最大总量的单位价格为 95。

**案例 3**：以下是按不同数量不同价格出售的情况：

（1）销售情况：

表 2 - 17

| 实际销售数量 | 单位价格 |
|---|---|
| 40 个单位 | 100 |
| 30 个单位 | 90 |
| 15 个单位 | 100 |
| 50 个单位 | 95 |
| 25 个单位 | 105 |
| 35 个单位 | 90 |
| 5 个单位 | 100 |

（2）销售合计：

**表 2-18**

| 销售总量 | 单位价格 |
| --- | --- |
| 65 | 90 |
| 50 | 95 |
| 60 | 100 |
| 25 | 105 |

在此例中以四种不同的价格发生了 7 笔交易，以单位价格 90 出售 65 为最大销售数量，因此最大总量的单位价格为 90。

（四）转售价格的扣除

倒扣价格是以销售收入即转售价格作为估价的基础，还须对其作必要的扣除，才能恢复其进口地（以 CIF 为估价基础）或出口地（以 FOB 为估价基础）的相关的完税价格。在此就相关扣除项目进行阐述。

1. 通常佣金和利润及一般费用

（1）代理商的佣金和经销商的利润及一般费用。

一般说来，存在两种不同类型的进口商。一种是代理商，其代表出口商的利益，在进口国的国内市场上推销进口货物，从中赚取佣金。另一种是经销商，为了自身的利益从出口商处购买进口货物，然后在进口国的国内市场上销售进口货物，从中赚取利润，在销售的过程中须花费一定的费用，该费用就是一般费用。因此在倒扣价格估价方法中佣金和利润及一般费用的性质相同，但对象不同，佣金是针对代理商的，而利润及一般费用是针对经销商的。对于代理商，其转售价格扣除佣金后就是进口货物达到进口地的价格，无须扣除利润及一般费用。对于经销商，其转售价格扣除利润及一般费用后就是进口货物达到进口地的价格。"利润及一般费用"就是经销商的价格加成，对于经销商无佣金可言。

代理商在进口国的国内市场上推销进口货物而获取的佣金实际上是一种销售佣金。在成交价格估价方法中，销售佣金是完税价格的一部分，在倒扣价格估价方法中为何将它扣除呢？应注意，这是两种不同性质的销售佣金。成交价格估价方法中的销售佣金与进口货物进口前的出口销售有关，是进口货物成本的一部分，因而应计入完税价格。倒扣价格估价方法中的销售佣金与进口货物进口后在进口国内转售有关，是进口货物进口后发生在进口国内的成本费用，因而不能计入完税价格，应将它从转售价格中扣除。

由于代理商和经销商的职责、所承担的风险和决策的权力不同，一般情况下，代理商的佣金要低于经销商的价格加成（利润及一般费用），因此在同一进口货物按同一价格在进口国内转售的情况下，根据倒扣价格估价方法估价，代理商的完税价格往往要高于经销商的完税价格。例如，由于市场作用，代理商和经销商对于同一进口货物的转售价格都为 100 美元。代理商的佣金为转售价格的 5% 提取，经销商的价格加成为 15 美元，在其他扣除项目忽略不计的情况下，代理商的完税价格为 95 美元，而经销商的完税价格为 85 美元。

（2）扣除范围。

对于利润和一般费用的扣除包括经销商的全部价格加成，其中一般费用包括所有的间接费用和销售费用，但有关运费、手续费和税款等直接费用除外。

对于经销商来讲，其购买和按原状转售他人制造的货物，没有制造费用和加工费用，其所有费用均为销售费用。只要这些费用根据公认的会计原则可以归入有关货物的转售交易，在计算倒扣价格时都应予以扣除。在倒扣价格估价方法中，扣除的是全部价格加成，因此，经销商的销售费用能够降低的话，其利润就会相应提高。

在这里还须补充说明几点：

1）应将利润和一般费用作为一个整体看待，并规定，一般费用应包括销售有关货物的直接或间接费用。

2）代理商的佣金可能是以销售收入的某一百分比为基础，也可是某一固定的金额，或者上述两者兼有。不论这一佣金是否符合或包括代理商的利润和费用，都应将其扣除。

3）由代理商引起的但由出口商补偿的任何广告费用，不属于代理商为自己而支付的费用，因而不能予以扣除。但是如果代理商仅以佣金补偿其支出费用，这一佣金又属于同类或同类交易的正常水平，并且不因代理商的广告支出费用而有所改变，在这种情况下，全部佣金都应扣除。即使代理商的广告活动以及部分佣金用于广告是根据代理商和出口商所签协议的情况，也应将全部佣金予以扣除。

4）对于直接归于有关货物的储存费和其他手续费，最好按照进口国内运输成本的有关费用单列处理。

（3）同级别或同种类的正常标准。

根据《WTO海关估价协定》第5条规定，应扣除的佣金和利润及一般费用是依照在进口国内转售的"同级别或同种类"进口货物的正常水平进行计算的。

根据《WTO海关估价协定》第15条第3款规定，"同级别或同种类货物指属由特定产业或产业部门生产的一组或一系列货物中的货物，包括相同或类似货物"。同级别或同种类货物比相同或类似货物的概念更为广泛，例如紧固件中的螺杆和螺栓可视为同级别或同种类货物，但它们不是相同或类似货物。另外，同级别或同种类货物没有同一生产国和同一生产商的限制。同级别或同种类货物的概念是以行业分类为基础的，常常取决于相关的会计或统计资料的类目。

某项具体的交易所涉及的佣金和利润及一般费用，与进口国内同级别或同种类货物按贸易惯例所涉及的佣金和利润及一般费用，可能会有差别。根据《WTO海关估价协定》第5条的规定，应以同级别或同种类货物按贸易惯例所涉及的金额为标准，进行减扣，而不是按某项具体交易所涉及的金额进行减扣。由于国际贸易市场瞬息万变，将某一行业的利润和一般费用规定一个固定的金额或比率显然是不合理的。一般的做法是规定一个正常的比较小的幅度，只要在这一规定的幅度内，所有进口商的数据都可接受。

根据《WTO海关估价协定》关于第5条的注释规定，某批进口货物是否符合同级别或同种类货物的正常标准，必须"逐案予以确定"，还规定减扣的金额"应依据进口商或代表进口商提供的信息确定，除非进口商提供的数字与在进口国销售同级别或同种类进口货物所获得的数字不一致。如进口商的数字与此类数字不一致，则利润和一般费用的金额可依据除进口商或代表进口商提供的有关信息以外的有关信息确定"。如果进口商提供的数字在正常幅度以内，就应予以确定。一般来说，进口商提供的资料应优先予以考虑，否则就要采用海关所掌握的其他进口商经历的更能说明正常水平的数据。当然如果进口商提供的减扣数字低于正常水平，也应允许使用其他进口商的正常数据。

可能会出现某进口商是某一商业水平上同级别或同种类货物的唯一进口

商的情况，在这种情况下，其利润和一般费用的实际差额就属于正常幅度。海关不能因为认为进口商的实际数据不正常但又无法证明，进而要求进口商对其提供的数据进行证明。

在某些情况下，进口商可能直接向零售商、用户或顾客进行转售。在这种情况下，其转售价格和一般费用都会高于将进口货物转售给批发商时的对应价格，其利润也会提高。此时对利润和一般费用的确定，必须考虑同级别或同种类货物在同一商业水平上的转售。

2. 在进口国内的运费、保险费及相关成本

根据《WTO 海关估价协定》第 5 条的规定，应该扣除的第二项内容是"运输和保险的通常费用及在进口国内发生的相关费用"。上述成本是发生在进口国内，体现了进口货物在输入进口地之后所增加的价值，因而不能成为完税价格的一部分，应当予以扣除。上述成本并非指被估货物的实际成本，而是指包括被估货物、相同或类似货物的通常成本。

一般海关在审核某进口商本批次进口货物的上述成本时，应考虑该进口商的近来数据资料的平均情况，若该进口商本批次进口货物的上述成本与以往的平均成本基本相符，应予以采纳。

当进口商将进口货物在一个国境（关境）较大的进口国内按统一的价格向不同地区进行转售时由于运往不同地点的距离不同，在各地转售的进口货物的运费、保险费及相关费用会有所差异，有时可能差别较大。在这种情况下，通常成本是指其平均成本。《WTO 海关估价协定》没有区分具体的运输方式，也没有规定进口国国境内或关境内的距离是否应考虑的问题，但也没排除按距离加以区分的做法。若某一进口商分别以海运、空运和陆运三种运输方式向同一关境内的三个不同国家内的客户发货，这时应扣除的平均成本是一项同一关境内的平均成本。仅以某一销售地区或某种运输方式来决定通常成本的做法是不合适的。

在以 CIF 为估价基础的国家，如果运费是包括国际国内运费的总费用，则存在运费的合理分配或分摊问题。

"相关成本"是指与运输成本有关的且尚未包括在佣金、利润及一般费用内的成本，如手续费、仓储费等。

3. 选择性扣减的费用

应扣除的第三项内容是货物运离出口国出口地截至到进口国进口地的运

输、保险及其相关成本和费用，这些成本和费用无疑已包括在货物的转售价格内。对这类成本和费用在估价时如何处理，取决于各国立法。以 CIF 为估价基础的国家就不需扣除这些成本和费用。而以 FOB 为估价基础的国家则应把这些成本和费用扣除。

4. 应付关税和国内税

《WTO 海关估价协定》第 5 条规定，应扣除的第 4 项是"在进口国因进口或销售货物而应付的关税和其他国内税"。关税中包括反倾销税和反补贴税，国内税中包括国家和地方的捐税，如增值税、消费税、营业税等。

在此，以关税为例来说明关税和国内税的扣除方法。设 P 为转售价格，T 为除关税外应扣除的成本和费用，C 为关税，r 为关税税率。

则，完税价格为 $= P - T - C$，

关税为 $C = (P - T - C) \times r$

**案例：**代理商进口某种货物，在进口国内转售的单位价格为 110 美元，佣金为转售价格的 10%，国内运费为每单位 5 美元，关税税率为 15%。在不考虑其他费用的情况下，倒扣价格计算如下：

销售价格 110

扣减：佣金（10%） $110 \times 10\% = 11$

国内运费 5

关税（15%） $[(110 - 11 - 5) \times 15\%] / (1 + 15\%) = 12.25$

倒扣价格 $110 - 11 - 5 - 12.25 = 81.75$（美元）

## 二、加工后转售的货物

以上讨论的是倒扣价格估价方法中进口货物在进口国内按进口时的状态销售的情况，对于进口商将进口货物在进口国内加工后再进行转售，这时《WTO 海关估价协定》第 5 条第 1 款就不再适用。

加工后的货物可能仍然保持原有特征，也可能失去原有特征，在此分别进行讨论。

（一）加工后的同一货物

对于加工后仍然保持原有特征的转售货物，根据第 5 条第 2 款的规定，"如进口货物或相同或类似进口货物均非以进口时的状态在进口国销售，则在进口商请求下，完税价格应依据进口货物经进一步加工后售予与销售此类货

物无特殊关系的进口国中买方的最大总量的单位价格确定，同时应考虑加工后的增值部分和第 1 款（a）项规定的扣除内容"。

（1）第 5 条第 1 款和第 2 款应按顺序运用，只有在进口货物、相同或类似货物未按进口时的状态转售的情况下，第 1 款不能适用时，才能适用第 2 款。仅凭待估货物经进一步加工后转售的理由，还不足以适用第 2 款。

（2）第 2 款的适用是以进口商提出申请请求为条件的。但根据《WTO 海关估价协定》规定，发展中国家可对此提出保留权利，就是说，进口商即使不提出申请，海关也有自行决定采用该条款的权利。

（3）第 2 款要求仅以经进一步加工的待估货物的转售价格为依据，而不能以其他经进一步加工的货物的转售价格为依据。对于最大总量的单位价格和无特殊关系买方的要求与第 1 款相同。

（4）对于进口货物经进一步加工后转售的单位价格的确定，第 2 款没有像第 1 款那样规定具体的时间限制，这意味着由各国立法确定。

我国《审价办法》第 23 条规定："如果该货物、相同或者类似货物没有按照进口时的状态在境内销售，应纳税义务人要求，可以在符合本办法第 22 条规定的其他条件的情形下，使用经进一步加工后的货物的销售价格审查确定完税价格，但是应当同时扣除加工增值额。"这就意味着要求遵循第 22 条规定中的"同时或者大约同时"时间限制。

（5）第 2 款的扣减项目除了加工后转售的增值部分以外，还包括第 1 款中的扣减项目。当经加工后的货物转售时，由于增值部分低于加工材料和劳务成本出现亏损，就会产生一个问题，倒扣价格可能为零，甚至为负数，这显然不能代表进口货物的实际价值。在这种情况下，应将所增价值与成本之间的差额（即亏损）分摊到加工成本和进口货物的成本上。

（二）加工后的其他货物

《WTO 海关估价协定》关于第 5 条的注释中指出，当进一步加工使进口货物失去其原有特征时，第 5 条第 2 款规定的估价方法通常不再适用。又进一步指出，可能进口货物经加工而失去原有特征，但加工后的增值部分可以根据公认的会计原则合理而准确地确定，并不妨碍采用倒扣价格。另一方面又可能虽然进口货物经加工后没有失去原有特征，但在进口国内所转售的货物只占其中很小比例，以致这种估价方法不能合理运用。对上述情况均应逐案处理。

案例1：进口某种化学中间体经加工后改变了其原有的物理和化学性能，而成为某种最终产品。该产品的转售价格为每单位30欧元，其中加工成本为每单位9欧元，正常利润为转售价格的20%，即每单位6欧元，进口国内的运费、仓储费及一般费用为每单位4欧元，关税税率为10%。在不考虑进口国国内税的情况下，每单位货物的关税和价格为：

关税 = （30 - 9 - 6 - 4）×10%/（1 + 10%）= 1（欧元）

倒扣价格 = 30 - 9 - 6 - 4 - 1 = 10（欧元）

该范例说明：即使经加工后进口货物失去原有的特性，只要其增值部分能依据客观量化的资料和公认的会计原则加以确定，仍然可以采用倒扣价格。

案例2：进口商进口某种专用电线，将其用于某种电器设备中，虽然该种电线的特性没有改变，但其价值占该种电器设备的价值的比例是极其微小的。在这种情况下，即使进口货物没有失去原有的特性，也不适用倒扣价格。

## 三、倒扣价格估价方法在中国的应用

按倒扣价格估价方法确定完税价格时所需基本单证资料包括：

（1）标明价格计算方法的业务单证；

（2）发票或其他标明进口货物数量及名称的单证；

（3）能说明进口货物、相同或类似进口货物已在国内市场销售以及在进口国按最大单位数量销售单价的发票或书证；

（4）能说明要从单价中扣减的金额的证明或其他书证，能说明应扣减的佣金或利润及一般费用符合该行业惯例的证明。

（一）销售价格的条件

作为倒扣的价格基础，销售价格应同时满足以下条件：

（1）应是被估货物及其相同或类似货物在境内的销售价格。境内的销售发生在被估货物进口时或大约同时。"进口时或大约同时"是指被估货物接受申报之日前后各45天以内。如果在上述时间段没有找到有关的销售价格，可延长至被估货物进口后90天以内。

（2）应是按货物进口时的状态转售的价格。如果没有，估价人员将使用货物经过加工后在境内转售的价格，作为倒扣价格的基础。

（3）应是在境内第一环节的销售价格。

（4）应是销售总量合计最大的货物所对应的销售价格。

（5）应是向境内无特殊关系方的销售价格。

（二）应当扣除的费用

在使用倒扣价格估价方法时，应当扣除以下四项费用：

（1）该货物的同级或同类货物在境内销售时的利润和一般费用以及通常支付的佣金；

（2）货物运抵境内输入地点之后的运保费、装卸费及其他相关费用；

（3）进口关税、进口环节税和其他与进口或销售上述货物有关的国内税；

（4）如以货物经加工后在境内转售的价格作为倒扣的基础，还应扣除加工增值部分的价值。

上述佣金、利润和一般费用、运保费、装卸费等首先应选择进出口岸。如果没有，在全国口岸范围内寻找。此类货物的平均利润（算术平均或加权平均利润）、费用的扣除应以客观量化的数据为依据，并应符合我国的公认会计准则。

（三）计算价格估价方法的选择

采用倒扣价格估价方法，遇有下列情况之一时，中国海关估价人员将采用计算价格估价方法，对进口货物实施估价：

（1）不能够找到符合倒扣价格估价方法所需的销售价格；

（2）虽找到符合条件的销售价格，但缺乏客观量化的数据作为对须扣除的费用进行分摊的依据。

## 第六节　计算价格估价方法的特点要素和适用性

计算价格估价方法是《WTO 海关估价协定》规定的依次使用的第 5 种估价方法，当进口货物成交价格估价方法、相同或类似货物成交价格估价方法和倒扣价格估价方法无法适用时，便可适用计算价格估价方法。

计算价格是以发生在生产国的制造成本为基础，根据制造商提供的资料，采用符合公认的会计原则的方法，将待估货物的制造成本和其他成本或费用相加，使其接近于出口地（港）或进口地（港）的价格。

### 一、计算价格估价方法的特点要素

根据《WTO 海关估价协定》第 6 条第 1 款的规定，运用计算价格估价方法时，待估货物的完税价格由以下三方面的金额所组成：

（一）生产进口货物所使用的原料和制作或其他加工的成本或价值

《WTO 海关估价协定》关于第 6 条的注释中指出，第 6 条第 1 款（a）项所指的"成本或价值"应依据生产商或代表生产商提供的有关被估价货物生产方面的信息予以确定。应以生产商的商业往来账目为依据，只要此类账目与生产该货物的国家中适用的公认会计原则相一致。也就是说，上述成本或价值是指生产或制造待估货物所发生的实际成本或价值，不管待估货物是在何处或由谁生产或制造的。对于相同或类似货物、同级或同类货物的成本或价值都不存在任何参考依据。即使待估货物的生产或制造发生在其进口前较长时间，也应采用生产或制造该货物的实际成本或价值，而不是出口或进口时的现时成本或价值，也不是其他货物所谓的正常成本或价值。

材料和制作成本或价值包括以下三个方面：

（1）一般原料和制作成本。

原料包括原材料、辅助材料、备品配件、外购半成品、燃料、动力以及运输、装卸、整理等费用，制作成本包括生产人员工资、管理人员工资、房屋设备的折旧费、租赁费、修理费等。

（2）容器包装成本。

原料和制作成本应包括第 8 条第 1 款（a）项中的容器和包装成本。计算价格中的容器和包装成本与进口货物成交价格中的容器和包装成本的要求相同。

（3）协助成本。

原料和制作成本应包括第 8 条第 1 款（b）项中所列的协助成本。为了生产和销售进口货物，买方免费或减价、直接或间接提供的物品和劳务的成本或价值，应作为原料和制作成本或价值的一部分计入完税价格。这些物品和劳务必须与进口货物的生产和销售有关，或装置在进口货物之中，或消耗于进口货物的生产过程之中。对于由买方提供的设计和技术开发等协助，如果是在进口国内所从事的，只有在制造商购买的条件下，其成本或价值才能计入完税价格，否则不应包括在原料和制作成本或价值之中。此类物品和劳务的成本或价值，应根据进口货物成交价格估价方法中所规定的有关价值确定方法采用符合公认的会计原则进行合理分摊。

制造商的设计和开发成本通常被看作一般费用，而不是作为原料和制造成本看待。但根据附件一的规定，由买方或进口商所负担的进口国以外的开发成本，应包括在制造成本之内。有些成本介于制造成本和一般费用之间，在运用计算价格估价方法进行计算时应注意避免将同一成本重复计算。

（二）通常利润和一般费用

根据《WTO 海关估价协定》第 6 条第 1 款（b）项的规定，通常利润和一般费用是指"等于通常反映在由出口国生产者制造供向进口国出口的、与被估价货物同级别或同种类的货物的销售中的利润额和一般费用"。一般费用是指未包括在（a）项中的、与有关货物的制造和销售有关的直接或间接费用。

计算价格下的利润和一般费用不仅是指进口货物制造商的实际利润和一般费用，而且要求该利润和一般费用与出口国内其他制造商制造的向进口国出口的同级别或同种类货物的利润和一般费用相一致。

与倒扣价格估价方法相比，计算价格估价方法下的同级别或同种类货物的定义稍有不同。在倒扣价格估价方法的条件下，同级别或同种类货物不仅包括来自同一国家制造商生产的货物，而且还包括来自其他不同国家制造商生产的货物。在计算价格估价方法的条件下，同级别或同种类货物必须是与待估货物的同一生产国的制造商生产的货物。对于同级别或同种类货物的利润和一般费用的标准，《WTO 海关估价协定》并没有明确规定。海关在运用计算价格估价方法确定利润和一般费用时，应以待估货物制造商提供的可靠资料以及符合生产国公认的会计原则的会计方法所编制的账册为依据，只要制造商提供的数据与生产国其他生产商所反映的数据基本一致，海关应接受制造商提供的数据。只有在这一利润和一般费用与同级别或同种类货物的通常利润和一般费用发生矛盾时，海关才能采用该生产国其他制造商的数据，以确定同级别或同种类货物的通常利润和一般费用。因此为了确定利润和一般费用，要求进口国海关必须充分掌握生产国制造商的资料。然而通常进口国海关所掌握的生产国其他制造商有关利润和一般费用的数据是非常有限的，很难判断进口货物制造商所披露的资料是否与正常情况相矛盾。

在确定利润和一般费用时，应将它们看成是一个整体。利润和一般费用之间的比例不是固定不变的，利润低，则一般费用会高，利润高，则一般费用会低。因此进口货物制造商的利润和一般费用与同级别或同种类货物的通常利润和一般费用是否相一致，是看总额是否相一致，不是看单项金额是否相一致。如果制造商为了在进口国打开市场或扩大其产品的市场份额，或为了提高其产品的竞争力，采取低利润，甚至零利润来抵消为打开或扩大市场所需的高额一般费用，只要其总额与通常利润和一般费用相一致，还是可以认可的。《WTO 海关估价协定》关于第 6 条的注释中规定："如一产品在进口国中投放市场，生产商接受零利润或低利润，以抵消与投放市场有关的高额一般费用，……只要生产商有可证明低利润是合理的商业理由，且生产商的定价政策可反映有关行业部门通常的定价政策。"

应注意，利润和一般费用是制造商在其销售水平上销售货物时所产生的利润和一般费用。如果制造商只通过出口商向进口国销售，根据以上所述，出口商的利润和一般费用应忽略不计。对于这种出口销售情况，是否会影响制造商的利润和一般费用适用第 6 条第 1 款（b）项，《WTO 海关估价协定》并未说明是否影响，笔者认为应该不会，否则计算价格就根本无法适用。

（三）运费及相关成本

在运用计算价格进行估价时，应计入的第三项因素是运费及相关成本。《WTO 海关估价协定》第 6 条第 1 款（c）项规定，运费及相关成本应"反映该成员根据第 8 条第 2 款所作估价选择所必需的所有其他费用的成本或价值"。

这里的"成员"是指《估价协议》的成员国，也就是一国政府，而不是销售交易中的一方。第 8 条第 2 款将估价基础的选择权留给了各成员国。以 CIF 为估价基础的国家，将截至到进口港或进口地的运费及相关成本计入有关价格；以 FOB 为估价基础的国家，通常要求把从工厂到出口地的运输成本计入有关价格。至于运输费、手续费、保险费等具体内容是否计入有关价格，取决于各国立法。《WTO 海关估价协定》认为，一国立法可以规定全部或部分地计入或排除上述项目的费用。运费及相关成本应以客观可量化的数据为基础，反映了与某一特定运输有关的实际成本。

二、计算价格估价方法的适用性

在采用计算价格估价方法进行估价时，除了了解构成计算价格的各项因素以外，还必须充分掌握价格资料，否则计算价格就无法适用。

（一）制造商的合作态度是适用计算价格的前提

制造商提供的与进口货物有关的所有价格资料，是确定计算价格不可缺少的条件。如果制造商因商业保密的原因而拒绝提供价格资料，或者因生产国法律的原因不能提供价格资料，那么计算价格就不能成立。

正因为如此，《WTO 海关估价协定》关于第 6 条的注释中指出："通常，完税价格根据本协定的规定并依据在进口国中可容易获得的信息予以确定。但是，为确定计算价格，可能需要审查被估价货物的生产成本和需要自进口国外获得的其他信息。此外，在大多数情况下，货物的生产商不属进口国主管机关的管辖范围。计算价格估价方法的使用一般限于买卖双方有特殊关系、且生产商准备向进口国的主管机关提供必要的概算以及为随后可能需要进行的核实创造条件。"《WTO 海关估价协定》第 4 条规定，进口商对于第 5 条（倒扣价格）和第 6 条（计算价格）的适用顺序有选择权，即可颠倒使用这两种估价方法的顺序，这说明在某些情况下某些进口商在这两种估价方法中更偏爱于计算价格。如果制造商愿意合作，并提供必要的价格资料，进口国海关有义务保守商业秘密。如果由于某些原因，需要采用生产国内其他制造商提供的价格资料时，进口国海关应在遵守第 10 条规定的前提下，将信息来源、使用的数据以及依据该数据所进行的计算结果通知有关进口商。

我国《审价办法》第 24 条规定："审查确定进口货物的完税价格时，海关在征得境外生产商同意并提前通知有关国家或者地区政府后，可以在境外核实该企业提供的有关资料。按照本条第一款的规定确定有关价值或者费用时，应当使用与生产国或者地区公认的会计原则一致的原则和方法。"

制造商的合作态度是适用计算价格的前提
制造商有权拒绝提供价格资料

（二）制造商有权拒绝提供价格资料

《WTO 海关估价协定》第 6 条第 2 款规定，制造商具有拒绝提供价格资料的权利。各成员国不得因使用计算价格估价方法的需要，强迫非本国居民提供价格资料，或者审查制造商的商业账册，制造商或其政府具有拒绝核实的权利。这清楚地说明了，对于行使第 6 条第 2 款授予的不提供价格资料权利的任何人，不得施以任何处罚或刑法。

三、计算价格估价方法在中国的应用

按计算价格估价方法确定完税价格时所需基本单证资料包括：

1）标明价格如何计算的业务单证，包括生产成本，应计入的利润及一般费用，能说明此类金额符合该行业惯例的证明；

2）运输费、保险费单证；

3）其他有关应加入或应扣减费用的单证。

（一）计算价格估价方法相关费用的计算

中国海关估价人员在使用计算价格估价方法时，将依据境外的生产商提供的成本资料，运用生产国的公认会计准则对有关费用进行计算。但是，估价人员不得强迫非本国企业提供价格资料。运用计算价格估价方法时，海关估价人员可按下列程序计算：

（1）确定进口货物的生产成本和费用，包括：

1）生产进口货物所使用的原材料价值；

2）进口货物的生产或加工费用（包括直接或间接加工费用和一般费用）。

（2）以下费用如尚未包括在本条第（1）项费用中，应予加入：

1）包装费用；

2）"协助"的价值或费用（按合理比例分摊）；

3）在进口国完成的但由生产者支付的设计、工艺等费用。

（3）加入境外生产商向境内出口销售同级或同类的货物中反映出的利润及一般费用。

（4）加入进口货物运抵境内输入地点以前的运费、保险费和其他费用。

（二）倒扣价格估价方法和计算价格估价方法的先后适用次序选择

如进口货物的经营单位提出要求，并能够提供相关资料的，估价人员可同意其选择倒扣价格估价方法和计算价格估价方法的先后适用次序。

有下列情况之一的，估价人员将可能不同意进口货物的经营单位选择倒扣价格估价方法和计算价格估价方法的适用次序：

（1）按计算价格估价方法得出的完税价格低于进口货物的申报价格。

（2）按计算价格估价方法得到的完税价格明显低于按倒扣价格估价方法得出的完税价格。

（三）合理方法的选择

采用计算价格估价方法，遇有下列情况之一时，海关估价人员将采用合理方法，对进口货物实施估价：

（1）进口货物的生产商不能提供进口货物的生产成本。

（2）进口货物的生产商虽能提供货物的生产成本，但缺乏客观量化的数据资料，作为分摊有关费用的依据。

## 第七节　合理方法的特点要素和适用性

上文已讨论了 5 种海关估价方法，但这 5 种方法的使用都受到某些条件和要求的限制，因此它们并不能解决海关估价实践中遇到的所有估价问题。

例如：

（1）因租赁交易不存在出口销售，所以不存在成交价格；

（2）因进口货物是一种新产品，不存在相同或类似货物，所以不适用相同或类似货物成交价格；

（3）因进口货物未在进口国内转售，所以不适用倒扣价格；

（4）因国外制造商拒绝提供有关价格资料，所以不适用计算价格。

由于无论《WTO 海关估价协定》规定多少种估价方法，总会存在任何一种估价方法都不适用的可能情况，因此《WTO 海关估价协定》在规定了上述 5 种估价方法后，不再规定其他新的具体的估价方法。对于在上述 5 种估价方法都不适用的情况下，《WTO 海关估价协定》也不给予成员国自由选择估价方法的权利。

《WTO 海关估价协定》第 7 条采用了双重限制的立场：

（1）若采用其他估价方法，这些估价方法必须尽可能依据《WTO 海关估价协定》所规定的 5 种估价方法以及由这 5 种方法所确定的完税价格；

（2）某些估价方法或途径必须明确予以禁止。

### 一、合理方法的特点要素

根据《WTO 海关估价协定》第 7 条的规定，若在依次采用以上 5 种估价方法都不能适用的情况下，进口货物完税价格的确定方法为"使用与本协议和 GATT（现为世贸组织）1994 第 7 条相一致的原则和总则的合理方法，并依据在进口国中可获得的数据确定完税价格"，即采用所谓的合理方法。

我国《审价方法》第 25 条将合理方法定义为："合理方法，是指当海关不能根据成交价格估价方法、相同货物成交价格估价方法、类似货物成交价格估价方法、倒扣价格估价方法和计算价格估价方法确定完税价格时，海关根据本办法第二条规定的原则，以客观量化的数据资料为基础审查确定进口货物完税价格的估价方法。"

合理方法与前5种估价方法不同，它不是一种具体的估价方法，而是规定了使用这种方法的原则和范围。作为一种合理方法必须同时符合《WTO海关估价协定》的原则，否则将会回归布鲁塞尔估价制度以及为其他与《WTO海关估价协定》原则相违背的估价制度打开方便之门。

在《WTO海关估价协定》关于第7条的注释中，规定了在广泛范围内实施合理方法的指导性方针："根据第7条的规定确定的完税价格应在最大限度内依据以往确定的完税价格"、"根据第7条使用的估价方法应为第1条至第6条规定的方法，但是在适用此类方法时采取合理的灵活性符合第7条的目的和规定"。

它包括两个层面的意思：

（1）这种方法必须是在一定范围内、经合理调整后的前5种基本方法之一；

（2）以该方法所确定的完税价格必须是尽可能按前5种基本方法所确定的，并依据进口国内所获得的数据进行调整后的完税价格。

正因为如此，合理方法可理解为前5种方法的衍生方法，该方法确定的完税价格又称为衍生价格，其反映了合理方法与前5种估价方法的关系。

禁止使用的"不合理"估价方法

根据《WTO海关估价协定》第7条第2款规定，以下几种估价方法是与《WTO海关估价协定》的基本精神和原则相违背的，不得依据以下各项内容为依据确定完税价格：

（1）进口国中生产的货物在该国的销售价格；

（2）规定为估价目的而采用两种备选价格中的较高价格的制度；

（3）出口国国内市场上的货物价格；

（4）依照第6条的规定为相同或类似货物确定的计算价格以外的生产成本；

（5）出口至进口国以外国家的货物的价格；

（6）海关最低限价；或

（7）任意或虚构的价格。

1. 进口国中生产的货物在该国的销售价格

这是指进口国海关在对进口货物估价时，采用进口国生产的商品在进口国国内市场上的销售价格作为估价基础。美国曾经采用过的美国售价方法是这种情况的最典型例子，该方法具有明显的限制进口的特征，后来受到强烈反对并被取消。

2. 规定为估价目的而采用两种备选价格中的较高价格的制度

在国际贸易的实际中，如果对同一货物存在两种价格的情况下，作为一个思维正常的购买者，无疑会选择较低的价格，这种选择是合情合理的。《WTO 海关估价协定》接受了国际贸易中这种实际情况。选择两种价格中较高者作为完税价格的估价基础，显然是与《WTO 海关估价协定》的基本精神和原则相违背的，因此是不允许的。

3. 出口国国内市场上的货物价格

《关税和贸易总协定》第 6 条规定，倾销是一种不正当的竞争行为，对于以倾销方式进口的货物，允许成员国对其征收反倾销税。《WTO 海关估价协定》明确规定，海关估价不能作为反倾销的一种手段，反倾销应按照反倾销的程序进行。一般倾销价格要低于出口国国内市场的价格，若以出口国国内市场的价格作为完税价格的基础，就会抵消两者之间的差额，起到与征收反倾销税相同的作用。因此以出口国国内市场的价格作为完税价格的基础，显然违背了《WTO 海关估价协定》关于估价程序不得用来对付倾销的精神。

4. 依照第 6 条的规定为相同或类似货物确定的计算价格以外的生产成本

计算价格估价方法是以生产成本为起点的，必须以有关价格资料为依据，并且按符合公认的会计原则的方法进行计算，确定有关货物的生产成本。用除此以外的方法所确定的生产成本都不能作为完税价格的基础。

5. 出口至进口国以外国家的货物的价格

同样一种货物出口销售至不同的国家，这是两笔相互独立的销售，它们之间不存在必然的联系。输往一个国家的价格，不应成为支配输往另一个国家的完税价格。由于出口至其他国家的价格较高，将该价格作为进口货物完税价格的基础，这与《WTO 海关估价协定》的基本原则是相矛盾的，因此不得接受此种价格。

6. 海关最低限价

最低限价是指进口国海关对某些进口货物规定一个最低的价格，若进口商的申报价格低于该价格，则以该价格作为进口货物的完税价格。《WTO 海关估价协定》摈弃把海关估价作为贸易保护主义的工具或作为增加财政收入的工具的做法，因此禁止使用最低限价。

7. 任意或虚构的价格

《WTO 海关估价协定》的基本原则之一是完税价格应依据商业惯例的简单和公正的标准，任意或虚构的价格完全脱离了国际贸易的实际情况，违背了《WTO 海关估价协定》的这一原则，因此《WTO 海关估价协定》在一般性说明中就明确规定"防止使用任意或虚构的完税价格"。

## 二、合理方法的适应性和灵活性

对于如何合理运用前 5 种估价方法，如何认定估价方法的合理性，《WTO 海关估价协定》并没有作出明确的规定。在《WTO 海关估价协定》关于第 7 条的注释中给出了"合理灵活性"的一些事例，在此略作讨论。

（一）相同货物成交价格估价方法的合理灵活运用

（1）相同货物应与被估货物同时或大约同时出口的要求可做灵活的解释，允许有一定程度的放宽，可接受规定时间范围外（在前或在后）出口的相同货物的成交价格；

（2）对同一生产国生产的条件可以放宽，在被估货物生产国之外的国家生产的相同货物也可作为海关估价的基础；

（3）可使用根据倒扣价格或计算价格估价方法确定过的相同货物的完税价格。

（二）类似货物成交价格估价方法的合理灵活运用

（1）类似货物应与被估货物同时或大约同时出口的要求可做灵活的解释，允许有一定程度的放宽，可接受规定时间范围外（在前或在后）出口的类似货物的成交价格；

（2）对同一生产国生产的条件可以放宽，在被估货物生产国之外的国家生产的类似货物也可作为海关估价的基础；

（3）可使用根据倒扣价格估价方法或者计算价格估价方法确定过的类似货物的完税价格。

（三）倒扣价格估价方法的合理灵活运用

采用倒扣价格估价方法时，对于进口货物应按"进口时原状"并在"90

天"内转售的条件可作灵活的解释，对时间的要求可灵活掌握。

以上介绍的三个方面事例说明，在用合理方法确定进口货物的完税价格时，必须严格按照《WTO 海关估价协定》规定的前 5 种估价方法来进行估价，即使在重复使用前 5 种估价方法的情况下也应如此。对于在重复使用的情况下，是否也要遵循协议 5 种估价方法的适用顺序，《WTO 海关估价协定》并没作明确规定。《咨询性意见》认为，根据《WTO 海关估价协定》的基本精神，在可能的条件下，还是应该遵循 5 种估价方法的适用顺序。对于使用合理方法所依据的资料问题，只要是在进口国内获取的，而且海关能够认可其真实性和正确性的条件下，即使该资料来源于国外也可以采用，资料来源本身并不妨碍资料的使用。如果通过合理灵活运用 5 种基本估价方法仍不能确定进口货物的完税价格，作为最后的一种手段，可采用其他合理方法进行估价，但该合理方法不应包含在《WTO 海关估价协定》第 7 条第 2 款所规定的禁止使用的几种估价方法之内。

### 三、合理方法估价在中国的应用

中国海关要求海关估价人员在使用合理方法时，应按公平、统一和客观的估价原则，以境内可以获得的数据资料为基础，确定进口货物的完税价格。

（一）中国海关有关"合理的灵活性"的执法理解

海关估价人员在运用合理方法时，一般按以下方式理解"合理的灵活性"：

（1）关于"相同或类似进口货物应与被估货物同时或大致同时进口"的时间要求可延长至进口前后各 3 个月；

（2）在被估货物出口国（地区）以外的国家（地区）生产的相同或类似进口货物的成交价格，可作为海关估价的基础，也可使用按倒扣价格估价方法和计算价格估价方法已确定的相同或类似进口货物的完税价格；

（3）对倒扣价格估价方法所需的应按"进口的时状态转售"的要求可作灵活的解释，对进口后转售的时间限制也可延长至被估货物进口后的 180 天以内。

（二）中国海关禁止使用的价格

结合《WTO 海关估价协定》，中国海关提出不得依据以下各项内容确定完税价格：

（1）境内生产的货物在境内的销售价格；

（2）备选价格中较高的价格；

（3）货物在出口地市场的销售价格；

（4）使用《审价办法》第十条所列三项费用之外的成本计算得到的价格；

（5）出口到第三国或地区货物的销售价格；

（6）最低限价或武断、虚构的价格。

（三）中国海关对采用合理方法估价的要求

中国海关对海关估价人员在采用合理方法估价提出了具体要求：

（1）如果使用两个或两个以上的估价方法，应按次序使用。

（2）估价人员在按合理方法估价时，应严格遵循"客观、公平和统一"的估价原则，不能直接套用价格资料。

下列方法可作为合理方法的借鉴：

（1）对进口商进口自己数年前买下的货物，采用权威机构估定的价值作为货物的完税价格；

（2）对某些在国外生产制造的元器件作为国产机器的零部件进口，在无法确定实付或应付价格时，按计算价格估价方法估定完税价格；

（3）由进口商生产并出口到国外使用后，进口商又以低价购买并复运回进口国的货物，按某一权威机构根据货物新旧程度估定的价值作为完税价格。

按合理方法确定完税价格时所需基本单证资料包括：

（1）标有进口货物数量及名称的发票或其他单证；

（2）能证明选用估价方法符合"客观、公平和统一"原则的单证。

## 第八节　加工贸易估价方法的特点要素和适用性

一、加工贸易和保税监管基础知识

我国的加工贸易是改革开放的产物，它总体来说是随着国际贸易、国际经济的发展，特别是经济全球化的发展而发展起来的。

自 1978 年党的十一届三中全会制定对外开放政策后，加工贸易在我国从无到有，从小到大不断发展，经历了"探索与鼓励发展"、"快速发展与规范管理"、"加强管理与促进发展并重"和"调整结构与转型升级"四个重要阶段。

加工贸易，是指经营企业进口全部或者部分原辅材料、零部件、元器件、包装物料（以下简称料件），经加工或者装配后，将制成品复出口的经营活动，包括来料加工和进料加工。

来料加工，是指进口料件由境外企业提供，经营企业不需要付汇进口，按照境外企业的要求进行加工或者装配，只收取加工费，制成品由境外企业销售的经营活动。

进料加工，是指进口料件由经营企业付汇进口，制成品由经营企业外销出口的经营活动。

进料加工又分为进料对口和进料非对口。进料加工对口是指拥有进出口经营权的企业对外签订进口料件合同和相应的出口成品合同（包括不同客户的对口联号合同），进口料件生产的成品数量及销售流向都在进出口合同中予以确定。进料加工非对口是指拥有进出口经营权的企业对外签订进口料件合同，在向海关备案时尚未签订出口成品合同，进口料件生产的成品数量及销售流向均未确定。

（一）加工贸易和一般贸易对比分析

相对于一般贸易业务，从事加工贸易，通过进口环节暂缓征收关税和进口环节税，企业可以少占用相当数量的现金流，可以用"小钱办大事"。同时，由于加工贸易进口环节的非应税特点，海关直面监管环节相对少，因此，加工贸易货物通关效率相对较高。

下表为加工贸易和一般贸易对比分析表。

表 2–19　加工贸易和一般贸易对比分析

| 对比项目 | 加工贸易 | 一般贸易 |
|---|---|---|
| 进出口征税 | 暂缓征收关税和进口环节税，并根据出口成品实际耗用的进口料件数量，免收关税和进口环节税。加工成品出口，一律免征出口关税 | 进出境依法缴纳海关关税、进口环节税和出口关税 |
| 许可证管理 | 进口料件属国家规定进口许可证范围的，除另有规定外，均免领进口许可证；出口成品属国家规定出口许可证范围的，应申领并交验出口许可证 | 按一般货物进出口申领许可证 |

续表

| 对比项目 | 加工贸易 | 一般贸易 |
|---|---|---|
| 海关稽查监管期限 | 保税货物在海关规定的监管期限内，或自复运出境放行之日起3年内，或经批准转为一般贸易进口放行之日起3年内 | 一般贸易进出口货物自海关放行货物之日起3年内 |
| 海关监管重点 | 对加工贸易海关监管货物之产、供、销全过程规范管理 | 重点打击一般贸易在进口环节低报价格和走私漏税 & 出口高报价格 |
| 申报 & 通关 & 加工复出口 | （1）保税加工货物登记备案制。须提前对保税进出口货物进行登记备案。经营保税货物的单位持有关批件、对外签订的合同和其他有关单证向主管海关申请办理登记备案手续，海关核准后，签发登记手册、账册或其他单证<br>（2）进口通关申报制。保税货物实际进境，经营单位或其代理人凭主管海关核发的该批保税货物的登记手册、账册或其他单证，向进境地海关申报，办理进口手续<br>（3）储存或加工后复运出口全过程监管。保税货物进境后，储存于海关指定的场所或交付给海关核准的加工企业进行加工制造，在储存期满或加工成品后复运出境。经营单位或其代理人持该批保税货物的登记手册或其他单证，向出境地海关申报，办理复出口手续<br>（4）核销结案。备案合同期满或加工产品出口后一定期限内，经营单位应持有关加工贸易登记手册、进出口货物报关单和其他有关单证，向合同备案的主管海关办理核销手续。海关对保税货物的进口、储存、加工、使用和出口情况进行核实，并最终确定征免税之后，予以核销结案 | （1）进出口货物有五个基本的通关程序，即申报、查验、征税、放行、结关<br>（2）一般贸易货物在进出境环节缴纳了应征的进出口税费并办结了所有必要的海关手续，海关放行后不再进行监管，可以直接进入生产和流通领域 |

续表

| 对比项目 | 加工贸易 | 一般贸易 |
|---|---|---|
| 部门协调和管理难度 | （1）对企业员工素质和部门协调要求高<br>（2）要求企业具备较强的保税观念和意识，规范性作业要求高、难度大<br>（3）具备相当的管理风险，账务不平属于正常现象 | （1）较之加工贸易，对部门协调和员工素质要求相对低<br>（2）较之加工贸易，政策风险和监管风险低 |

"纳税暂缓"并不等同于完全免税。

1）一方面，如果企业将保税加工货物内销或者自行解除监管，须办理保税加工货物内销手续，海关核准后对保税加工货物征收税款。

2）另一方面，由于加工贸易形式的不同，也并非所有的加工贸易货物进口均可以享受100%暂缓纳税。例如：国家对进料加工非对口合同实行定额保税政策，即进口国家规定的15种商品先征5%，保税95%；进口其他料件先征15%，保税85%。待加工成品出口后，海关根据核定的实际加工复出口的数量退还已征收的税款。

（二）中国海关保税制度特色分析

由于海关对加工贸易企业进口保税料件暂缓征收进口关税及进口环节税，加工后的制成品也暂缓征税，因此，为防范国家税收损失，海关对加工贸易企业实施保税制度。

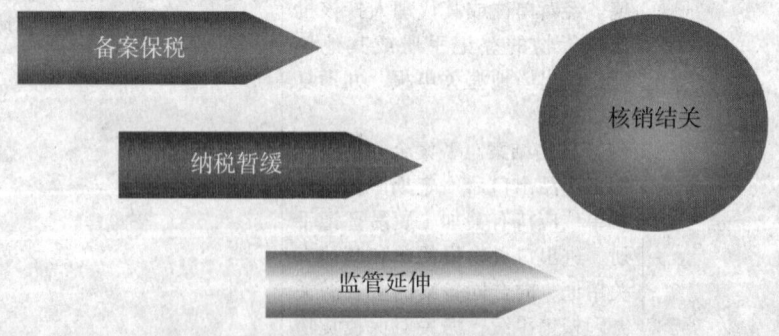

图2-6　中国海关保税制度本质特征

海关保税监管延伸性体现在以下三个方面。

1. 时间延伸性

保税加工的料件在进境地被提取，不是监管的结束，而是海关保税监管的开始，海关一直要监管到加工、装配后复运出境或办结正式进口手续为止。

海关自保税加工企业向海关申请办理保税加工业务备案手续之日起至海关对保税加工手册核销结案之日止，或者自实施联网监管的保税加工企业电子底账核销周期起始之日起至其电子底账核销周期核销结束之日止，根据需要开展对保税加工货物以及相关的保税加工企业的保税核查；同时，在海关规定的保税货物监管期限内，或自复运出境放行之日起 3 年内或经批准转为一般贸易进口放行之日起 3 年内，海关有权对加工贸易企业的会计账簿、会计凭证、报关单证以及其他有关资料和有关进出口货物进行稽查。

2. 地点延伸性

保税加工的料件离开进境地口岸海关监管场所后进行加工、装配的地方，都必须是海关监管的场所。

加工贸易企业经营场所是海关许可存放保税加工货物的场所。未经许可将保税加工货物擅自外发加工、擅自内销转让、擅自深加工结转、擅自挪移都可能引发行政，甚至是刑事处罚。

3. 期限延伸性

准予保税的期限是指海关批准保税后在境内加工、装配、复运出境的时间限制。

海关规定企业要将在一定期限内的进出口情况向海关申报核定，也就是做一个结算，一般这个期限为 180 天，即半年左右。例如：针对加工贸易手册企业，海关要求经营企业应当在规定的期限内将进口料件加工复出口，并自加工贸易手册项下最后一批成品出口或者加工贸易手册到期之日起 30 日内向海关报核。经营企业对外签订的合同因故提前终止的，应当自合同终止之日起 30 日内向海关报核。

我国的加工贸易保税制度类似于《关于简化和协调海关制度的国际公约（修正本）》（以下简称为：《京都公约》）专项附件 F "加工" 第一章 "进口加工监管程序"，但又具有明显的中国特色。

以下列表对比了两者之间的差异以及存在的主要争议。

表 2-20　《京都公约》进口加工监管程序与中国加工贸易保税制度对比

| 《京都公约》进口加工监管程序 | 中国加工贸易保税制度 |
| --- | --- |
| 公约第 4 条规定"货物的原产国家、启运地或者目的地不影响办理进口加工监管程序" | 我国对此没有明确规定，公约第 4 条似乎违背了世界贸易组织提出的"最惠国待遇"的原则，同时，在实践中很难排除由于经济、政治等原因而需要对某些国家采取不同措施的可能。公约本身也仅将此条作为建议条款 |
| (1) 第 17 条规定"应规定进口料件及返销产品转让第三者可继续适用进口加工监管程序，但被转让人应承担申领批准证书人的所有义务"。第 18 条规定"主管当局应准许由不是办理进口加工监管程序的人进行加工处理，不论是否转让进口料件的所有权，但在整个加工期间，办理进口加工监管程序的人应向海关负责遵守批准证书中规定的各项条件"<br>(2) 第 17 条规定的是转让料件所有权，受让人对海关承担责任而进行进口加工。第 18 条是不转让料件所有权，由一开始被批准从事进口加工的人对海关承担责任而由另一人实际进行进口加工 | (1) 我国与此相关的规定主要有异地加工贸易、深加工结转、外发加工等管理规定<br>(2) 我国企业要从事加工贸易是需要经过批准的，不允许其他企业从事加工贸易。海关对外发加工承揽企业以及深加工结转合作双方资格均须要审核<br>(3) 关于保税料件的所有权是否允许转移，我国相关规定不尽一致。在异地加工贸易业务中，不允许保税料件的所有权转移；在深加工结转中，无论是否跨关区，都可以转移所有权，不过这里转移的是已经经过加工的保税料件。而公约则对是否允许转让、是否必须转让，都没有做出限制<br>(4) 关于由谁向海关承担责任。公约规定在转移所有权的情况下，由受让人向海关承担责任；不转移所有权的情况下，由原先取得进口加工便利的人向海关承担责任。而我国的实践是不区分是否转移所有权，无论在什么情况下都要求两个单位同时向海关承担责任 |
| 第 23 条规定"国内立法应规定，对不复出口的返销产品按对进口料件应征收的进口关税及其他税税额补征进口关税及其他税"。（在返销产品未出口的情况下，其应缴纳的进口税费额不应超过因进口加工而准予进口的货物应缴纳的进口税费额） | (1) 我国规定：加工贸易保税进口料件或者成品因故转为内销的，海关凭主管部门准予内销的有效批准文件，对保税进口料件依法征收税款并加征缓税利息；进口料件属于国家对进口有限制性规定的，经营企业还应当向海关提交进口许可证件<br>(2) 加工贸易进口料件或者其制成品应当征税的，海关按照以下规定审查确定完税价格： |

续表

| 《京都公约》进口加工监管程序 | 中国加工贸易保税制度 |
|---|---|
| | 1）进口时应当征税的进料加工进口料件，以该料件申报进口时的成交价格为基础审查确定完税价格<br>2）进料加工进口料件或者其制成品（包括残次品）内销时，海关以料件原进口成交价格为基础审查确定完税价格。料件原进口成交价格不能确定的，海关以接受内销申报的同时或者大约同时进口的与料件相同或者类似的货物的进口成交价格为基础审查确定完税价格<br>3）来料加工进口料件或者其制成品（包括残次品）内销时，海关以接受内销申报的同时或者大约同时进口的与料件相同或者类似的货物的进口成交价格为基础审查确定完税价格<br>4）加工企业内销加工过程中产生的边角料或者副产品，以海关审查确定的内销价格作为完税价格<br>加工贸易内销货物的完税价格按照前款规定仍然不能确定的，由海关按照合理的方法审查确定 |
| 第25条规定"使用串换货物加工获得的产品适用本章规定时应视为返销产品（串换返销）"。第26条规定"准许串换返销时，海关应准许先出口返销产品，后进口料件" | （1）我国加工贸易保税制度规定"加工贸易货物应当专料专用"，"因加工出口产品急需，经海关核准，经营企业保税料件之间、保税料件与非保税料件之间可以进行串换，但料件串换限于同一企业，并应当遵循同品种、同规格、同数量、不牟利的原则"，"来料加工保税进口料件不得串换"<br>（2）短期内我国无法做到完全允许进口料件与国产料件的串换，也难以做到准备先出口返销产品，后进口料件 |

## 二、加工贸易估价方法的特点要素

### （一）保税加工货物内销征税一般程序

保税加工货物内销是指加工贸易企业因合同变更、外商毁约等原因无法履行原出口合同，申请将原进口料件、尚未加工的剩余料件、结余料件、边角料或结余料件生产的制成品、残次品和副产品进行补税内销的行为。

保税加工货物内销征税是指保税加工经营企业凭商务主管部门签发同意内销的有效批准文件和有关许可证件等资料申请内销，海关核准后对保税加工货物征收税款的具体行政行为。

1. 企业申请内销基本条件

（1）商务主管部门签发同意内销的有效批准文件；

（2）保税加工货物涉及国家管制的须提交有关许可证件；

（3）企业应在已备案的"加工贸易手册"、电子手册的有效期内以及电子账册的核销周期内的保税加工货物内销前提出申请。

2. 一般要求企业提交的单证资料

（1）内销申请表；

（2）海关保税加工货物处置申请审批表；

（3）商务主管部门签发的"加工贸易保税进口料件内销批准证"（属边角料内销的，免于提交）；

（4）保税加工货物涉及国家管制的须提交的有关许可证件；

（5）按规定须收取的其他证明文件和材料。

3. 特殊监管要求

（1）边角料内销的，海关按照保税加工企业向海关申请内销边角料的报验状态归类后，免征缓税利息；属于发展改革委员会、商务部、环保总局及其授权部门进口许可证件管理范围的，免于提交许可证件；属于加征特别关税的，海关免于征收须加征的特别关税。

（2）剩余料件或者用剩余料件生产的制成品内销的，其金额占该加工贸易合同项下实际进口料件总额3%以内（含3%），且总值在人民币1万元以下（含1万元）的，商务主管部门免予审批，企业直接报主管海关核准，由主管海关对剩余料件按照规定计征税款和税款缓税利息后予以核销。剩余料件属于发展改革委、商务部、环保总局及其授权部门进口许可证件管理范围的，免于提交许可证件。

（二）加工贸易完税价格审查方法

根据我国《审价办法》第27条规定，"加工贸易进口料件或者其制成品应当征税的，海关按照以下规定审查确定完税价格：

（1）进口时应当征税的进料加工进口料件，以该料件申报进口时的成交价格为基础审查确定完税价格。

（2）进料加工进口料件或者其制成品（包括残次品）内销时，海关以料件原进口成交价格为基础审查确定完税价格。料件原进口成交价格不能确定的，海关以接受内销申报的同时或者大约同时进口的与料件相同或者类似的货物的进口成交价格为基础审查确定完税价格。

（3）来料加工进口料件或者其制成品（包括残次品）内销时，海关以接受内销申报的同时或者大约同时进口的与料件相同或者类似的货物的进口成交价格为基础审查确定完税价格。

（4）加工企业内销加工过程中产生的边角料或者副产品，以海关审查确定的内销价格作为完税价格。

加工贸易内销货物的完税价格按照前款规定仍然不能确定的，由海关按照合理的方法审查确定。"

2009年5月，为推进加工贸易货物内销便利化，海关总署发布署加发〔2009〕196号文件，进一步明确了加工贸易估价管理程序。

---

**署加发〔2009〕196号《海关总署关于促进加工贸易货物内销便利化有关问题的通知》**

近日，为深入贯彻落实中央保增长、保民生、保稳定的决策部署，保持加工贸易稳定发展，拉动和提升国内消费，拓展海关税源和税基，确保税收应收尽收，结合各地海关和企业提出的有关意见建议，海关总署就进一步推进加工贸易货物内销便利化有关问题发出通知，主要内容如下：

一、各海关要结合本关区实际，认真落实总署此前已发布的内销便利化有关措施，加强宣传，积极主动为企业提供更加便捷的服务，及时有效解决内销过程中存在的问题，方便企业办理内销征税手续，帮助企业扩大内销、开拓国内市场。同时，各海关要严格履行把关服务职能，采取风险管理手段，加大内销征税监管力度，提高税收征管质量，确保税款应收尽收。

二、考虑到商品结构等合理因素，已允许各海关依据价格水平中的合理因素提出异议，对属于合理原因的，可以调整考核结果。各海关在办理加工贸易货物内销手续时，要尊重企业贸易实际，按照有关规定实事求是审定完税价格。

（一）进料加工进口料件或其制成品申报内销时，海关应当按照《中华人民共和国海关审定进出口货物完税价格办法》（署令第148号，以下简称《审价办法》）第二十七条第一款和海关总署公告2005年第33号第一条的有关规定，审查确定其完税价格。

上述内销货物完税价格按照《审价办法》第二十七条第一款规定仍然不能确定的，海关可按照同项号、同品名、同税号的原则，运用加权平均法作为合理的方法，以合同有效期内或电子账册核销周期内已进口料件的申报价格计算所得的加权平均价为基础审查确定其完税价格。

加工贸易联网监管进料加工项下的保税货物内销亦适用上述原则。

（二）来料加工进口料件或其制成品内销完税价格审定仍按现行有关规定办理。

（三）对出口加工区、保税港区、综合保税区内加工贸易企业申报内销制成品，按照《审价办法》第二十八条第一款规定仍然不能确定其完税价格的，海关可运用计算价格方法等作为合理的方法审查确定其完税价格。

计算价格估价方法具体按照《审价办法》第二十四条执行。

三、各海关要优化加工贸易货物内销监管与服务，缩短办理内销手续的周期。

（一）条件允许的，各海关要设立加工贸易货物内销审批专门窗口；不能设立专门窗口的，各海关要开放内销审批绿色通道，优先受理企业的内销申请。

（二）对企业的内销申请，各海关保税监管部门要及时办理核准，需要企业进一步解释说明的，海关要及时与企业进行联系，直接与办理加工贸易业务的人员沟通。

（三）对内销量大的企业，海关可视情派专人跟踪指导办理，规范企业办理海关业务，切实做好服务工作。

（四）加强与地方商务主管部门的联系、配合，确保企业内销征税工作规范、有序。

四、各海关应按照《中华人民共和国海关企业分类管理办法》（海关总署令第170号）的有关规定，简化手续、加快进度，抓紧做好海关特殊监管区域内A类企业的评定工作，使符合条件的企业尽早适用"属地申报、口岸验放"的便捷通关管理措施，并做好宣传指导工作。

二〇〇九年五月七日

1. 内销缓税利息计征

按照海关总署令第195号（关于公布《海关总署关于修改〈中华人民共和国海关对加工贸易货物监管办法〉的决定（二）》）第34条规定，"加工贸易保税进口料件或者成品因故转为内销的，海关凭主管部门准予内销的有效批准文件，对保税进口料件依法征收税款并加征缓税利息；进口料件属于国家对进口有限制性规定的，经营企业还应当向海关提交进口许可证件"。

2009年3月，就加工贸易保税货物内销征收缓税利息适用利息率相关问题，海关总署发布2009年第13号公告予以明确。同时，海关总署2009年第14号公告中规定了保税货物内销缓税利息的征收和退还实施细节以进一步明确。

**海关总署2009年第13号公告（关于加工贸易保税货物内销征收缓税利息适用利息率调整）**

为稳步推进加工贸易转型升级，改善加工贸易发展环境，积极支持扩大内需，经国务院批准，现就加工贸易保税货物内销征收缓税利息适用利息率调整的有关问题公告如下。

一、缓税利息的利息率

加工贸易保税货物内销征收缓税利息适用的利息率暂由参照一年期贷款基准利率调整为参照中国人民银行公布的活期存款利率（以下简称"活期存款利率"）执行。

二、缓税利息的征收及计算公式

加工贸易缓税利息应根据填发海关税款缴款书时海关总署公布的最新缓税利息率按日征收。缓税利息计算公式如下：

应征缓税利息 = 应征税额 x 计息期限 x 缓税利息率/360

本公告自发布之日起执行。《海关总署、财政部、商务部、人民银行、税务总局关于调整加工贸易商品内销征收缓税利息率有关问题的公告》（海关总署、财政部、商务部、人民银行、税务总局 2006 年第 52 号公告）同时废止。

特此公告。

海关总署

二00九年三月六日

### 海关总署 2009 年第 14 号公告《关于加工贸易保税货物内销缓税利息征收及退还》

根据《中华人民共和国进出口关税条例》（国务院令第 392 号，以下简称《关税条例》）、《国务院办公厅转发国家经贸委等部门〈关于进一步完善加工贸易银行保证金台账制度的意见〉的通知》（国办发〔1999〕35 号）和海关总署 2009 年第 13 号公告等规定，现就加工贸易保税货物内销缓税利息的征收和退还涉及的有关问题公告如下：

一、加工贸易保税货物在规定的有效期限内（包括经批准延长的期限）全部出口的，由海关通知中国银行将保证金及其活期存款利息全部退还。

二、加工贸易保税料件或制成品内销的，海关除依法征收税款外，还应加征缓税利息。缓税利息具体征收办法如下：

（一）缓税利息的利率参照中国人民银行公布的活期存款利率执行，现为 0.36%。

海关将根据中国人民银行公布的活期存款利率即时调整并执行。

（二）利率的适用：

海关根据填发税款缴款书时的利率计征缓税利息。

（三）缓税利息的征收及计算公式：

　　加工贸易缓税利息应根据填发海关税款缴款书时海关总署调整的最新缓税利息率按日征收。缓税利息计算公式如下：

　　应征缓税利息＝应征税额×计息期限×缓税利息率/360

　　（四）计息期限的确定：

　　1. 加工贸易保税料件或制成品经批准内销的，缓税利息计息期限的起始日期为内销料件或制成品所对应的加工贸易合同项下首批料件进口之日；加工贸易E类电子账册项下的料件或制成品内销时，起始日期为内销料件或制成品所对应电子账册的最近一次核销之日（若没有核销日期的，则为电子账册的首批料件进口之日）。

　　对上述货物征收缓税利息的终止日期为海关填发税款缴款书之日。

　　2. 加工贸易保税料件或制成品未经批准擅自内销，违反海关监管规定的，缓税利息计息期限的起始日期为内销料件或制成品所对应的加工贸易合同项下首批料件进口之日；若内销涉及多本合同，且内销料件或制成品与合同无法一一对应的，则计息的起始日期为最近一本合同项下首批料件进口之日；若加工贸易E类电子账册项下的料件或制成品擅自内销的，则计息的起始日期为内销料件或制成品所对应电子账册的最近一次核销之日（若没有核销日期的，则为电子账册的首批料件进口之日）；按照前述方法仍无法确定计息的起始日期的，则不再征收缓税利息。

　　违规内销计息的终止日期为保税料件或制成品内销之日。内销之日无法确定的，终止日期为海关发现之日。

　　加工贸易保税料件或制成品等违规内销的，还应根据《关税条例》的有关规定按海关总署2004年第39号公告第二条的规定征收滞纳金。

　　加工贸易保税货物需要后续补税，但海关未按违规处理的，缓税利息计息的起止日期比照上述规定办理。

　　3. 加工贸易边角料、剩余料件、残次品、副产品和受灾保税货物等内销需征收缓税利息的，亦应比照上述规定办理。

　　（五）对于实行保证金台账实转（包括税款保付保函）管理的加工贸易手册项下的保税货物，在办理内销征税手续时，如果海关征收的缓税利息大于对应台账保证金的利息，应由中国银行在海关税款缴款书上签注后退单，由海关重新开具两份缴款书，一份将台账保证金利息全额转为缓税利息，另一份将台账保证金利息不足部分单开海关税款缴款书，企业另行缴纳。

三、经审核准予内销的，海关应当做出准予内销的决定，签发"加工贸易货物内销征税联系单"并批注相关意见，同时，选择征收缓税利息的适用利率种类为"活期存款"，交经营企业办理通关手续。

经营企业凭"加工贸易货物内销征税联系单"纸质或电子数据办理通关手续。在填制内销报关单时，企业需在备注栏注明"活期"字样。

海关核对"加工贸易货物内销征税联系单"纸质或电子数据内容和内销报关单数据内容并确认无误后，按现行有关规定办理内销货物审单、征税、放行等海关手续。

四、本公告自发布之日起施行，海关总署2006年第53号公告同时废止。

特此公告。

海关总署

二〇〇九年三月十六日

2. 加工贸易完税价格的调整和磋商

（1）按成交价格估价方法确定加工贸易完税价格时，应考虑应计入有关价格中的调增项目以及可从价格中扣减的项目。例如，如果申报价格未包含将货物运抵中华人民共和国境内输入地点起卸前的运输及其相关费用、保险费的，应将这些费用计入完税价格。

（2）当对申报价格的真实性、准确性有疑问时，或者认为买卖双方之间的特殊关系影响成交价格时，海关可以制发"中华人民共和国海关价格质疑通知书"对企业提出价格质疑。企业应当自收到"价格质疑通知书"之日起5个工作日内，以书面形式提供相关资料或者其他证据，证明其申报价格真实、准确或者双方之间的特殊关系未影响成交价格。

（3）海关按照成交价格估价方法以外的方法对加工贸易货物进行估价时应当履行价格磋商程序，但经纳税义务人书面申请放弃的，海关可以不进行价格磋商。在无法有效通知纳税义务人的情况下，海关可以向进口货物的经营单位，包括其授权单位、授权人制发"价格磋商通知书"，告知进口货物的经营单位在通知书送达起 3 日内前来进一步沟通情况，如逾期海关将视为放弃与海关进行磋商的权利，海关将依法对上述货物实施估价。

## 第九节　海关特殊监管区域估价方法的特点要素和适用性

### 一、海关特殊监管区域基础知识

海关力求以科学发展观为指引，在建设现代海关制度第二步发展战略的总体框架下，2006 年年底制订了《海关保税加工和保税物流监管改革分步实施方案》，通过保税加工和保税物流监管两条腿齐步走的改革和创新，有计划、分步骤地推进保税加工和保税物流监管改革，加快建立新型保税监管体系。

《海关保税加工和保税物流监管改革分步实施方案》提出了三个层次、六种模式现代海关保税物流监管体系。在拓展出口加工区、物流、研发、检测维修等功能的基础上，对各种海关特殊监管区域和保税物流监管场所实行功能整合、政策叠加、监管模式整合以及资源整合；统一各类特殊监管区的税收政策，包括境外入区保税、区外入区退税、区内出区征税；区内免征增值税和消费税等。

表 2 – 21 为目前主要海关特殊监管区域和保税物流监管场所监管体系和相关政策对比情况。

### 二、海关特殊监管区域估价方法的特点要素

如上文所述，各种海关特殊监管区域所享受的国家税收政策不同，因而在实施海关估价作业时，应该采取不同的估价方法。我国《审价办法》给出了具体的规定：

"第 28 条　出口加工区内的加工企业内销的制成品（包括残次品），海关以接受内销申报的同时或者大约同时进口的相同或者类似货物的进口成交价格为基础审查确定完税价格。

出口加工区内的加工企业内销加工过程中产生的边角料或者副产品，以海关审查确定的内销价格作为完税价格。

出口加工区内的加工企业内销制成品（包括残次品）、边角料或者副产品的完税价格按照本条前两款规定不能确定的，由海关按照合理的方法审查确定。

表2-21　海关特殊监管区域和保税物流监管场所监管体系和政策对比

| 名称 | 保税仓库 | 出口加工区 | 保税物流中心 | 保税物流园区 | 出口加工区叠加保税物流功能 | 保税区 | 保税港区 | 综合保税区 |
|---|---|---|---|---|---|---|---|---|
| 定义 | 经海关批准设立的专门存放保税货物及其他未办结海关手续货物的仓库 | 经国务院批准设立、海关实行封闭管理的专门从事出口加工业务的特殊经济区域 | 经海关批准，由中国境内一家企业法人经营、多家企业进入并从事保税仓储物流业务的海关集中监管场所 | 经国务院批准，在保税区规划面积或者毗邻保税区的特定港区内设立的、专门发展现代国际物流业的海关特殊监管区域 | 加工制造为主、保税物流为辅的海关特殊监管区域 | 经国务院批准的、由海关监管的自由贸易区 | 经国务院批准设立的、在港口作业区和与之相连的特定区域内，集口岸作业、物流和加工为一体、具有口岸功能的海关特殊监管区域 | 海关直通式陆路口岸、保税口岸作业中心和出口加工区进行整合、功能叠加的基础上形成的，具有保税港区综合功能，是内地功能最齐全的特殊功能区 |
| 功能定位 | 存放保税货物及其他未办结海关手续货物 | 生产加工、成品出口 | 保税仓储、国际物流配送、简单加工和增值服务、检验检测、进出口/转口贸易、商品展示、口岸 | 保税仓储、国际物流配送、简单加工和增值服务、检验检测、进出口/转口贸易、商品展示、口岸 | 生产加工基础上、增加保税物流、产品研发、检测、维修等功能 | 保税仓储、出口加工、转口贸易 | 口岸作业、物流、加工、贸易、展示等 | 口岸作业、保税物流、国际贸易、加工、发展为制造集群的生产服务业基地和重要的国际货物集散地 |

续表

| 名称 | 保税仓库 | 出口加工区 | 保税物流中心 | 保税物流园区 | 出口加工区叠加保税物流功能 | 保税区 | 保税港区 | 综合保税区 |
|---|---|---|---|---|---|---|---|---|
| 开展业务 | 按类型不同可存储公用物品、自用物品，或者专用于存储危险品、备料，为维修进口国外产品所配件的保税零售业务 | 保税料件加工后复出口 | 1. 保税存储进出口货物及其他未办结海关手续货物；2. 对所存货物开展流通性简单加工和增值服务；3. 全球采购和国际分拨配送；4. 转口贸易和国际中转业务；5. 一日游业务（代替"香港一日游"）；6. 国际支付 | 1. 存储进出口货物及其他未办结海关手续货物；2. 简单加工和增值服务；3. 进出口贸易，包括转口贸易；4. 国际采购、分销和配送；5. 国际中转、国际配送；6. 检测维修；7. 商品展示；8. 园区一日游（代替"香港一日游"）；9. 国际支付 | 1. 区内企业可开展研发、检测以及国产出口货物的售后维修业务，但不得以拆解和翻新为目的；2. 生产企业或根据生产经营或售后服务需要，可将未经实质性加工的货物运至境外或其他海关特殊监管区域；3. 仓储物流企业可将国际物流配送至境外或区外相关企业；4. 国际支付 | 1. 外企可在保税区内注册独立法人的贸易公司，并拥有出口经营权，经营范围不受限制；2. 加工企业，除国家禁止生产的产品外无限制，还可兼营国际贸易和保税仓储业务 | 1. 存储进出口货物和其他未手续结的货物；2. 对外贸易，包括国际转口贸易；3. 国际采购、分销和配送；4. 国际中转；5. 检测和售后服务维修；6. 商品展示；7. 研发、加工、制造；8. 港口作业；9. 经海关批准的其他业务；10. 国际支付 | 保税区、出口加工区和保税物流园区三个区域内都可以开展的业务在综合保税区内都可以进行。（同保税港区，但港口作业仅是虚拟的无水港） |

续表

| 名称 | 保税仓库 | 出口加工区 | 保税物流中心 | 保税物流园区 | 出口加工区叠加保税物流功能 | 保税区 | 保税港区 | 综合保税区 |
|---|---|---|---|---|---|---|---|---|
| 企业类型 | 仓储企业 | 加工企业、配套仓储运输企业 | 仓储物流企业 | 仓储物流企业 | 加工、检测、研发、维修企业、贸易企业、物流企业 | 生产企业、贸易企业、仓储物流企业 | 加工企业、研发企业、维修企业、检测企业、贸易企业、港口企业、航运企业 | 加工企业、研发、检测、维修企业、贸易企业、物流企业 |
| 税收政策 | 自用设备须征关税。下列货物出库时依法免征关税和进口环节代征税:1.在保修期限内免费维修有关外国产品并符合无代价抵偿货物有关规定的零部件;2.国际航行船舶和航空器的燃油、物料;3.规定免税的其他货物 | | 1.进口货物除法规另有规定外,予以保税;2.区外货物入区视同出口,可退税;3.区内企业的货物不征增值税;从国外或海关特殊监管区域进口原材料,予以保税;3.从国内或海关特殊监管区域进口原材料,予以保税 | | 同保税物流中心 | 1.区内对所有进口料件全额保税;加工成品后进入国内,按进口料件征关税;2.国内采购原材料、物料等须离境后可办理退税;3.区内企业之间的贸易免征增值税;4.区内仓库自用设备免征关税 | 1.国外货物入区保税;2.国内货物入区视同出口,实行退税;3.区内企业之间的货物交易不征增值税和消费税;4.区内加工企业生产在国内的产品,按照外境外料件的比例征收关税和进口环节税 | 同保税港区 |

续表

| 名称 | 保税仓库 | 出口加工区 | 保税物流中心 | 保税物流园区 | 出口加工区叠加保税物流功能 | 保税区 | 保税港区 | 综合保税区 |
|---|---|---|---|---|---|---|---|---|
| 海关监管特殊性 | 1. 不实行加工贸易银行保证金台账制度,海关不实行"加工贸易登记手册"管理;2. 企业可开展深加工结转业务;3. 从区外进入区内的货物,须经区内企业进行实质性加工后,方可运出区外;4. 区内企业,不得将未经实质性加工的进口原材料、零部件销往区外 | | 1. 海关对保税物流中心与境外之间进出境的货物实行备案制,对于境内外之间进出中心的货物实行报关制;2. 海关对中心与境外之间、中心与区外之间进出境货物进出境,按照转关运输等方式进行监管 | 1. 境外货物到港后,园区企业(或代理人)可先凭舱单将货物直接运至园区,再凭进境货物备案清单向主管海关申报办理手续,对于境内外之间进出园区的货物实行报关制;2. 园区企业开展业务之日起,自开展业务之日起,应当每年向主管海关办理报关手续。主管海关应当受理报核申请之日内予以核库,企业有关账册、核销数据应当自核库结束之日起至少保留3年 | 1. 生产企业根据生产经营需要,可将未经实质性加工的货物运至境外或区外相关企业;2. 仓储物流企业可将区内货物配送至境外或其他与出口加工区同区 | 海关对区内加工企业进料加工、来料加工业务,不实行加工贸易银行保证金台账制度 | 1. 经保税港区运往区外的优质品,符合海关总署相关规定的,可以申请享受协定税率或者特惠税率;2. 海关对保税港区内加工贸易货物不实行单耗标准管理。区内企业应当自开展业务之日起,定期向海关报送货物的进出、区内和储存情况 | 同保税港区 |

续表

| 名称 | 保税仓库 | 出口加工区 | 保税物流中心 | 保税物流园区 | 出口加工区叠加保税物流功能 | 保税区 | 保税港区 | 综合保税区 |
|---|---|---|---|---|---|---|---|---|
| 贸易功能 | 无 | 无 | 有 | 有 | 有 | 有 | 有 | 有 |
| 仓储功能 | 1. 受业主经营范围的限制；2. 货物存储期限为1年，经海关同意可延期，延期不得超过1年；3. 公用库面积最低2 000m² | 1. 区内从事仓储服务的企业仅为区内加工企业配套，不得将仓储的原材料、零件提供给区外企业；2. 货物储存正常期限1年，申请可延至2年 | 区内货物保税存储期限为2年，经海关同意可延期，除特殊情况外，延期不得超过1年 | 园区货物不设存储期限 | 1. 货物储存正常1年期限，申请最后可同意2年；2. 仓储企业最低仓储面积1000m² | 1. 可存放除国家禁止进口的任何商品，且没有时间限制；2. 区内仓库允许进行商业性加工；3. 外高桥保税区可存放商品，但非保税货物，应分隔管理 | 保税港区货物不设存储期限，但区内企业存储超过2年的，应当每年向海关备案 | 同保税港区 |
| 外汇管理 | | 1. 区内货物销往境外出口需办理收汇核销手续；2. 向境外支付不需办理进口付汇核销手续 | | 1. 区内货物分拨企业，在自有外汇不足以对外付汇的情况下，允许企业购汇解决；2. 实行区内企业非贸易购汇试点，对货物流与资金流不一致的付汇，允许区内企业凭相关单证向境外企业付汇 | 同出口加工区 | 区内企业和非保税区企业之间允许以人民币或外汇结算。区内企业收取的外汇可100%现汇留存，不实行强制结汇制度 | 1. 保税区企业可以开立外汇经常项目外汇账户和资本项目外汇专用账户；2. 不实行外汇核销；3. 企业外汇收入可以全额留存，企业外商投资者的利润、股息、红利可以汇出境外 | 同保税港区 |

续表

| 名称 | 保税仓库 | 出口加工区 | 保税物流中心 | 保税物流园区 | 出口加工区叠加保税物流功能 | 保税区 | 保税港区 | 综合保税区 |
|---|---|---|---|---|---|---|---|---|
| 限制 | 仅具有保税仓储功能，无加工、贸易、退税等其他功能 | 仅有保税加工功能，无保税仓储和保税物流功能仅覆盖区内 | 具备保税物流、保税仓储功能，可享受出口退税政策，但不具备保税加工功能 | 具备保税物流、保税仓储和港口功能，可享受出口退税政策，但不具备保税加工功能 | 在出口加工区维修的国产出口货物必须复运出境，并按报验状态办理相关手续，不得在境内区内销售 | 有保税仓储和保税加工功能，但不具备港口作业功能，也不能享受出口退税政策 | 相对而言：无限制。为目前我国对外开放层次最高、政策最优惠、功能最齐全、区位优势明显的海关特殊监管区域 | 同保税港区，但地处内陆地区，无港口功能 |
| 开始时间 | 1980年代 | 2000年4月 | 2004年5月 | 2003年12月 | 2007年4月 | 1990年6月 | 2005年7月 | 2007年8月 |

第 29 条 保税区内的加工企业内销的进口料件或者其制成品（包括残次品），海关以接受内销申报的同时或者大约同时进口的相同或者类似货物的进口成交价格为基础审查确定完税价格。

保税区内的加工企业内销的进料加工制成品中，如果含有从境内采购的料件，海关以制成品所含从境外购入的料件原进口成交价格为基础审查确定完税价格。料件原进口成交价格不能确定的，海关以接受内销申报的同时或者大约同时进口的与料件相同或者类似货物的进口成交价格为基础审查确定完税价格。

保税区内的加工企业内销的来料加工制成品中，如果含有从境内采购的料件，海关以接受内销申报的同时或者大约同时进口的与制成品所含从境外购入的料件相同或者类似货物的进口成交价格为基础审查确定完税价格。

保税区内的加工企业内销加工过程中产生的边角料或者副产品，以海关审查确定的内销价格作为完税价格。

保税区内的加工企业内销制成品（包括残次品）、边角料或者副产品的完税价格按照本条前四款规定仍然不能确定的，由海关按照合理的方法审查确定。

第 30 条 从保税区、出口加工区、保税物流园区、保税物流中心等区域、场所进入境内，需要征税的货物，海关应当参照本办法第二章的有关规定，以从上述区域、场所进入境内的销售价格为基础审查确定完税价格，加工贸易进口料件及其制成品除外。

如果前款所述的销售价格中未包括上述区域、场所发生的仓储、运输及其他相关费用的，应当按照客观量化的数据资料予以计入。

对于《审价办法》并具体提及的保税港区与区外之间进出货物的情况，海关总署令第 191 号《关于修改〈中华人民共和国海关保税港区管理暂行办法〉的决定》规定："保税港区与区外之间进出的货物，区内企业或者区外收发货人按照进出口货物的有关规定向保税港区主管海关办理申报手续。需要征税的，区内企业或者区外收发货人按照货物进出区时的实际状态缴纳税款；属于配额、许可证件管理商品的，区内企业或者区外收货人还应当向海关出具配额、许可证件。"综合保税港区与区外之间进出货物的情况按类似方式申报。

保税区内加工企业制成品内销

对于保税区内保税区内的加工企业内销加工制成品中，如果含有从境内采购的料件，海关以制成品所含从境外购入的料件原进口成交价格为基础审查确定完税价格。这是由于从境内采购的料件进入保税区时，不享受"入区退税"政策，而是适用"离境退税"，如果保税区内加工企业制成品按实际内销出区状态征税，则存在"未退还征"的重复征税状态。

## 第十节　其他特殊进出口货物估价方法的特点要素和适用性

国际贸易中存在一些特殊的进出口交易形式，就其本质而言，不构成销售交易，诸如：

（1）按租借或租赁合同进出口货物；

（2）暂准出口制造、加工或修理后返回的货物；

（3）经许可暂时进出口货物。

下文针对以上交易形式进口或者进口复进口该如何估价展开讨论。

### 一、按租借或租赁合同进口的货物估价方法

在跨境租赁中，由于租赁物要通过一国海关，就涉及关税和流转税法的规定。根据我国税法的规定，租赁进口货物，应当按照该货物适用的税率缴纳进口关税和增值税，对一些特定货物还需要缴纳消费税。增值税和消费税等流转税的完税价格以关税的完税价格为基础确定。

（一）按租借或租赁合同进口货物海关估价程序

我国《审价办法》第 34 条规定："租赁方式进口的货物，按照下列方法审查确定完税价格：

（1）以租金方式对外支付的租赁货物，在租赁期间以海关审查确定的租金作为完税价格，利息应当予以计入；

（2）留购的租赁货物以海关审查确定的留购价格作为完税价格；

（3）纳税义务人申请一次性缴纳税款的，可以选择申请按照本办法第六条列明的方法确定完税价格，或者按照海关审查确定的租金总额作为完税价格。"

租赁期不满一年的进口租赁物品贸易方式为"租赁不满一年"（代码 1500），租赁期一年以上的进口租赁物品贸易方式为"租赁贸易"（代码 1523）。

1. 租赁进口办理一般程序

（1）向海关递交文件资料预审核；

（2）预审核通过后，按要求到银行缴纳保证金；

（3）缴纳保证金，凭证报关。

2. 缴税

对一次性支付租金的，须在申报租赁货物进口时办理纳税手续；对分期支付租金的，须在申报租赁货物进口时，按照第一期应当支付的租金办理纳税手续；在其后分期支付租金时，须在每次支付租金后的 15 日内办理纳税手续。未在规定期限内申报纳税的，海关按规定加收滞纳金。

3. 租赁进口货物复出

租赁进口货物须在租期届满之日起 30 日内复运出境。

须留购、续租的，申报办理相关手续应当不迟于租赁进口货物租期届满后的第 30 日。如未办理，将按规定征收税款和滞纳金。

租赁进口货物复出时，须持原进口报关单及相关资料办理报关手续。

4. 租赁进口货物核销

租赁进口货物复出后，须持相关进出口报关单办理核销及退还保证金手续。一般所需提交以下资料：

（1）租赁合同或协议（包含货物名称、品牌、型号、规格、数量、金额、租金、责任等内容）；

（2）海关要求的其他相关资料。

（二）租赁贸易估价方法之我见

（1）实际上，我国现行租赁贸易估价方法的规定并不完全不符合《WTO 海关估价协定》。

根据《WTO 海关估价协定》，海关以货物的成交价格作为关税完税价格的确定基础；货物的成交价格是货物的使用价值完全转移时的交换价值，只有在买卖交易中才具有这种前提。《评论》中指出，"按租借或租赁合同进口的货物，即使合同包括购买货物的选择权，租借或租赁贸易就其本质而言，不构成销售交易"，租借或租赁贸易是部分转移货物的使用价值，双方成交的租金并不是转移的货物使用价值的对价，因此，租金并不是租借或租赁贸易中关税完税价格确定规则中的成交价格。为此，海关估价技术委员会建议，应当根据与租赁进口的货物的相同或类似货物进行估价，或者使用倒扣法和计算方法进行估价，在不具备上述条件时，海关可以根据租金进行估价。根据租金进行估价，并不意味着将租金作为关税完税价格，而是要求海关根据货物的租金，合理确定其中与货物使用价值对应的部分，以与货物使用价值对应部分的租金作为关税完税价格。

（2）对于租赁进口交易，我国当前对租金中的利息部分征收进口环节的关税和增值税，这无疑增加了承租人的负担。

对租金中的利息同时征收关税、增值税和预提所得税，使租借或租赁贸易的成本高于一般贸易的成本，一定程度地阻碍了市场机制正常发挥作用，不符合税收中性原则和税收公平原则。

## 二、暂准出口制造、加工或修理后返回的货物估价方法

### （一）暂准出口制造、加工或修理后返回的货物估价原则

为强化对暂准出口制造、加工或修理后返回的货物定义的了解，《评论》中给出了几个案例。

**案例 1**：进口商 X 向国外制造商 E 进口某些专业机械，这些机械装有进口商 X 提供给制造商 E 的专用马达。

**案例 2**：进口商 X 向国外制造商 E 进口男衬衣，布料由进口商 X 向制造商 E 提供，E 仅负责加工和提供附件（纽扣、线和标签）。

**案例 3**：进口国某公司 X 将一机械工具送往国外 E 公司处修理后再进口，X 公司仅向 E 公司支付修理费用。

在上述案例中，引起有关货物进口的交易和制定的价格都与货物按何种状态进口无关，而与所使用的材料和外国制造商提供的劳务有关，在有些情况下，仅与劳务有关。

根据《京都公约》专项附约 F 第二章规定，这类货物可以全部或部分免除关税和国内税。若国内立法规定全部免除，则不存在估价征税问题，若规定部分免除，则存在估价征税问题。根据《评论》的要求，上述第 1、第 2 个例子发生了销售，就可合并考虑第 1 条和第 8 条并按此确定成交价格。第 3 个例子虽然与前 2 个例子不同，涉及的是一项提供劳务的业务，但根据《评论》的意见，"对所有复进口货物在估价方面都应给予同等待遇"，经国外修理后进口的货物，进口时在估价方面应与在国外经制造或加工的货物同等对待。否则，必须遵循本《WTO 海关估价协定》规定的使用估价方法的先后顺序。

由于在具体修理情况下，不可能适用《WTO海关估价协定》规定的其他方法之一，可以灵活地合并解释第1条和第8条的规定而执行第7条。

（二）我国暂准出口制造、加工或修理后返回的货物估价方法

我国《审价办法》规定：

"第三十一条 运往境外修理的机械器具、运输工具或者其他货物，出境时已向海关报明，并在海关规定的期限内复运进境的，应当以境外修理费和料件费为基础审查确定完税价格。

出境修理货物复运进境超过海关规定期限的，由海关按照本办法第二章的规定审查确定完税价格。

第三十二条 运往境外加工的货物，出境时已向海关报明，并在海关规定期限内复运进境的，应当以境外加工费和料件费以及该货物复运进境的运输及其相关费用、保险费为基础审查确定完税价格。

出境加工货物复运进境超过海关规定期限的，由海关按照本办法第二章的规定审查确定完税价格。"

（三）出境加工一般程序介绍

出境加工是与来料加工在支付手段、货物所有权、进出口形式等方面正好相反的一种加工方式。

近年来，企业选择出境加工方式有增长的趋势，故在此略作介绍。

出境加工，是指将我境内原辅料、零部件、元器件或半成品交由境外厂商按我方要求进行加工或装配，成品复运进口，并由我方支付工缴费的交易形式。

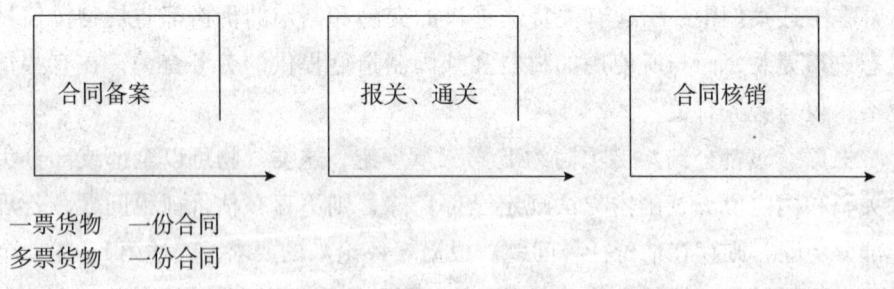

图2-7 出境加工报关申报流程图

目前，我国出境加工的形式，仅限于因国内生产技术无法达到产品要求，而必须运至境外进行某项工序的加工，对于国内已具有生产能力的出境加工，海关不予办理批准和备案手续。出境加工与来料加工在支付手段、货物所有

权、进出口形式等方面正好相反。

1. 海关合同核销

（1）实行一票货物一份合同的企业，应在办理加工料件复运进口手续时，一并向海关申请办理合同核销手续，海关凭进出口货物报关单核销出境加工合同；

（2）实行多票货物一份合同的企业，可在全部出口料件复运进口后，汇齐全部进出口货物报关单，向海关申请办理出境加工合同核销手续。

2. 货物报关手续

出境加工合同项下出口的货物，应比照暂时出口货物的有关规定填写出口货物报关单向海关办理出口手续。出口加工合同项下复运进口货物时，企业应持原出口货物报关单及填写进口货物报关单一并向海关申请办理进口报关手续。对进口货物关税和进口环节税的征免规定如下：

（1）对复运进口后不再加工出口的货物，海关以其进境到岸价格和与原出境货物相同的、类似的货物在进境时的到岸价格之间的差额作为完税价格计征进口关税和进口环节税。若以上计税方法难以确定完税价格的，可参考出境加工货物在境外支付的加工费、运费、保险费估价征税。

（2）对复运进口后转作进料加工的，海关按进料加工的有关规定办理进口货物的征免税手续。

（3）出境加工原则上不得改变原出口货物的物理形态。对完全改变原出口货物物理形态的境外加工，不属出境加工范围，应按一般贸易出口货物办理有关手续。出境加工货物在境外加工期限为6个月，如确需延期的，须报海关核准，但延期的最长时间不得超过3个月。出境加工的经营单位应按海关规定如期将原出境经加工后的货物复运进口，逾期不复运进口或有走私出口等违法情事，海关将依法处理。外商投资企业经营出境加工的审批手续亦按上述规定办理。

三、经许可暂时进境货物估价方法

（一）经许可暂时进境货物的估价原则

《京都公约》专项附约G规定："暂准进口监管程序，指准许某些货物可有条件减免税（进口关税及其他税）输入关境的海关监管程序。此类货物必须进境用于特定用途，并在规定期限内原状（使用造成的正常损耗除外）复运出境。"

注：2000年6月15日，中国驻比利时王国大使暨驻欧盟使团团长宋明江代表中国政府在修订后的《京都公约》上签了字，接受主约、总附约、附件

三中《专项附约 D 海关仓库和自由区》第一章"海关仓库"和《专项附约 G 暂准进口》第一章"暂准进口"，同时对专项附约四中第一章第九条、专项附约七中第一章第十六条和第二十一条作出保留。

《京都公约》专项附约 G 准许有条件免税或者有条件部分免税。

（二）我国经许可暂时进境货物的估价方法

为规范暂时进出关境并且在规定的期限内复运出境、进境货物的管理，2007 年 3 月 1 日，海关发布海关总署令第 157 号《中华人民共和国海关暂时进出境货物管理办法》。2007 年 8 月 31 日，海关总署再次就暂时进出境货物管理办法具体实施，发布海关总署公告 2007 年第 48 号《关于发布暂时进出境货物管理办法有关事宜》。

关于经许可暂时进境货物的估价，我国《审价办法》第 33 条规定："经海关批准的暂时进境货物，应当缴纳税款的，由海关按照本办法第二章的规定审查确定完税价格。经海关批准留购的暂时进境货物，以海关审查确定的留购价格作为完税价格。"

# 第十一节　公式定价估价方法的特点要素和适用性

## 一、公式定价估价方法的特点要素

随着国际贸易的发展和演变，越来越多的货物长期贸易合同采用公式定价方法。例如，世界石油市场对原油的定价体系就大都采用这种公式定价方法。

公式定价与《WTO 海关估价协定》并不矛盾

公式定价作为国际贸易定价方式，其与《WTO 海关估价协定》并不矛盾。《WTO 海关估价协定》关于"价格复议条款"的规定也确认了该种定价模式的存在。

公式定价与《WTO 海关估价协定》并不矛盾

各国海关在实践中需要解决的是制定与公式定价自身特点相匹配的海关审价方式。

《WTO 海关估价协定》价格复议条款

（1）按商业惯例，有些合同可以规定价格复议条款，在该条款中，价格仅是暂时确定的，应付价格的最后确定决定于合同本身规定的某些因素。

这种情况可能会以各种不同的方式出现。

1）第一种情况是，发出原始订单后相当长的一段时间，供货方予以交付（如专门按订单制造的设备）。合同规定，最后价格依据双方约定的公式确定，承认某些因素的增减额，例如在货物生产过程中发生的劳务费用、原料费用、管理费用以及其他投入。

2）第二种情况是，所订数量的货物在一段时间内制造、交付。尽管每种价格是根据原始合同规定的同一公式推导出来的，但第一个单位的最后价格与最后一个单位以及其他所有单位的最后价格却有所不同。

3）另一种情况是，货物暂时定价，然后，再按销售合同的规定，在货物交付时，按查验或分析的情况确定最后价格（例如，菜油的酸度标准、矿砂的含金属量或羊毛的均匀含量）。

（2）《WTO 海关估价协定》第 1 条规定，进口货物的成交价格以货物的实付或应价格为基础。在对该条款的解释性说明中指出，实付或应付价格应是买方为进口货物向卖方已支付或将支付的总额。因此，在订有价格复议条款的合同中，进口货物的成交价格必须依据按合同规定实付或应付的最后总价予以确定，由于进口货物的实际应付价格可以依据合同订有的资料确定，价格复议条款不应构成不能确定价格的一项要件。

关于这一问题的实际做法，如果在估价时价格复议条款已完全起到了作用，则实付或应付价格已经知悉，不会产生难题，如果价格复议条款与某些变量有关，而这些变量在货物进口后一段时间才能起到作用，情况就不同了。

尽管《WTO 海关估价协定》建议，被估货物的成交价格应尽可能作为完税价格的基础；同时于第 13 条规定了推迟最后确定完税价格的可能性，即使在货物进口时总是不可能确定应付价格，价格复议条款本身也不应妨碍根据《WTO 海关估价协定》第 1 条进行的估价。

## 二、公式定价估价方法在中国的应用

海关总署于 2006 年 3 月发布了海关总署公告 2006 年第 11 号《关于公布海关审定公式定价进口货物完税价格的有关规定》（以下简称为：11 号公告），并于 2006 年 4 月 1 日开始执行。

**海关总署公告 2006 年第 11 号《关于公布海关审定公式定价进口货物完税价格的有关规定》**

为适应国际贸易中存在的以定价公式约定货物价格的贸易实际，规范对公式定价进口货物的海关完税价格审定工作，便利企业通关，根据《中华人民共和国进出口关税条例》和《中华人民共和国海关审定进出口货物完税价格办法》（以下简称《审价办法》）的规定，现将海关审定公式定价进口货物完税价格的有关规定公告如下：

一、本公告所称的公式定价，是指在向中华人民共和国境内销售货物所签订的合同中，买卖双方未以具体明确的数值约定货物价格，而是以约定的定价公式来确定货物结算价格的定价方式。

按照定价公式确定的结算价格是指买方为购买该货物支付的价款总额。

二、对同时符合下列条件的进口货物，海关以买卖双方约定的定价公式所确定的结算价格为基础审定完税价格：

（一）在货物运抵中华人民共和国境内前买卖双方已书面约定定价公式；

（二）结算价格取决于买卖双方均无法控制的客观条件和因素；

（三）自货物申报进口之日起 6 个月内能够根据定价公式确定结算价格；

（四）结算价格符合《审价办法》中成交价格的有关规定。

三、纳税义务人进口列入《公式定价进口货物常见商品名单》（详见附件 1，以下简称《商品名单》）中的货物，应当在公式定价合同签订后 10 个工作日内，向进口地直属海关提出合同备案申请，并提供相关材料。

经审核，海关向纳税义务人出具"公式定价合同海关备案表"（详见附件 2，以下简称"备案表"）。对于符合本公告第二条规定的，海关在"备案表"中注明以结算价格为基础审定完税价格；不符合本公告第二条规定的，海关在"备案表"中注明不符合公告第二条规定。

四、对已经海关备案的合同，如纳税义务人需要进行修改的，应当在修改合同后的 10 个工作日内，报备案海关重新审核。

五、纳税义务人申报进口《商品名单》所列公式定价进口货物时，应当在报关单备注栏目内填报"备案表"中给出的备案号，并向海关提供"备案表"和确定货物完税价格所需的各项资料。

六、对于经海关备案且符合本公告第二条规定的公式定价进口货物，在进口申报时，结算价格已根据定价公式确定的，海关以结算价格为基础审定完税价格；结算价格尚未确定的，纳税义务人在向海关提供税款担保后，可以先行提取货物，待结算价格确定后，海关以结算价格为基础审定完税价格。

对于经海关备案，但不符合本公告第二条规定的公式定价进口货物，海关按照《审价办法》的相关规定，依次按照相同或类似货物成交价格方法、倒扣价格方法、计算价格方法、合理方法等估定完税价格。

七、对于未列入《商品名单》的公式定价进口货物，海关可比照本公告第二条和第六条的规定审定完税价格。

八、海关总署将根据实际情况不定期调整《商品名单》，并对外公告。

九、本公告自 2006 年 4 月 1 日起施行。

特此公告。

附件 1：公式定价进口货物常见商品名单

附件 2：公式定价合同海关备案表

2006 年 3 月 6 日

目前我国采取公式定价的货物主要集中于大宗产品。各地海关针对本关区内进口产品的特点进行探索并总结了诸多审价操作模式，基本上采取了"前期合同备案，后期价格核查"的审价模式，即以企业为税收征管单元，实现税收征管时空前推后移。

我国公式定价估价政策解析

1. 关于公式定价的含义和公式定价必须要件

贸易实践中公式定价表现形式复杂繁多，在定义中设置严格的条件并不利于海关监管，反而可能会造成很多新的公式定价形式由于定义而被排除在公告适用对象之外。11 号公告对公式定价做了较为宽泛的定义，未对其设置严格条件，在一定程度上有利于切合复杂多样的企业贸易实践，同时为将来海关相关立法积累实践基础。

海关实践中认为为公式定价的两个必须要件"买卖双方必须在商品出口之前就已在合同中议定了定价方式或方法"和"依该公式或方法确定或计算出的价格必须取决于某一个买卖双方均无法控制的因素、将来发生的事件或其他客观标准"被列入合同备案后海关重点审核的具体内容。

2. 根据定价公式计算得出的结算价格为成交价格的前提条件

关于"买卖双方均无法控制的客观条件和因素"具体何指？客观条件和因素多指一定时期内影响价格的市场因素，常表现为除买卖双方以外的第三方权威机构的价格。

11 项公告中第二条第三个条件"自货物申报进口之日起 6 个月内能够根据定价公式确定结算价格"主要考虑在实践中虽然可允许企业延期结税，但结税期限不应当是无限制的。由于中国海关允许的最长凭保放行期限为 6 个月，在此我们推定确定结算价格的期限与企业所缴付的保证金期限保持一致。

第四个条件"结算价格符合《审价办法》中成交价格的有关规定"最为严格，审核难度也最大。如果定价公式不符合《审价办法》成交价格的相关规定，海关则会启动估价程序。

公式定价涉及不同行业、不同贸易实际，公式本身也趋于复杂化，因此对海关估价人员提出了更高的专业要求，需要其具备丰富的行业知识以及贸易知识。

# 第三章 外贸企业海关估价筹划要点和实务操作技巧

## 第一节 进出口企业必备海关估价核心知识和应用技术

### 一、充分理解海关估价中的"时间"概念

《WTO海关估价协定》以及我国海关估价制度，均未提及实际交易外部的时间标准，即在决定实付或应付价格是否为计算完税价格有效基础时需要考虑的时间标准。

根据《WTO海关估价协定》第1条的估价方法，确定完税价格的基础是在引起进口的销售中制定的实际价格，交易发生的时间问题是无关紧要的。在这方面，第1条第1款中的"当出售……时"并不是说，在决定某一价格对第一条是否有效时要考虑时间因素。它仅仅表明有关交易的类型——货物输往进口国出口销售的类型。

因此，如果第1条规定的条件均已符合，进口货物的成交价格应该予以接受，而无须考虑销售合同签订的时间，也无须考虑合同签订之日后的市场波动。

实际贸易过程中，货物的价格是随时间而波动的，也就是说，时间是影响价格的因素之一。为了建立一个适用于所有进口货物的统一估价标准，应在定义中对时间这一因素作出具体的规定。如果把销售合同的签订时间作为认定正常价格的法定时间，不能达到适用全部进口货物的目的，特别是在货物不是以销售方式进口（如寄售货物）或销售合同没有具体日期的情况下，统一的目的更难实现。为了解决这一矛盾，当初布鲁塞尔估价定义在价格定义中明确规定，缴纳进口关税的时间即为正常价格的法定时间。

　　一般说来，当进口货物申报进入进口国国内市场消费时，就是该项进口货物缴纳关税的时间。所以，正常价格的法定时间也就是进口货物申报进口并接受海关监管的时间。然而，在进口货物向海关申报的这一过程中存在着有几种细微差别的具体时间，如报关单申报时间、缴纳关税时间和货物放行时间等，虽然这几种具体时间存在差别，但它们都处于向海关呈报单证与实际放行货物的时间范围内，而且在很多情况下，它们之间的差别也只不过是几个小时或几天的时间，对于这种细微的时间差别，布鲁塞尔估价定义是允许的。因此，如下三种时间都作为正常价格的法定时间：

　　（1）申请货物进口消费的报关时间；

　　（2）进口关税的缴纳时间；

　　（3）货物的放行时间。

　　不过这种对法定时间的理解与现实情况有相当大的出入，这种理解等于将正常价格理解为一项现金售价，显然不适应复杂多样的国际贸易交易形式。在国际贸易中，尤其是在建立于信用制度高度发达基础上的现代国际贸易中，按现金售价当场交割的现卖现买的交易是很少发生的，这就意味着布鲁塞尔估价定义所确立的时间常常与销售合同签订的实际时间相矛盾。这个矛盾主要表现在货物销售的时间与交货时间的差别上。销售合同的签订代表的是契约关系的建立，并不意味着有关货物就能立即交予进口商，而是需要经过装船、运输、进口等几个环节后才能进入进口国市场消费，甚至有些合同的生产组织还需要在契约关系建立之后才开始。这样，销售合同签订时间与交货时间总是存在一定的间隔期，在这个间隔期内，由于各种因素的影响，货物的价格总是不断地变动，变动的幅度也不尽相同。时间上的矛盾反映在价格上，就势必对估价产生影响。特别是在采用已付或应付的价格作为估价基础的情况下，为避免和解决这一矛盾，布鲁塞尔估价定义对时间这一因素作了进一步的规定，允许合同签订的实际时间与缴纳进口关税时间两者之间存在一个合理时间差距，即容许时限，这个时限一般为一年以内。因为有了容许时限这个规定，正常价格又可以是一项发生在货物进口前的正常竞争价格，只要合同时间与进口时间的差距在容许时限的范围内，即使市场上的价格在此段时间里发生了变化，在合同签订时，所达成的价格也可被视为缴纳关税时所发生的价格。这样就解决了使用已付或应付的价格作为完税价格基础时可能发生的矛盾。

贸易合同签署时，须考虑容许时限对海关估价的影响，以避免正常价格不被海关接受的状况发生。

## 二、充分理解海关估价中的"数量"概念

进口货物不仅在种类、规格、品名、质量上各不相同，而且在成交数量上也是千差万别，成交价格应按被估的销售数量加以确定。

进口货物的数量常常会对价格产生影响。在国际贸易中出口商一般会对其出口的货物制定相应的价格政策，对于不同的数量范围，给予不同的价格折扣，因此数量的多少，会影响价格的高低。对于不同的货物，属于同一价格等级的数量范围是不同的。

例如，某进口商与出口商签订了一项合同购买某设备，双方约定按以下条件出售：

购买 1 至 250 台　　　　每台价格为 15 美元

购买 251 至 500 台　　　每台价格为 12.50 美元

购买 501 至 1 000 台　　每台价格为 10 美元

进口商和出口商的结算单价与一次性的购买数量紧密关联。一次性购买1 000台比一次性购买 100 台享受到更优惠的结算单价，此为一种常态的交易结算方式。这种情况下，海关在对进口货物估价时，应参照被估货物的数量水平价格标准，估定实际进口数量水平的价格。

需要提醒的是，在讨论数量对成交价格影响时需要关注以下两点。

（一）海关估价以实际进口数量为基础

在上面的例子中，如果进口商与出口商签订购买 1 000 台设备合同。其中500 台输入进口国国内市场消费，另外 500 台输往其他国家。出口商在出售这种设备时，按每台 10 美元的价格出售。但因实际进口数量是 500 台，进口国海关对输入的 500 台设备估价应按每台 12.50 美元的价格估价，完税价格应为 6 250 美元。

（二）数量水平是指一次性约定采购数量

讨论不同数量水平成交价格的正常影响时，需要注意数量水平应该是指一次性约定采购的数量而不应该为累积数量。

例如，某进口商向出口商采购某货物，双方约定按以下数量条款结算：

表 3 - 1

| 购买数量 | 结算单价 |
| --- | --- |
| 累积购买 1 000 件以下（含 1 000 件） | 100 美元 |
| 累积购买数量超过 1 000 件不足 5 000 件（含 5 000 件） | 95 美元 |
| 累积购买数量超过 5 000 件 | 90 美元 |

　　这种结算条款的购买数量并非一次性采购数量，其优惠结算体现为对之前采购的一种价格补偿。这样，即便进口商累积采购量超过 5 000 台，与出口商按每台 90 美元结算，但海关仍可以将 100 美元作为成交价格的认定基础。

　　累积购买数量不是正常的数量水平，因为累积购买得到的优惠价格属于一种返利性补偿行为。

### 三、充分理解海关估价中的"商业水平"概念

　　在现实经济中，绝大多数生产商都不是将其产品直接出售给最终用户。在生产商和最终用户之间存在大量执行不同功能和具有不同名称的营销中介机构，有的中介机构（如批发商和零售商）买进商品，取得商品所有权，然后再出售该商品，他们被称为买卖中间商。有的中介机构（如经纪人和销售代理人）则寻找顾客，有时代表生产商与顾客谈判，但他们没有取得商品所有权，被称为代理中间商。一般商品的营销路径为：生产商—代理商—批发商—零售商—消费者。在上述营销路径中除了生产商和消费者以外，其余都是中间商。从事营销的中间商由于所处的地位和功能不同，可能对商品价格的高低产生影响。

　　所谓商业水平，是指一项销售成交时所处的商业阶段，如生产商与批发商阶段、批发商与零售商阶段、零售商与消费者阶段等。从货物销售的整个过程看，货物生产商首先把货物售予批发商，批发商再把货物售予零售商，最后由零售商把货物售予消费者，这是销售的一般过程。在货物的销售过程中，随着销售阶段的增多和商业水平的不同，货物的价格也就必然提高。因此，在实际交易中，不仅成交量会对价格产生影响，而且商业水平也是引起价格变化的重要因素。

　　如下图所示，生产商直接卖给批发商的单价为 100，卖给零售商的单价为 110，而卖给消费者 & 最终用户的单价为 125。

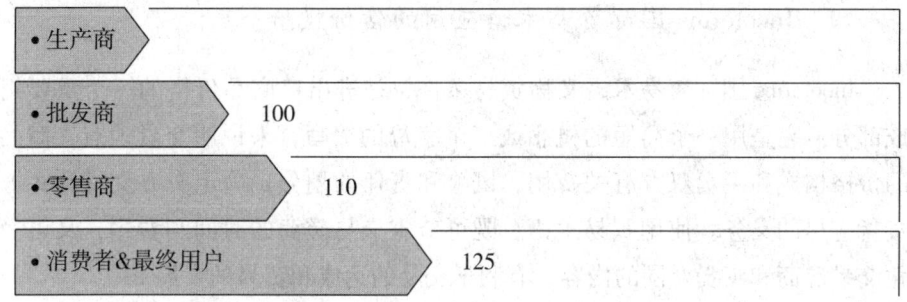

**图 3 - 1 商业水平对成交价格的影响**

海关估价所确立的价格是一项正常竞争的价格，因此，它在对待商业水平这个问题上也应该像对待数量一样，不规定估价的标准商业水平，允许商业水平对价格影响的存在。

这就要求海关对进口货物估价时，必须充分考虑商业水平这一因素，以被估货物销售的实际水平为标准。如果一项进口销售符合公开市场的条件，完税价格就应按这一销售所处的商业水平所达成的价格估定。

需要关注的是，由于商业水平对成交价格的影响，从不同供销渠道采购的结算价格也可能会存在差异。

例如，进口国的消费者直接向外国出口商或向出口商的代销商这两个渠道购买某货物。由于处于不同的商业水平，因而会产生两种不同的价格：

（1）如果向外国出口商直接购买的，每 100 件为 1 500 美元；

（2）如果向外国出口商的代销商购买的，每 100 件为 1 550 美元。

在此情况下，海关对进口货物估价时，应以被估货物销售时所处的商业水平产生的价格为基础。也就是说，如果被估货物的销售是在外国出口商与消费者这一商业水平成交的，其价格为 1 500 美元；如果被估货物的销售是在代销商与消费者这一商业水平成交的，其价格则为 1 550 美元。

以实际商业水平为标准，关键在于被估货物的销售是否符合公开市场的条件。如果货物的进口不是由一项销售合同引起的（如赠送），或货物的进口是由一项不符合条件的销售合同引起的（如有特殊关系的买卖双方所达成的销售合同），那么，实际商业水平就不存在。这时就应以相同或类似货物的符合公开市场条件进行销售时所处的商业水平为准。

### 四、Incoterms 国际贸易术语应用的估价风险

Incoterms 国际贸易术语又称贸易条件，是进出口商品价格的一个重要组成部分。它是用一个简短的概念或三个字母的缩写，来说明交货地点、商品的价格构成和买卖双方有关费用、风险和责任的划分，确定卖方交货和买方接货应尽的义务。使用贸易术语，既可节省交易磋商的时间和费用，又可简化交易磋商和买卖合同的内容，有利于交易的达成和贸易的发展。

当人们一提到 Incoterms 国际贸易术语就不可避免地会联想到国际商会（ICC）。这是因为，长期以来，不同国家和地区对于国际贸易术语有多种不同的解释，而成立于 1919 年的国际商会则把国际贸易术语解释予以统一规范。制订、普及和推广使用国际贸易术语，是国际商会的主要职能之一。

合同双方当事人之间互不了解对方国家的贸易习惯的情况时常出现。这就会引起误解、争议和诉讼，从而浪费时间和费用。为了解决这些问题，国际商会于 1936 年首次公布了一套解释国际贸易术语的规则，名为 Incoterms 1936，以后又于 1953 年、1967 年、1976 年、1980 年、1990 年、2000 年、2010 年对版本进行了补充和修订，以便使这些规则适应当前国际贸易实践的发展。

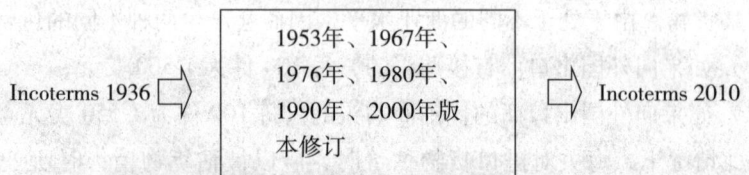

**图 3 - 2　Incoterms 国际贸易术语的发展**

Incoterms 2010 于 2011 年 1 月 1 日生效，它是迄今为止关于国际贸易术语含义的国际惯例的最新版本。

（一）国际贸易术语以及 Incoterms 2010 特点介绍

相对于 Incoterms 2000，Incoterms 2010 考虑了免税贸易区的不断增加，电子沟通在商务中的不断增多，以及被更加重视的货物运输中的安全和变化等问题。同时，它更新并加强了交货规则，使得所有规则的表述更加简洁明确。Incoterms 2010 同时也是第一个使所有在买卖双方中的适用保持中立的第一个国际贸易术语解释版本。

1. Incoterms 2010 架构修订

（1）贸易术语的种数。

Incoterms 2010 新增加"运输终端交货"（DAT）与"目的地交货"（DAP）两种贸易术语，将 Incoterms 2000 中的 13 种贸易术语减少为 11 种。

DAT 取代了 Incoterms 2000 的 DEQ。这意味着：当货物从任何到达的交通工具上卸至买方指定的港口码头或者指定的地点，并在买方处置时，卖方即完成交货。与原先的 DEQ 相同的是，DAT 要求卖方为货物办理出口清关（仅当需要时），但卖方无任何义务办理货物进口入关，支付任何进口税费或者办理进口的任何相关海关手续。但与之前 DEQ 不同的是，在集装箱运输中，DAT 较之前的 DEQ 更加方便实用。因为在集装箱货物运输中，可能集装箱会在某港口卸下后进入堆场并等待再次运输，而并非直接卸在卸货港码头。这种情况下的交货，是原来的 DEQ 所不涉及的。

目的地交货（DAP），取代了 Incoterms 2000 中的 DAF、DES、DEQ 和 DDU。需要注意的是，DAP 适用于任何运输方式，在该贸易术语下，运输工具仍然可以是船舶，指定的目的地可以是港口。可见，新的 DAP 术语完全可以取代之前的 DES 术语。类似的，在 DAP 术语下，卖方承担货物运至指定目的地的一切费用和风险（进口入关费用除外）。

DAT（运输终端交货）
（Delivered At Terminal）：（insert named terminal at port or place of destination）Incoterms　2010
替代了Incoterms 2000中的DEQ术语。（货物已经卸下）

DAP（目的地交货）
（Delivered At Place）：（insert named place of destination）Incoterms 2010
替代了Incoterms 2000中的DAF、DES和DDU术语。（货物未卸下）

**DAT 和 DAP 对应替代关系**

（2）贸易术语的分类。

1）Incoterms 2000 通则中的 13 种术语按术语缩写首字母分成四组，即 E 组（EXW），F 组，C 组以及 D 组。

这种分类反映了卖方对于买方的责任程度。FCA，或者适用国内贸易的

EXW，利用交货的完成以及在尽可能早的时间把风险转移给买方从而赋予卖方最少的责任。相反地，D 组术语，或者说"实质性交货"术语，利用交货的完成以及在尽可能晚的时间把风险转移给买方从而赋予卖方最多的责任。这种分类仍然很重要，尤其是在当事人对 Incoterms 2010 通则中的中 11 种贸易术语作出选择时。

2）Incoterms 2010 通则将这 11 种术语分成了截然不同的两类。

Incoterms & reg；2010 按照所适用的运输方式将贸易术语划分为两大类（适用于各种运输方式类和仅适用于水运类）。

其体系结构如下表所示：

表 3 - 2

| 适用于任何运输方式 | | |
|---|---|---|
| EXW | Ex Works | 工厂交货 |
| FCA | Free Carrier | 向运输人交货 |
| CPT | Carriage Paid To | 运费付至 |
| CIP | Carriage and Insurance Paid To | 运输费及保险费付到指定目的地 |
| DAT | Delivered At Terminal | 运输终端交货 |
| DAP | Delivered At Place | 目的地交货 |
| DDP | Delivered Duty Paid | 完税后交货 |
| 适用于海运及内河水运 | | |
| FAS | Free Alongside Ship | 装运港船边交货 |
| FOB | Free On Board | 装运港船上交货 |
| CFR | Cost and Freight | 成本加运费 |
| CIF | Cost, Insurance and Freight | 成本加运保费 |

2. 国际贸易术语特点介绍

Incoterms 2010 对每个贸易术语都新加了指导性说明。

该说明主要解释了何时适用本术语以及在何种情形下适用其他术语，该术语合同下与货物有关的风险负担何时转移，买卖双方之间的成本或费用以及进出口通关手续如何划分等事宜，以及双方应当明确规定交货的具体地点和未能规定所引起的费用的负担等。

下表列示了 Incoterms 2010 各种贸易术语下的风险及费用、进出口通关手续、运输以及保险事务的划分情况。

表 3－3　Incoterms 2010 国际贸易术语风险及费用、通关和保险事务划分

| 贸易术语 | 完成交货地点<br>（风险及费用的承担转移） | 出口/进口通关手续办理 | 主要运费支付 | 投保保险及付费 | 适用运输方式 |
|---|---|---|---|---|---|
| EXW | 卖方于其营业处所或其他指定地（即工场、工厂、仓库等）将货物交由买方处置时，即完成交货。卖方无须将货物装上任何的运送工具，亦无须办理输出的通关手续 | 买方/买方 | 买方 | 买方 | 适用于一切运输方式 |
| FCA | 卖方于卖方营业处所或其他指定地，将货物交付买方所指定的运送人或另一人即完成交货。尽可能清楚说明指定交货的地点，因为风险在该地点即移转予买方 | 卖方/买方 | 买方 | 买方 | 适用于一切运输方式 |
| FAS | 卖方于约定时间或期间内，将货物运至买方所指定装载港指定船舶边（例如：在码头或驳船上）或购买已交付的货物 | 卖方/买方 | 买方 | 买方 | 只能用于海运或内陆水路运输 |
| FOB | 卖方于约定时间或期间内，将货物装载于买方所指定装载港指定船舶上，或购买已交付的货物 | 卖方/买方 | 买方 | 买方 | 只能用于海运或内陆水路运输 |
| CFR | 卖方于约定时间或期间内，将货物装载于买方所指定装载港指定船舶上，或购买已交付的货物。另卖方尚须签订将货物运至指定之目的港之运送契约并支付相关运费 | 卖方/买方 | 卖方 | 买方 | 只能用于海运或内陆水路运输 |

续表

| 贸易术语 | 完成交货地点<br>（风险及费用的承担转移） | 出口/进口通关手续办理 | 主要运费支付 | 投保保险及付费 | 适用运输方式 |
|---|---|---|---|---|---|
| CIF | 卖方于约定时间或期间内，将货物装载于买方所指定装载港指定船舶上，或购买已如此交付的货物。另卖方尚须签订将货物运至指定之目的港之运送契约与保险契约并支付相关运费与保费 | 卖方/买方 | 卖方 | 卖方 | 只能用于海运或内陆水路运输 |
| CPT | 卖方于指定地点，将货物交付买方所指定的运送人或另一人，卖方订立运送契约并支付至指定目的地所需的运送费用 | 卖方/买方 | 卖方 | 买方 | 适用于一切运输方式 |
| CIP | 卖方依约将货物交付买方所指定的运送人或另一人，且卖方必须订立运送契约及保险契约并支付将货物运送至指定目的地所需的运送费用及保险费 | 卖方/买方 | 卖方 | 卖方 | 适用于一切运输方式 |
| DAT | 卖方于指定目的港或目的地指定终点站，从抵达运送工具卸下时货物交由买方处置，即属卖方交货 | 卖方/买方 | 卖方 | 卖方 | 适用于一切运输方式 |
| DAP | 在进口地指定目的地将尚未办理进口通关手续且尚未卸载的货物交付买方，并承担至此一切费用及风险（不包括进口税） | 卖方/买方 | 卖方 | 卖方 | 适用于一切运输方式 |
| DDP | 同 DAP 但须办妥进口通关手续且包括进口税 | 卖方/买方 | 卖方 | 卖方 | 适用于一切运输方式 |

　　注：尽管 Incoterms 2010 没有规定在 DAT、DAP 及 DDP 等贸易术语条件下，有关海上（或空运）保险义务，但考量卖方交货（风险转移）的地点在进口国，因此，笔者于上表谨慎建议卖方进行投保。

（二）Incoterms 国际贸易术语应用中的海关估价风险

1. 成交方式与 Incoterms 国际贸易术语

报关单填制中海关规定有"成交方式代码表"，代码表中有 6 种成交方式，但除了 CIF、FOB、CFR/C&F，其余的 3 种业已不用。

表 3 - 4　成交方式代码表

| 成交方式代码 | 成交方式名称 | 成交方式代码 | 成交方式名称 |
| --- | --- | --- | --- |
| 1 | CIF | 4 | C&I |
| 2 | CFR/C&F | 5 | 市场价 |
| 3 | FOB | 6 | 垫仓 |

成交方式与国际贸易实务中 Incoterms 贸易术语不是同一个概念。以上成交方式代码表给出的成交方式主要体现成本、运费、保险费等成交价格构成因素，目的在于方便海关确定完税价格和计算税费。成交方式适用于所有的运输方式。

在填制报关单时，要依照结合具体贸易术语应用所涉及的成本、运费、保险费等成交价格构成因素选择适合的成交代码。比如，在报关单填制时，一批空运货物出口实际成交使用的贸易术语是 FCA，但由于海关规定的"成交方式代码表"中没有 FCA，因此不能够填报 FCA。因为 FCA 的价格构成只包括成本不包括运费、保险费，所以应该选择"成交方式代码表"同样只包括成本的成交方式，即按 FOB 填报报关单。尽管 FOB 贸易术语只适用于海运及内河水运，但在填写报关单时填写的"FOB"成交方式适用于所有的运输方式。

 成交方式与 Incoterms 国际贸易术语不是一回事情！

2. Incoterms 国际贸易术语引发的海关估价风险

图 3 - 3 给出了 Incoterms 2010 各贸易术语下的运输及其相关费用、保险费划分示意图。

由于成交方式与国际贸易术语之间的差别，企业在进行通关申报时，由于未充分考虑进口货物的成本、费用构成，可能出现低报完税价格或者是高

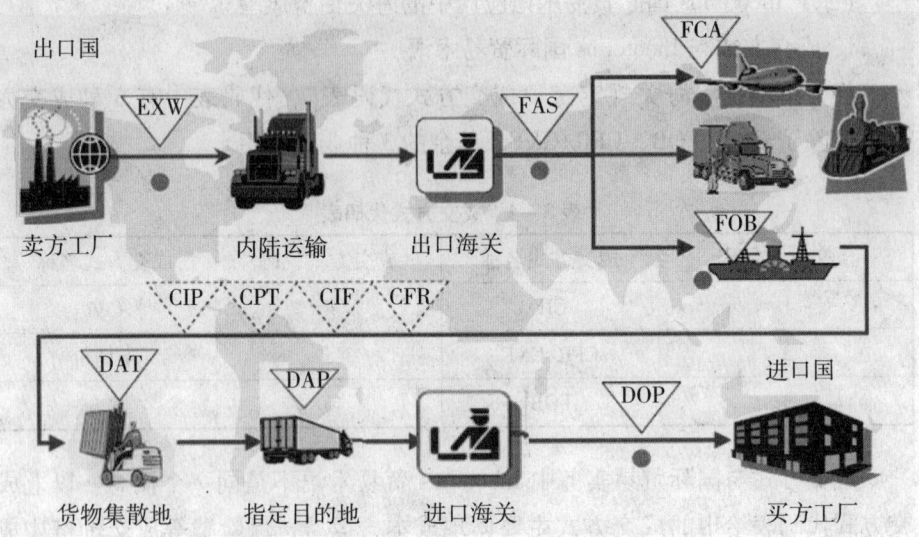

出口国

卖方工厂　　　　内陆运输　　　　出口海关

货物集散地　　　指定目的地　　　进口海关　　　　买方工厂

进口国

图 3－3　Incoterms 2010 国际贸易术语示意图

报完税价格的情况。

（1）低报完税价格。

（注：以下贸易术语均沿用 Incoterms 2010 版）

依照我国《审价办法》规定，"进口货物的完税价格，由海关以该货物的成交价格为基础审查确定，并应当包括货物运抵中华人民共和国境内输入地点起卸前的运输及其相关费用、保险费"。

企业如果在进口申报时，漏计算输入地点起卸前的运输及其相关费用、保险费，就可能引发低报完税价格。

以下以工厂交货贸易术语 EXW、向运输人交货贸易术语 FCA 两种贸易条件下可能出现的情况加以说明。

1）工厂交货贸易术语 EXW。

工厂交货贸易术语 EXW 的交货条件为：卖方须于约定的日期或期间内，在指定交货地（如有约定时）"at the agreed point, if any, at the name place of delivery"。如：卖方营业场所或其他地点（例如，卖方之工厂、仓库……等），将尚未办妥出口通关亦未装载至任何买方安排收货运输工具的货物交由买方处置时，即为卖方已为货物之交付（seller delivers）。

按以上交货条件，卖方不负责指定交货地之后的任何费用，包括搬运费、

图 3 – 4　工厂交货贸易术语 EXW 示意图

运输费、保险费、通关费、劳务费等。因此，如果直接将工厂交货贸易术语 EXW 的交货价格申报为 FOB 价格，就会引发低报完税价格的情况。

2）向运输人交货贸易术语 FCA。

向运输人交货贸易术语 FCA 的交货条件为：如约定在卖方营业场所（seller's premises），卖方须将货物装载于买方所安排或提供的运输工具，始为交货。如约定在卖方营业场所以外地点，卖方须安排运输工具将货物运输至该地点，并将放在卖方运输工具上尚未卸载但随时可以卸货货物（…on the seller's means of transport ready for unloading）交付买方所指定运输人或其他人。

图 3 – 5　向运输人交货贸易术语 FCA 示意图

向运输人交货贸易术语 FCA 的交货条件与工厂交货贸易术语 EXW 的交货条件的区别在于如约定在卖方营业场所（seller's premises），卖方承担装运费用，而发生在装运之后运输费、保险费、通关费、劳务等费用由买方承担。

因此，如果直接将向运输人交货贸易术语 FCA 的交货价格申报为 FOB 价格，也将引发低报完税价格的情况。

（2）高报完税价格。

企业如果在进口申报时，将输入地点起卸后的运输及其相关费用、保险费计入完税价格，就可能引发高报完税价格。

以下以工厂交货贸易术语 EXW、向运输人交货贸易术语 FCA 两种贸易条件下可能出现的情况加以说明。

1）运输费及保险费付到指定目的地贸易术语 CIP。

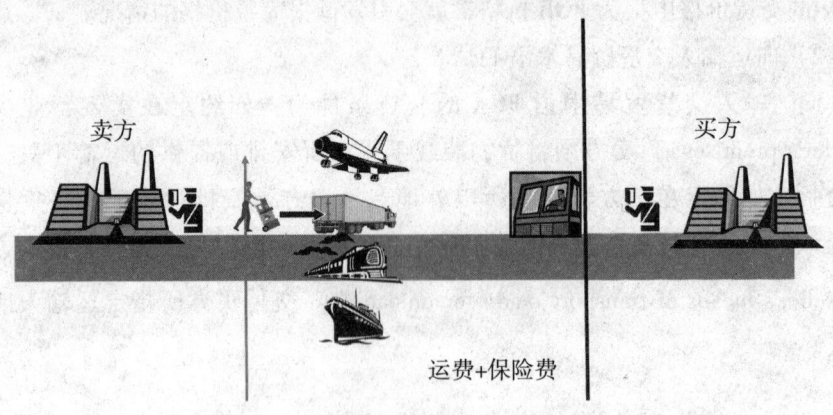

图 3－6　运输费及保险费付到指定目的地贸易术语 CIP 示意图

运输费及保险费付到指定目的地贸易术语 CIP 的交货条件为：卖方交货（delivery）：卖方于出口议定地（at an agreed place）将货物交付买方指定运输人或其他人。但卖方需要承担运输费用，须签署从出口地交货地点运输至进口地指定目的地或在此地区所约定任何地点的运输合同，并支付至此目的地的运输费用，买方无义务为卖方订定运输契约。同时，卖方需要承担保险费用，须对于买方有关货物自出口地指定交货地点至进口地，在运输途中的毁损或灭失所可能产生的风险，投保保险并缴保险费，保险航程至少须涵盖从指定交货地点至指定目的地。

在运输费及保险费付到指定目的地贸易术语 CIP 下，由于卖方承担到指定目的地的运输、保险及其相关费用，包括输入地点起卸后到指定目的地的费用。如果将输入地点起卸后到指定目的地的费用计入完税价格申报，则会引发企业高报完税价格。

2）运输终端交货贸易术语 DAT。

运输终端交货贸易术语 DAT 的交货条件为：卖方于约定日期或期间，在（进口地）目的港或目的地指定终站（terminal at port or place of destination），将已运输抵达此指定地点并已从承运运输工具上完成卸载（once unload）但尚未办妥进口通关手续的货物，交付买方处置时，即为卖方交货。

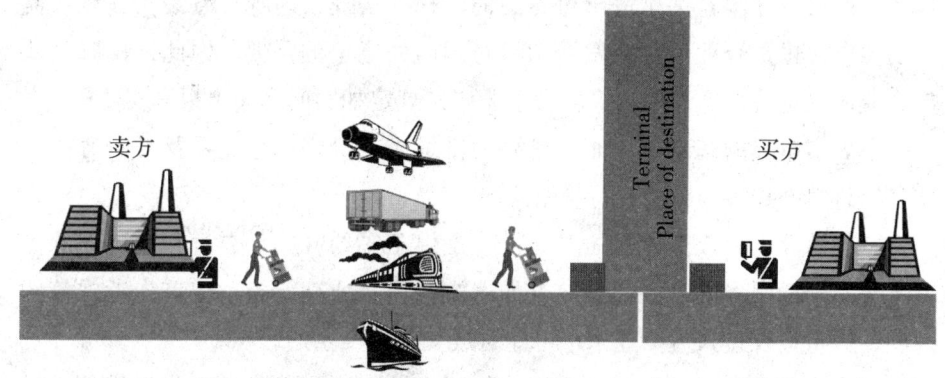

图 3 - 7　运输终端交货贸易术语 DAT 示意图

卖方须承担将货物运送至指定目的港或目的地指定终点站的运输费用，买方对卖方无订立运输合同的义务。尽管 Incoterms 2010 规定 DAT 条件下买卖双方无义务为对方订定保险合同，但出于货物风险一般卖方将投保并承担保险费用。

在运输终端交货贸易术语 DAT 下，由于卖方承担到指定目的地的运输、保险及其相关费用，包括输入地点起卸后到指定目的地的费用。如果将输入地点起卸后到指定目的地的费用计入完税价格申报，则会引发企业高报完税价格。

## 第二节　进出口货物海关估价筹划要点和技巧

就一般进出口货物海关估价筹划要点和技巧，以下采取问答形式加以阐述。

### 一、如何让海关认定企业成交价格的真实性

国家赋予海关依法对进出口货物、进出境物品征收关税和进出口环节税的权利，进出口货物的收发货人或其代理人负有缴纳关税及进出口环节税的

义务。纳税义务人若违反有关法律、行政法规规定，采取各种方式，虚报进出口货物价格，构成走私或者违反海关监管规定行为的，依照《中华人民共和国刑法》、《中华人民共和国海关法》和其他有关法律、行政法规的规定处理。

因此，企业所有进出口活动应始终遵循"守法经营、诚实守信"的经营理念，严格遵守国家关于进出口方面的法律、法规，这既是海关实施有效监管的要求，也是企业生存、发展和参与国内外竞争的需要。因此，让海关认定企业成交价格真实性的前提就是企业应按规定如实向海关申报真实价格。

在如实申报的基础上，如遭遇海关质疑成交价格，企业要及时向海关提交证明材料并积极与海关进行价格磋商。

一般情况下，成交价格的差异往往是由于签约时间、数量和进口方的商业水平不同而引发的，因此进口方如遇海关质疑成交价格，应首先考虑签约时间、数量以及进口方商业水平可能对成交价格产生的影响。

以下为笔者参与的与海关进行价格磋商项目中用到的两个报告案例，供参考。

 **案例1**

### 关于×××公司进口×××产品价格申报情况说明

尊敬的××海关：

兹有我司为中外合作企业，总部设在××，海关注册编码：×××××××，海关企业分类：A类，成立于×××年××月，注册资金：×万美元，总投资额：×××万美元。

自×××年××月××日贵关对我司于×××年××月××日进口×××（报关单号：××××××）提出价格质疑以来，通过与贵关多次交流，在贵关官员的帮助、教育和指导下，对海关估价的法律法规有了更深入的了解，同时也意识到进口价格规范化申报的重要性，在此向贵关致以崇高的敬意、谢意！

我司一直注重企业的公众形象，倡导开明公正、诚信为本的企业文化。公司董事会以及高层领导对本次海关价格质疑高度重视，要求相关部门加强对《WTO 估价协定》、《中华人民共和国海关法》、《中华人民共和国进出口关税条例》、《中华人民共和国海关审定进出口货物完税价格办法》等法规的学习，会同集团总部、境外供应商、贸易合规专家对×××价格申报的合规性进行研讨。

借本次价格磋商之机，谨就我司价格申报情况再次向贵关说明：

经认真分析、比对，对于海关质疑我司价格相对低的原因，我司认为主要是由于我司的商业水平和进口数量决定的。

我司为境外供应商高信用级别的大行业用户，在其客户结构中属于最高的商业水平，同时，我司每年×××采购量约××××吨，占到境外供应商出口到中国总量的 75% 左右（附卖方声明）。

由于商业水平和进口数量的影响，会出现其他商业水平较低、采购数量较少的进口商与境外供应商的结算价格较我司为高的情况。这也符合境外供应商就不同商业水平和数量水平的定价策略。

特此说明。

 **案例 2**

### 关于×××公司进口×××产品价格申报情况说明

××海关：

兹有我司为××独资企业，海关注册编码：×××××××，海关企业分类：A 类，成立于××××年，注册资金：××××万美元，总投资额：××××万美元。

××××年××月××日期间，××海关就我司进口×××产品的价格申报问题向我司提出质疑。我司董事会及高层领导对此项事务高度重视，要求驻外机构、采购事业部、财务部对我司所有×××涉外采购合同和执行情况进行联合审计，并与境外供应商就我司及其他国内采购商所享有的结算价格政策进行确认，同时委托第三方国际资讯机构对×××国际市场销往中国市场行情进行调研。

现将我司综合审计和调研结果向贵关汇报：

我司所属行业为资金密集型产业，各环节的成本变化对企业现金流的影响较大，在与境外供应商签署采购契约时，严格遵守《中国人民共和国合同法》与供应商约定采购和支付条款。在进行报关申报过程，我司一直坚守如实申报原则，向海关申报进口货物的真实成交价格和相关费用。

经核实，我司与客户成交价格完全符合《WTO 估价协定》、《WCO 海关商品估价公约》以及海关总署令第 148 号《海关审定进出口货物完税价格办法》有关商品水平和数量对成交价格的影响作用，成交价格真实且依据涉外合同法规，不存在其他形式的价格补偿。

我司作为行业的领头羊，所享受到的结算价格与我司在整个供应链中所处的商业水平和数量水平相符。我司也没有故意获取和寻求供应商的价格优惠和补偿。

经向供应商调研显示，考虑各客户所处商业水平，供应商同时或大约同时销往中国大陆其他客户的、与我司数量水平相近的×××的结算价格与我司的价格一致，我司并没有得到特别优惠。调研表明，即使不考虑我司一次性采购数量明显多于国内采购同行这一因素，我司的结算价格仍处于同时间的中上结算水平。

我司深知由于交易环境和形势的多种多样，海关估价确实有一定的难度。鉴于我国 2001 年加入 WTO 组织，开始实施《WTO 估价协定》，我司愿意依据《WTO 估价协定》以及中国海关审价办法所确定的估价标准，本着客观、公正、统一的原则，配合海关共同正确确定海关征税的税基。

我司董事会恳请××海关就我司×××价格申报引发的质疑给出详细指导，以促进我司涉外合同签署以及整个供应链的优化，从而避免再次出现的海关价格质疑。

## 二、什么叫做限制性条款，如何判定

限制性条款就是对货物成交价格产生实际性影响的条款。

尽管《WTO 海关估价协定》对何为实质性影响并未作出明确说明，我们可对其进行广泛的理解：只要海关认定，有关价格并没超出进出口贸易惯例所允许的范围，即使该价格可能已受到影响，仍可认为这一价格未受到实质性影响，不影响适用成交价格。例如，某国外汽车制造商基于全球统一发售某种新型汽车的目的，规定进口商不得在某个时间点之前公开发售，显然这一限制对价格无实质性影响。

据此理解，以下性质的合同条款均对成交价格产生实质性影响：

（1）买卖双方的交易规定进口货物只能用于展示或免费赠送；

（2）买卖双方的交易规定进口货物只能转售给与卖方有特殊关系方；

（3）买卖双方的交易规定进口货物加工为成品后必须全部回购。

现实情况下，海关在执法过程中，对进口商所接受的任何限制可能带来的影响应持慎重态度，以免海关对限制条件解释过宽，而不适用成交价格。

### 三、寄售、赠送、搭售、互售等条款对海关审定完税价格的影响

（1）以寄售贸易方式进口的货物，进口货物的所有权没有发生转移；

（2）受赠获得的进口货物未发生买卖行为，即买方获得进口货物而并未支付相应的货币对价；

（3）搭售交易情况下，进口货物的销售价格取决于买方同时向卖方购买特定数量的其他货物；

（4）互售交易下，进口货物的销售价格取决于买方向卖方销售其他货物的价格。

因此，寄售、赠送、搭售、互售等条款将导致进口货物成交价格无法确定，这样就不适合采用成交价格估价方法，进口方可以通过与海关进行价格磋商后，确定采用其他估价方法。

### 四、存在转售收益条款，如何进行海关估价

卖方直接或间接获得因买方转售、处置或使用进口货物而产生的任何收益，可能影响到成交价格估价方法的适用。

将《WTO 海关估价协定》第 1 条款与第 8 条调整条款结合起来分析，可以得知归于卖方收益作为价格调整因素时必须满足两个条件：

（1）这些收益必须符合第 8 条的要求，与进口货物有关；

（2）这些收益必须能被合理确定。如果这些收益与进口货物有关，则根据第 8 条的规定，应该计入。但若这些收益不能被合理确定，则完税价格也不能被确定，此时成交价格就不能成立。因此这些收益是否能被合理确定，是进口货物成交价格是否成立的关键因素。

因此，企业应重点审核买卖合同、协议，或合资（合作）合同、可行性

研究报告等，如果发现存在进口货物的转售收益返还于卖方，有客观量化的数据资料的，可以将其计入完税价格；如果发现有进口货物的转售收益返还于卖方，但无客观量化的数据资料的，进口方需要通过与海关进行价格磋商，确定采用其他估价方法。

### 五、如何识别买方佣金和卖方佣金，其对税费征收的影响

买方佣金指买方为购买进口货物向自己的采购代理人支付的劳务费用。卖方佣金，是支付给卖方代理商的劳务费用。

识别买方佣金和卖方佣金的一种通俗易懂的方法，就是甄别中间代理人是为谁"打工"。

如果中间代理人是为买方"打工"，则买方所支付的佣金属于买方佣金，不用计入完税价格。如果中间代理人是为卖方"打工"，则买方所支付的佣金实为代卖方支付，属于卖方佣金，须计入完税价格。

### 六、如何应对特殊关系对成交价格的影响

这里出现的"成交价格"概念，虽然看似简单，其实蕴含着很多估价技术难题。需要明确的是，海关法律体系框架范围内的"成交价格"概念并不等同于货物实际交易中的成交价格概念。根据《关税条例》和《审价办法》的规定，进口货物的成交价格是要符合一定的条件的，其中很重要的一个条件就是买卖双方之间没有特殊关系，或者虽然有特殊关系但是未对成交价格产生影响。也就是说海关在审定货物完税价格时，重要的一环就是要考察买卖双方是否存在特殊关系，如果有，这种特殊关系是否对成交价格构成了影响。

根据《审价办法》第16条的规定，有8种情形，海关应当认定买卖双方存在特殊关系：

（1）买卖双方为同一家族成员；

（2）买卖双方互为商业上的高级职员或者董事；

（3）一方直接或者间接地受另一方控制；

（4）买卖双方都直接或者间接地受第三方控制；

（5）买卖双方共同直接或者间接地控制第三方；

（6）一方直接或者间接地拥有、控制或者持有对方5%以上（含5%）公

开发行的有表决权的股票或者股份；

（7）一方是另一方的雇员、高级职员或者董事；

（8）买卖双方是同一合伙的成员。

此外，买卖双方在经营上相互有联系，一方是另一方的独家代理、独家经销或者独家受让人，如果符合上面的 8 种情况，也应当视为存在特殊关系。

当然，即使买卖双方存在特殊关系，也不必然会对成交价格构成影响。如果纳税义务人能证明其成交价格与同时或者大约同时发生的下列任何一款价格相近的，应当视为特殊关系未对进口货物的成交价格产生影响。

（1）向境内无特殊关系的买方出售的相同或者类似进口货物的成交价格；

（2）按照《审价办法》第 22 条规定的倒扣价格估价方法所确定的相同或者类似进口货物的完税价格；

（3）按照《审价办法》第 24 条规定的计算价格估价方法所确定的相同或者类似进口货物的完税价格。

值得一提的是，根据《审价办法》的规定，买卖双方之间存在特殊经济关系一旦被海关审查认定后，纳税义务人对特殊关系未对成交价格产生影响负有举证责任，也就是所谓的举证责任倒置。这一点似乎与《WTO 海关估价协定》相违背。

### 七、如何理解数项价格中以最低者为准

在运用相同或类似货物成交价格估价方法对进口货物进行估价时，如果相同货物存在两种或两种以上成交价格时，根据《WTO 海关估价协定》第 2 条第 3 款规定，"在适用本条时，如可认定相同货物具有一个以上的成交价格，则应使用最低的成交价格确定进口货物的完税价格"，即所谓的从低原则。

从低原则似乎对进口商有利，不过这一条款效用的实现，取决于是否"可认可"。由于《WTO 海关估价协定》规定，对于相同或类似货物成交价格估价方法，要求"以能清楚地确认其合理性和正确性的证据为基础"，如果进口商对相同或类似货物成交价格持有异议，而海关又不能披露足够的信息资料的情况下，这种信息资料的不可得性，就会常常使得相同或类似货物成交价格估价方法不能适用。因此在不少情况下，进口商和海关宁可采用倒扣价格或计算价格估价方法，而不愿采用相同或类似货物成交价格

估价方法。

运用相同或类似货物成交价格估价方法时，应注意适用次序，如果同时存在几种相同或类似货物时，应选用以下次序：

（1）同一制造商制造的相同货物；

（2）不同制造商制造的相同货物；

（3）同一制造商制造的类似货物；

（4）不同制造商制造的类似货物。

### 八、倒扣价格方法对反倾销关税的影响

对于进口环节缴纳反倾销关税采用倒扣价格估价方法进行估价时，反倾销关税应作为海关关税和其他国内税予以扣除。

## 第三节　进出口货物涉及特许权使用费的海关估价筹划要点和技巧

### 一、特许权使用费的种类

特许权使用费的实际应用情况，可能会由于各国法律制度的不同而存在差异。为了统一分析，将特许权使用费划分为以下几类：

（1）专利权使用费；

（2）商标权使用费；

（3）著作权使用费；

（4）专有技术使用费；

（5）分销或转售权费；

（6）其他类似费用。

下面对易引发混淆的专利权使用费、商标权使用费以及分销或转售权费专门进行阐述。

（一）专利权使用费

专利是授予创造发明在一定时期内的专有权利，取得专利的创造发明人在一定时期内对该创造发明享有制造、使用、销售有关产品的的专有权，其他任何人未经许可不得制造、使用和销售其产品。在专利保护期限终止后，该创造发明属于公共拥有，各国保护期限不一。

海关估价所涉及的专利权，可根据对专利权拥有的情况来进行讨论。

1. 进口货物是依据制造商拥有或许可的专利生产的

这种情况下，专利与进口货物的生产有关，若制造商没有专利就无法生产与其相关的产品。专利权无论是制造商自己所拥有还是他人所赋予，都是进行生产所必备的要素，与其相关的成本显然是生产该产品的必要支付，是该产品价值的一部分。无论是货款和专利权使用费分开支付，还是制造商指使进口商直接向赋予其专利的第三方支付专利权使用费，都不能改变以下事实：此类专利的支付不仅与进口货物有关，而且是该货物出口销售的一项条件。因此，专利权使用费构成完税价格的一部分。

案例：进口商 I 从制造商 M 处购得一批浓缩物，M 为专利权所有人。进口的浓缩物只须用普通水稀释和零售包装等简单处理后在进口国销售。作为销售的一项条件，I 除按要求支付货价外还得向 M 支付使用专利浓缩物配制零售商品的专利权使用费，专利权使用费按制成品的销售价格而定。（参阅《咨询性意见》4.4）

该项专利权使用费是一项与进口货物有关的支付款项，即要求买方支付并作为货物销售的一项要件。因此，该专利费应计入有关的实付或应付价格中。

2. 进口货物是依据第三方拥有的专利生产的

某进口货物为专利产品，而国外制造商不拥有该专利权，该制造商为生产该进口货物向拥有该专利权的第三方购买此专利。专利权使用费的支付有两种可能，一是专利权使用费由制造商支付，此时其会将该费用计入该货物的实付或应付价格中；二是制造商指使进口商向第三方支付专利权使用费，此时应将该支付视为一种间接支付，计入完税价格。

案例：进口商向国外制造商购买一台机器，该机器制造的专利权为第三方所有，合同规定制造商的货价中不包括专利权使用费，专利权使用费由进口商向拥有专利权的第三方支付。在这种情况下，买方支付的专利权使用费与被估货物有关，而且又是该货物的一个销售条件，因而专利权使用费应计入完税价格。

3. 进口货物依据进口商拥有的专利生产的

制造商根据进口商拥有的专利生产进口货物，不存在进口商向制造商支付专利权使用费的问题，因此也就不存在这方面价格调整问题。

但是如果买方所拥有的专利权是从某一第三方处购买或经许可而得到的，该项权利为制造商生产进口产品所使用，那么支付给第三方的专利许可费可视为是一种间接支付，构成有关销售的一项条件。否则制造商无法生产以及按目前议定价格出售这些产品。该专利许可费应计入完税价格。

以上分析了三种情况，在估价实践中要把握专利权使用费的支付是否与进口货物有关以及是否构成进口货物的一项销售条件。

案例：进口商进口某种中间产品，目的是为了生产某种最终产品。而国外出口商（制造商）拥有生产最终产品的专利。因此为了生产最终产品，进口商在购买中间产品的同时又购买了生产最终产品的专利，将货款和专利权使用费一起支付给出口商（制造商）。

在这种情况下，进口的是中间产品，专利是有关生产最终产品的，因此专利权使用费与进口货物无关，该专利权使用费不能成为有关价格的一部分。

案例：进口商 I 为生产某种产品，须获得生产该产品的某项工序的专利权，进口商向该专利所有人 H 以用该项工序生产的产品数量支付专利权使用费。为了使用该工序生产该产品，须进口一台专门机器。在一项单独合同中，I 设计并向外国制造商 E 购买了一台这种专门机器。当该机器进口时，因专利工序而支付的专利权使用费是否构成该机器实付或应付价格的一部分？

虽然该专利权使用费的支付对象是包含在机器内的专利工序，由于支付专利权使用费不是该台机器出口销售至进口国的一项条件，所以，专利权使用费不能构成海关完税价格的一部分。（参阅《咨询性意见》4.3）

（二）商标权使用费

商标是制造商或经销商对其生产、制造、加工或经销的商品或服务所使用的区别于其他商品或服务的标志，它是其商品或服务质量的一种承诺。商标经政府有关部门核准注册，称为注册商标，注册人取得商标专用权，受法律保护。其他人想使用该已注册的商标，须与商标所有人（注册人）签订商标使用许可合同，并支付一定的费用。

海关估价所涉及的商标是指已在进口国注册、受法律保护的商标，并且是进口商为了在进口国内转售进口货物而购买的商标。进口商因购买商标而支付的费用是否应计入完税价格，关键在于有关货物是否以该商标转售，若回答是否定的，说明该商标与有关货物无关，其费用不应构成完税价格的一部分；若回答是肯定的，说明该商标与有关货物有关，但还要看进口商是否可无须支付商标费就可以得到该货物，即支付商标费是否是该货物出口销售的一项条件。如果进口商不支付商标费，就可买到该货物，则该商标费就不能计入，否则就应成为完税价格的一部分。

在进口国的注册商标，根据其所有人的不同，可以分为以下三种情况，即商标为进口商所有、商标为第三方所有或商标为制造商（出口商）所有。

1. 商标为进口商所有

在这种情况下，进口商在进口国内转售进口货物时，无须向任何人支付商标费，因而也就不存在是否将商标费计入被估货物完税价格的问题。

2. 商标为第三方所有

在这种情况下，应把进口货物的支付与在进口国的商标使用费的支付严格分开，二者应付的对象是不同的。商标费的支付与进口货物无关，又不是该货物出口销售的一项条件，因此该商标使用费不应计入完税价格。

3. 商标为制造商（出口商）所有

这是一种在国际贸易中经常遇到的情况。货款和商标使用费的应付对象为同一个人。《WTO 海关估价协定》对这种情况未明确说明。而美国却采取如下立场："除非买方能够证明有关权利的支付可与进口商品的实付或应付价格相区分，而且并非是进口商品输往美国出口销售的一项要件，否则买方支付给卖方的专利许可费将被作为一个加项。"（引自《行政咨文》（SAA）第49页）

这里强调问题的关键在于商标使用费是否能与有关货物的价格相区分。与上述两种情况相比，现在的情况比较复杂，因为货款和商标使用费的应付对象为同一个人，不存在由于应付对象不同而使两者分开的理由，很难分清在什么情况下有关货物的价格与商标使用费真正需要分开，什么情况下是进口商为了少交关税而人为地将它们分开。

例如，有关货物原来每单位价格和商标使用费分别为 100 000 美元和 10 000 美元，合计为 110 000 美元。现在进出口商通过议定，将 110 000 美元分为每单位价格和商标使用费分别为 10 000 美元和 100 000 美元，从而降低完税价格，这样进口商就可非常容易地减少百分之九十的关税。如果进口商以这种价格申报，进口国海关显然是不会同意的。现在问题在于，什么情况下二者才是真正区分，而不是人为区分。

案例：进口商 I 多年来一直从某国出口商 E 处进口某种商品，该商品的商标权为 S 所有，并且 S 与 E 没有特殊的经济关系。I 为了获得在其国内独家使用该商标的权利，每月必须向 S 支付一定金额的商标使用费。在这种情况下，由于 I 是向第三方支付商标使用费，而且很容易将商标使用费与该商品的货价相区分，因此该商标使用费应该是免税的。后来出于某种原因，S 想转让该商标权，E 也愿意从 S 处买断商标权，并向 I 保证商标使用费不变。这时虽然商品价格和商标使用权的应付对象为同一人（E），但商标使用费不应成为完税价格的一部分。因为以往的客观事实已将二者真正区分开来，其过去是免税项目，现在也应该是免税项目。

从上面案例中可看出，进口货物在进口国内转售时所使用的无形权利原则上不应计入完税价格，关键在于是否能将待估货物的价值与有关权利的价值合理区分，因此这一问题基本上是属于举证问题。

案例：进口商 I 从国外制造商 M 处进口某种货物，M 拥有该货物的商标权，并在进口国内注册了该商标，双方约定 I 以转售价格的 5% 支付给 M，作为 I 在进口国内使用该商标的费用，规定期限为 5 年。目前只能从 M 处获得该货物，且协议期限为 5 年，但可能一两年后 I 具有自行生产该货物的能力，或者 I 可从第三方购买到此种货物。根据商标许可协议，无论 I 是否从 M 处购得该货物，甚至在协议期限内 I 自行生产该货物，I 均须支付给 M 销售价格的 5% 的商标使用费。

在这种情况下，显然货价与商标使用费是相互独立的，不构成该货物出口销售的一项条件。由于商标许可协议并未规定由何人或何处生产该货物的条件，该协议本身也为商标权确立了一项真正独立的价格。由上所述，该商标使用费不应计入该货物的有关价格。

案例：进口商 I 从国外供应商 S 处进口某种化工产品的中间产品，然后将其制成成品转售，并在成品上使用 S 的商标，向 S 支付成品销售收益的 5% 的商标使用费，而且 I 既可自行生产也可从其他供应商处购买该中间产品。

在这种情况下，商标与制成品有关而与进口的中间产品无关，因此该商标使用费不应计入由 S 提供的中间产品的货价中。

案例：制造商 M 在其本国内制造某产品，并在有关国家对该产品的商标进行了注册，享有该产品的商标权。M 只销售带有该商标的货物，而且只售与其特许的经销商，该货物在其他处无法购买。有关国家的特许经销商在购买该货物时按该货物销售收益的 5% 作为商标使用费。

在这种情况下，该商标使用费与该产品有关，并作为出口销售该产品的一项条件，所以该商标使用费应计入有关价格。

（三）分销或转售权费

分销或转售权又称经销权，是指出口企业与国外进口商达成书面协议，规定进口商在特定地区和一定期限内，至少达到一定销售额以经营销售出口企业某些商品的贸易方式。经销可分为独家经销和一般经销两种。经销商与出口企业之间的关系是买卖关系。经销商向出口商购进货物，自行销售，自负盈亏，自担风险。

根据《WTO 海关估价协定》第 8 条的注释规定，"买方为获得进口货物分销或转售权利而支付的费用不得计入进口货物实付或应付价格，如此类支付不构成进口货物向进口国销售供出口的条件"。

一般说来任何一个进口商都期望并得到转售其进口货物的权利，如果在进口时，进口货物仅限于进口商所使用或消费，在这种情况下，经销权的特殊使用费的支付不是进口货物出口销售的一项条件。进口货物进口后附加的经销权所导致的特许权使用费的支付，不可视其为出口销售的一项条件。如果对经销权的支付扩展为对转售权的支付，那么这种支付已与进口货物的出口交易相分离，这是两笔相互独立的交易，这种支付不应成为完税价格的一部分。

## 二、特许权使用费计入完税价格的判定

特许权使用费是否计入有关价格，关键在于是否同时满足以下三个条件。

1. 买方必须直接或间接支付

特许权使用费必须是由买方支付的，且尚未包括在有关价格中的。如果特许权使用费不是由买方直接或间接支付的，该费用不能成为完税价格的一部分；如果特许权使用费已经包括在有关价格中，就不再计入，以免重复计算。

2. 与被估货物有关

确定一项特许权使用费是否与被估货物有关，主要取决于其具体的支付对象，这是一件比较复杂的事情。我们在分析被估货物（有形货物）和权利、信息或服务等（无形货物）的支付关系时，一般应把握一项基本的原则，进口商是否可以无须购买无形货物就可得到有形货物。如果答案是肯定的，则

可认定特许权使用费与被估货物无关，此时应尽可能将它们分开计价；如果答案是否定的，则可认定特许权使用费与被估货物有关。

3. 作为被估货物的一项销售条件

特许权使用费的支付必须是被估货物的一项销售条件，这是判断该费用是否成为被估货物完税价格一部分的重要标准。这里所说的销售是指输入进口国的出口销售，因此有关货物进口后，进口商在进口国内转售该货物时所引起的特许权使用费，即使成为转售的一项条件，也不能成为完税价格的一部分。

依据《审价办法》，符合下列条件之一的特许权使用费，应当视为与进口货物有关：

（1）特许权使用费是用于支付专利权或者专有技术使用权，且进口货物属于下列情形之一的：

1）含有专利或者专有技术的；

2）用专利方法或者专有技术生产的；

3）为实施专利或者专有技术而专门设计或者制造的。

（2）特许权使用费是用于支付商标权，且进口货物属于下列情形之一的：

1）附有商标的；

2）进口后附上商标直接可以销售的；

3）进口时已含有商标权，经过轻度加工后附上商标即可以销售的。

（3）特许权使用费是用于支付著作权，且进口货物属于下列情形之一的：

1）含有软件、文字、乐曲、图片、图像或者其他类似内容的进口货物，包括磁带、磁盘、光盘或者其他类似介质的形式；

2）含有其他享有著作权内容的进口货物。

（4）特许权使用费是用于支付分销权、销售权或者其他类似权利，且进口货物属于下列情形之一的：

1）进口后可以直接销售的；

2）经过轻度加工即可以销售的。

如果买方不支付特许权使用费则不能购得进口货物，或者买方不支付特许权使用费则该货物不能以合同议定的条件成交的，应当视为特许权使用费的支付构成进口货物向中华人民共和国境内销售的条件。

在执行特许权使用费价格稽查时，海关估价人员会重点审核专利、商标、专用技术和著作权的许可、转让和使用协议，审查特许权使用费的支付是否与进口货物有关，是否构成进口货物销售的一项要件，是否包含在申报价格中，并搜集和保留载有特许权使用费条款和金额的相关资料。

特许权使用费是否计入完税价格要考虑以下三个方面：
(1) 特许权使用费的支付是否与进口货物有关；
(2) 是否构成进口货物销售的一项要件；
(3) 特许权使用费是否包含在申报价格中。

特许权使用费的表示方式通常有以下几种：
(1) 以净销售额的百分比表示；
(2) 以净销售额的百分比表示，且每年固定不低于一定金额；
(3) 以进口货物金额的百分比表示；
(4) 以销售净额与进口货物金额之间差额的百分比表示；
(5) 以"提成费"、"入门费"或"技术费"等名称的具体金额表示。

通过对以上特许权使用费表示方式的研究，我们发现，第（1）种表示方式可以在进口环节明确特许权使用费金额，而第（2）～（5）项表示方式，企业都需要在进口结关后，才能够知道特许权使用费的金额。

**案例**1

A 公司向境外 B 公司购买组装发电机和启动电机的专有技术，合同规定买方除了以 1 000 万日元的入门费支付专有技术外，还需要按成品组装后的纯销售价格的 2.1% 提成支付给卖方。另外，该公司还从 B 公司购买了 1 000 套发电机 SKD 散件。

在这个案例当中，由于 A 公司从 B 公司购买的 1 000 套发电机 SKD 散件与所付出的专有技术入门费、提成费无关，并且入门费、提成费的支付也不是 B 公司向 A 公司出售 1 000 套发电机 SKD 散件的必要条件，因而，不需要将入门费、提成费计入发电机 SKD 散件的完税价格。

 案例2

美国A电讯公司拥有多项专利技术，并且是某些商标的唯一独占性所有人。

国内B公司生产电缆组件产品，向美国A公司购买电缆、无线零件等原材料，国内简单拼装后销售。销售使用美国A公司的注册商标签有"商标使用许可协议"，商标权使用费按净销售额的3.5%计算。

以上这个案例中，国内B公司购买原材料后，在国内简单拼装贴上商标销售。商标权使用费与进口产品直接相关，并且是A公司向B公司销售原材料的必要条件，因此，该商标权使用费需要进入原材料进口完税价格。

 案例3

广州海关与某医药公司进行价格磋商后，依照《中华人民共和国进出口关税条例》，对其进口的优甲乐药品进行审价，并成功补税约250万元。

早在2003年7月，广州海关在对2003年上半年该关区进口商品进行风险监控的过程中发现，2003年上半年各月，在该关区申报进口的税号30043900项下药品的平均单价大幅低于同期全国海关该税号的平均单价，并对该关区价格水平产生较大的负面影响。

根据这一异常情况，广州海关立即搜集有关进口企业的相关信息，并锁定德国某药业有限公司（以下简称"德国公司"）进口的优甲乐药品作为核查重点。经进一步了解，2003年前，"德国公司"直接从德国将优甲乐成品出口到中国给国内分销商，其进口申报价格为2.36欧元/瓶（100粒/瓶，50微克/粒）。2003年开始，某药业（中国）有限公司（下称"中国公司"）通过香港某药业有限公司（下称"香港公司"）从"德国公司"进口散装的优甲乐片剂，在境内包装后再在国内销售，进口申报价格分别为39.62欧元/千克（50微克/粒）、72.29欧元/千克（100微克/粒）。

据了解，"中国公司"是"香港公司"在国内投资的全资子公司，而"德国公司"则拥有"香港公司"60%的股权。在国内分销商向"中国公司"

下达销售订单并协定发货计划后，由"香港公司"向"德国公司"下达订购计划，"德国公司"在收到计划后，以空运方式向"中国公司"发运散装优甲乐，"中国公司"收货后进行包装，转售给分销商。其中的"进口药品注册证"、"进口药品分包装批件"均由"德国公司"向国家药监局申请，相关费用均由"德国公司"支付。从整个贸易流程看来，进口优甲乐的买卖双方"中国公司"和"德国公司"存在海关法中认定的特殊关系。

　　广州海关对该进口企业的账册、相关单证进行细致的审核，并要求"中国公司"提供盒装优甲乐片剂成品的销售价格构成。发现其销售价格内包含了开发分摊费用、注册费用、运费等相关费用，而向海关申报的散装优甲乐片剂则仅是该药品的生产成本，并未包含上述相关费用。但是现行《关税条例》第18条、第19条的规定："进口货物的完税价格由海关以符合本条第三款所列条件的成立价格以及该货物运抵中华人民共和国境内输入地点起卸前的运输及其相关费用、保险费为基础审查确定。""进口货物的下列费用当计入完税价格：（四）在境外开发、设计等相关服务的费用"。同时依照《关税条例》第21条，海关与该公司进行了价格磋商。

　　由于适用的法律条文规定明确，广州海关根据该公司提供的单证、资料，依照《关税条例》第18、19条以及《中华人民共和国海关审定进出口货物完税价格办法》第3、4条的规定，在其原申报进口价格的基础上加上该进口药品的开发摊分费用、注册费用、运费确定完税价格。最终，进口申报价格分别由39.62欧元/千克（50微克/粒）、72.29欧元/千克（100微克/粒），提高到欧元85.09/千克、欧元127.14/千克，成功补税约250万元。

# 第四章 外贸企业海关估价风险控制策略

## 第一节 海关估价风险管理策略和方法

针对企业海关估价作业过程中所面临的海关事务风险以及管理现状，在此提出以下海关估价风险管理策略和方法：

1. 合法经营、强化知识培训

企业要求海关营造和谐、宽松、便利、快捷的通关环境，以适应市场国际化竞争的要求，而海关要彻底解决"通得顺、通得快"，企业的规范、诚信、守法是基础，是根本。企业应摒弃"投机钻营"的错误想法，端正企业经营指导思想，诚信为本，守法经营，规避"价格瞒骗"行为的发生。

在合法经营的基础上，企业必须加强对 WTO 估价协议以及我国海关估价执法体系的学习，尽快掌握估价法规，细致了解海关估价操作事项，在估价实践活动中，加强估价证据准备以及强化估价程序管理。只有这样，才能够在面对海关估价争议时，积极主动寻求有利的方法和证据为企业争得利益。

2. 加强内部自查审计，规范化涉外单证、合同管理

为避免海关估价风险，企业必须优化进出口业务审计流程，加强进出口业务的海关估价风险审计。

许多企业在进行单证和合同设计时，未充分考虑海关估价特点，致使涉外单证和合同不规范、价格条款不严谨，导致涉外成交价格最终不被作为海关估价的依据，继而招致海关补税、处罚。因此，企业必须适应《WTO 估价协定》和中国海关估价政策要求，对单证和合同进行全面审查和针对性修正。

---

海关估价是稽查征税的重头戏！
许多企业签署合同的同时就签下了"风险"！！

3. 变"不主动"为"主动"，积极消除海关估价风险

当发现价格申报有误或者存在诸如特殊关系、特许权使用费、转售收益以及其他可能对完税价格认定产生影响的因素时，应该积极主动向海关申报，以避免将来被海关认定为申报不实、伪报和瞒报价格的可能性。

4. 合理利用"延期"

如果海关对进口商申报价格的真实性和准确性表示怀疑，进口商有权进行解释，并应向海关出示合同、信用证、付款凭证等能够证明其申报价格反映进口货物的真实价值的有关证据。

不过，企业向海关解释或申诉肯定需要一定的时间，为保证及时物流供应以及避免滞港损失，企业可以向海关提供足额的担保或者保证金，以便达到尽快通关的目的。

5. 有效运用"预审价"

为避免因估价争议而引发货物滞港，影响企业正常生产。满足海关要求的企业，可以申请进口货物价格预审核，以期实现快速通关。

进口货物价格预审核，是指经纳税义务人申请，海关在货物实际申报进口前对其完税价格进行审核，货物实际申报进口时，海关按照预审价确定的完税价格计征税款，实现快速通关的一种措施。为便于理解，在此列示上海海关试行预审价的管理办法，供参阅。

---

**上海海关公告 2011 年第 3 号《关于试行进口货物价格预审核管理》**

为提高通关效率，保证海关正确审定进口货物的完税价格，根据《中华人民共和国进出口关税条例》、《中华人民共和国海关进出口货物征税管理办法》和《中华人民共和国海关审定进出口货物完税价格办法》（以下简称《审价办法》）等有关规定，按照海关总署有关要求，上海海关（以下简称海关）决定自 2012 年 1 月 1 日起，对本关区进口申报货物试行价格预审核管理。现将有关事项公告如下：

第一条 进口货物价格预审核（以下简称预审价），是指经纳税义务人申请，海关在货物实际申报进口前对其完税价格进行审核，货物实际申报进口时，海关按照预审价确定的完税价格计征税款，实现快速通关的一种措施。

第二条　适用 A 类、AA 类管理的纳税义务人可以向海关申请预审价。

第三条　预审价管理措施试行期间适用商品范围详见《适用商品税号清单》（附件 1）。

海关将结合本关区进口货物实际情况，对适用预审价管理的商品进行调整并对外公布。

第四条　适用海关预审价管理措施的进口货物须同时符合以下条件：

（一）进口货物为一般贸易应税商品；

（二）进口货物为非公式定价商品；

（三）进口货物成交价格已确定并已装运；

（四）能提供证明其成交价格真实性与完整性的相关贸易单证；

（五）进口货物单票合同金额超过 100 万美元。

第五条　符合本公告第二条规定的纳税义务人（以下简称纳税义务人）进口符合本公告第三条和第四条规定的商品时，可以在货物实际申报进口前至少 15 个工作日，书面向价格信息处提交预审价申请，并同时提交下列材料：

（一）《进口货物价格预审核申请单》（以下简称"预审价申请单"，详见附件 2），每一份"预审价申请单"对应一份合同；

（二）合同、发票、装箱单、提单正本或复印件等与货物进口有关的商业单证；

（三）反映交易过程的业务函电及商品资料（包括商品技术资料、品质资料等）、价格行情等；

（四）海关要求提供的其他反映成交价格真实性和完整性的资料。

第六条　申请预审价的纳税义务人应当对申请内容和所提供资料的真实性和完整性负责，并承担相应的法律责任。海关应当依法保守纳税义务人的商业秘密。

第七条　海关在进行预审价的过程中，认为纳税义务人需补充提供材料的，将及时通知纳税义务人补充有关材料，纳税义务人应积极配合并及时提供。

第八条　海关在预审价期间或纳税义务人在补充材料期间货物实际申报进口的，有关纳税义务人应当立即通知海关，海关将停止对纳税义务人预审价申请进行审核。

第九条 海关将按照《审价办法》及相关管理规定对纳税义务人申请提交预审价的商品价格（以下简称"申请价格"）进行审核。

经审核认为纳税义务人申请价格符合成交价格有关规定的，海关将在审核结束后出具"进口货物价格预审核决定书"（以下简称"预审价决定书"，详见附件3）。"预审价决定书"仅对纳税义务人本次申请的货物有效。"预审价决定书"的有效期限为90天，特殊情况，经海关同意可以再延长30天。长期合同进口货物的"预审价决定书"有效期由海关按照合同履行期限确定。

第十条 经审核认为纳税义务人申请价格不符合成交价格有关规定或者成交价格不能确定的，海关将通知纳税义务人按照正常报关程序进口。

第十一条 在海关对预审价申请审核期间或作出预审价结论后，预审价申请时所提交的进口货物合同发生变更的，纳税义务人应当立即向海关书面说明理由，并重新提出预审价申请。

第十二条 在海关对预审价申请审核期间或作出预审价结论后，预审价申请中涉及的货物最终未发生实际进口的，纳税义务人应当立即向海关书面说明理由。

第十三条 海关认为应当撤销原预审价结论并重新进行预审价的，将及时通知申请纳税义务人。

预审价结论撤销时，有关货物尚未申报进口的，海关可以接受纳税义务人重新提出的预审价申请；有关货物已经申报进口且已按照预审价确定的完税价格计征税款的，海关将重新审查确定货物的完税价格。

第十四条 有下列情形之一的，"预审价决定书"自动失效：

（一）预审价结论撤销的；

（二）"预审价决定书"有效期届满的。

第十五条 经预审价的货物实际进口申报时，纳税义务人应在报关单备注栏内填报"预审价决定书"的编号，并向货物实际进口地现场海关递交"预审价决定书"复印件及进口申报所需的各项资料。

第十六条 上海海关出具的"预审价决定书"仅在上海关区内有效。

第十七条 海关为审查预审价进口货物申报价格的真实性、准确性，有权对申请预审价的纳税义务人及预审价货物进行价格核查。

　　海关进行价格核查时，纳税义务人应当积极配合，如实反映运营情况，提供有关书面资料及电子数据，不得拒绝、拖延和隐瞒。

　　第十八条　因纳税义务人未完整申报货物的成交价格而导致预审价进口货物漏缴相关进口环节税的，海关有权对已进口货物的完税价格进行调整并补征相应税款。

　　第十九条　若发现纳税义务人在货物申报和进口过程中违反海关管理规定的，海关依法按照相关规定处理。

　　第二十条　本公告由上海海关负责解释，自发布之日起实行。

　　特此公告。

　　附件略

二〇一一年十二月三十一日

## 第二节　涉外合同海关估价风险审计案例

　　企业涉外合同是海关估价稽查中的重要审查资料，经笔者团队调研，相当多企业的涉外合同存在申报不实、海关估价稽查风险。在此列示笔者参与G公司涉外合同海关估价风险审计案例，供参考。

　　下表为G公司涉外合同海关估价风险审计模板以及审计结果汇总。

表4-1　G公司涉外合同海关估价风险审计结果汇总

| | 审计项目 | 审计说明 | 问题描述 |
|---|---|---|---|
| 涉外采购合同审计 | 贸易术语（Incoterms） | （1）进口合同价格CIP HONG KONG，报关申报FOB<br>（2）出口合同价格CIP HONG KONG，报关申报FOB | （1）进口存在多申报完税价格，从而多缴税的情形<br>（2）出口可能出现少退税的情况 |
| | 数量价格条款 | 无此类条款 | |
| | 企业级别价格条款 | 无此类条款 | |
| | 限制性条款 | 无此类条款 | |

续表

| 审计项目 | | 审计说明 | 问题描述 |
|---|---|---|---|
| 涉外采购合同审计 | 搭售、互售、转售、无成交价格条款 | 无此类条款 | |
| | 买卖双方特殊关系 | 买卖双方存在特殊关系 | 海关未曾就价格申报质疑企业 |
| | 佣金条款 | 无此类条款 | |
| | 包装、容器和劳务费条款 | 无此类条款 | |
| | 买方协助条款 | 无此类条款 | |
| | 特许权使用费 | 无此类条款 | |
| | 货物进口后的基建、安装、装配、维修和技术服务 | 无此类条款 | |
| | 返利性补偿条款 | 无此类条款 | |
| | 奖励性补偿条款 | 无此类条款 | |
| | 处罚性补偿条款 | 无此类条款 | |
| | 其他费用条款 | 无此类条款 | |

一、进口采购合同风险审计

（一）进口采购合同审计问题

（1）目前 G 公司采购合同相对简单，未涉及引发估价争议的相关条款。

（2）目前报关申报采取 FOB 成交方式，在将合同中的 CIP 价格转换为 FOB 价格申报时，由于重复计算 CIP HK 部分的保险费用，存在多向中国海关缴税的情形。

（二）进口采购合同审计问题成因

（1）企业采购合同（形式如下）的贸易术语采取的是 CIP HONG KONG，公司向卖方的结算价格包括进口货物的成本、进口货物抵达香港的运费以及进口货物抵达香港的保险费。

（2）企业报关申报时，按 FOB 成交方式，直接将 CIP 合同价格转换为

FOB 申报价格，最终的完税价格为：

完税价格 = CIP HONG KONG ＋ 香港到大陆的运费 ＋（CIP HONG KONG ＋香港到大陆的运费）×3‰

因为 CIP HONG KONG 价格已经包括了日本到香港的保险费，所以存在重复计算保险费的情况。

（三）进口采购合同审计问题对策

进口报关价格申报保险费时，剔除 CIP HK 价格中已经包含的保险费。

## 二、出口合同风险审计

（一）出口合同审计问题

（1）目前 G 公司销售合同相对简单，没有复杂的约定条款。合同结算价格为 CIP HK 价格。

（2）目前报关申报采取 FOB 成交方式，直接将合同中的 CIP HK 价格转换为 FOB 价格申报，即将 CIP HK 视为 FOB 价格（CIP HK ＞ FOB），企业由此可能引发小额少退税。

（二）出口合同审计问题成因

出口业务计算得到的免抵退税不得免征和抵扣税额不能用于抵扣，而是计入成本。

免抵退税不得免征和抵扣税额 = 出口货物离岸价 × 外汇人民币牌价 ×（出口货物征税率 – 出口货物退税率） – 免抵退税不得免征和抵扣税额抵减额。

由于企业征退率存在差异（出口产品退税率为 9%、13%），这样由于计算得到的免抵退税不得免征和抵扣税额略微偏大，从而可能引发少退税。

（三）出口合同审计问题对策

建议公司出口报关申报时结合 FOB 出口价格并选择合理的成交方式进行申报，以便少退税。

# 第五章　附录

## 附录一　关于实施《1994 年关税与贸易总协定》第 7 条的协定——《WTO 海关估价协定》

### 一般介绍性说明

1. 本协定项下完税价格的首要依据是第 1 条所定义的"成交价格"。第 1 条应与第 8 条一起理解，第 8 条特别规定，如被视为构成完税价格组成部分的某些特定要素由买方负担，但未包括在进口货物的实付或应付价格中，则应对实付或应付价格作出调整。第 8 条还规定，在成交价格中应包括以特定货物或服务的形式而非以货币的形式由买方转给卖方的某些因素。第 2 条至第 7 条规定了在根据第 1 条的规定不能确定完税价格时确定完税价格的方法。

2. 如根据第 1 条的规定不能确定完税价格，则在海关和进口商之间通常应进行磋商，以期根据第 2 条或第 3 条的规定得到确定价格的依据。例如，可能发生的情况是，进口商可能掌握关于相同或类似进口货物完税价格的信息，而进口港的海关却不能立即获得此类信息。另一方面，海关可能掌握相同或类似进口货物完税价格的信息，而进口商却不能容易获得此类信息。双方之间的磋商过程在遵守商业机密的要求前提下，可使信息得到交流，以期确定海关估价的适当依据。

3. 第 5 条和第 6 条规定了在不能依据进口货物或相同或类似进口货物的成交价格确定完税价格时用以确定完税价格的两个依据。根据第 5 条第 1 款，完税价格根据货物以进口时的状态向进口国中无特殊关系的买方销售的价格确定。如进口商提出请求，进口商还有权要求对进口后经进一步加工的货物根据第 5 条的规定进行估价。根据第 6 条，完税价格根据计算价格确定。这两种方法都会带来某些困难，因此，应根据第4条的规定给予进口商选择这两种方法适用顺序的权利。

4. 第7条列出了在不能根据前述各条的规定确定完税价格时，如何确定完税价格。

各成员，

注意到多边贸易谈判；

期望促进GATT1994目标的实现，并使发展中国家的国际贸易获得更多的利益；

认识到GATT1994第7条规定的重要性，并期望详述适用这些规定的规则，以便在执行中提供更大的统一性和确定性；

认识到需要一个公平、统一和中性的海关对货物估价的制度，以防止使用任意或虚构的完税价格；

认识到海关对货物估价的依据在最大限度内应为被估价货物的成交价格；

认识到完税价格应依据商业惯例的简单和公正的标准，且估价程序应不区分供货来源而普遍适用；

认识到估价程序不应用于反倾销；

特此协议如下：

## 第一部分　海关估价规则

第1条

1. 进口货物的完税价格应为成交价格，即为该货物出口销售至进口国时依照第8条的规定进行调整后的实付或应付的价格，只要：

（a）不对买方处置或使用该货物设置限制，但下列限制除外：

（i）进口国法律或政府主管机关强制执行或要求的限制；

（ii）对该货物转售地域的限制；或

（iii）对货物价格无实质影响的限制；

（b）销售或价格不受某些使被估价货物的价值无法确定的条件或因素的影响；

（c）卖方不得直接或间接得到买方随后对该货物转售、处置或使用后的任何收入，除非能够依照第8条的规定进行适当调整；以及

（d）买方和卖方无特殊关系，或在买方和卖方有特殊关系的情况下，根

据第 2 款的规定为完税目的的成交价格是可接受的。

2. （a）在确定成交价格是否就第 1 款而言可接受时，买卖双方之间存在属第 15 条范围内的特殊关系的事实本身不得构成将该成交价格视为不能接受的理由。在此种情况下，应审查围绕该项销售的情况，只要此种关系并未影响价格，则即应接受该成交价格。如按照进口商或其他方面提供的信息，海关有理由认为此种关系影响价格，则海关应将其理由告知进口商，并给予进口商作出反应的合理机会。如进口商提出请求，则海关应以书面形式将其理由通知进口商。

（b）在有特殊关系的人之间的销售中，只要进口商证明成交价格非常接近于下列同时或大约同时发生的价格之一，则该成交价格即应被接受，并依照第 1 款的规定对该货物进行估价：

（i）供出口至相同进口国的相同或类似货物售予无特殊关系的买方的成交价格；

（ii）根据第 5 条的规定确定的相同或类似货物的完税价格；

（iii）根据第 6 条的规定确定的相同或类似货物的完税价格。

在适用上述测试价格时，应适当考虑在商业水平、数量水平、第 8 条包含要素以及在买卖双方无特殊关系的销售中卖方承担的费用与在买卖双方有特殊关系的销售中卖方不予承担的费用方面的已证实的差异。

（c）第 2 款（b）项所列测试价格应在进口商自行提出后使用，且仅用于进行比较的目的。不得根据第 2 款（b）项的规定确定替代价格。

第 2 条

1. （a）如进口货物的完税价格不能根据第 1 条的规定确定，则完税价格应为与被估价货物同时或大约同时出口销售至相同进口国的相同货物的成交价格。

（b）在适用本条时，应使用以与被估价货物相同的商业水平销售的、数量实质相同的相同货物的成交价格确定完税价格。如不能认定此种销售，则应使用以不同商业水平销售的和/或数量不同的相同货物的成交价格，并应对可归因于不同商业水平和/或不同数量的差异作出调整，只要此类调整能够依据清楚地确定调整的合理性和准确性的明确证据作出，而无论调整是否导致价格的提高或降低。

2. 如成交价格包括第 8 条第 2 款所指的成本和费用，则应作出调整，以考虑进口货物与所涉相同货物之间由于距离和运输方式的不同而在此类成本和费用方面产生的巨大差异。

3. 在适用本条时，如可认定相同货物具有一个以上的成交价格，则应使用最低的成交价格确定进口货物的完税价格。

第 3 条

1.（a）如进口货物的完税价格不能根据第 1 条和第 2 条的规定确定，则完税价格应为与被估价货物同时或大约同时出口销售至相同进口国的类似货物的成交价格。

（b）在适用本条时，应使用以与被估价货物相同的商业水平销售的、数量实质相同的类似货物的成交价格确定完税价格。如不能认定此种销售，则应使用以不同商业水平销售的和/或数量不同的类似货物的成交价格，并应对可归因于不同商业水平和/或不同数量的差异作出调整，只要此类调整能够根据清楚地确定调整的合理性和准确性的明确的证据作出，而无论调整是否导致价格的提高或降低。

2. 如成交价格包括第 8 条第 2 款所指的成本和费用，则应作出调整，以考虑进口货物与所涉类似货物之间由于距离和运输方式的不同而在此类成本和费用方面产生的巨大差异。

3. 在适用本条时，如可认定类似货物具有一个以上的成交价格，则应使用最低的成交价格确定进口货物的完税价格。

第 4 条

如进口货物的完税价格不能根据第 1 条、第 2 条和第 3 条的规定确定，则完税价格应根据第 5 条的规定确定，或如果完税价格不能根据该条的规定确定，则应根据第 6 条的规定确定，除非在进口商请求下，应将第 5 条和第 6 条适用顺序进行颠倒。

第 5 条

1.（a）如进口货物或相同或类似进口货物在进口国按进口时的状态销售，则根据本条的规定，进口货物的完税价格应依据与被估价货物同时或大约同时进行的售予与销售此类货物无特殊关系买方的最大总量的进口货物或相同或类似进口货物的单位价格确定，但须扣除下列内容：

（i）与在进口国销售同级别或同种类货物有关的通常支付或同意支付的佣金，或通常作为利润和一般费用的附加额；

（ii）运输和保险的通常费用及在进口国内发生的相关费用；

（iii）在适当时，第 8 条第 2 款所指的成本和费用；以及

（iv）在进口国因进口或销售货物而应付的关税和其他国内税。

（b）如进口货物或相同或类似进口货物均未在与被估价货物进口的同时或大约同时销售，则完税价格除须遵守第 1 款（a）项的规定外，应依据进口货物或相同或类似进口货物在被估价货物进口后的最早日期、但在该项进口起 90 天期满前，在进口国以进口时的状态销售的单位价格确定。

2. 如进口货物或相同或类似进口货物均非以进口时的状态在进口国销售，则在进口商请求下，完税价格应依据进口货物经进一步加工后售予与销售此类货物无特殊关系的进口国中买方的最大总量的单位价格确定，同时应考虑加工后的增值部分和第 1 款（a）项规定的扣除内容。

第 6 条

1. 根据本条的规定，进口货物的完税价格应依据计算价格确定。计算价格应由下列金额组成：

（a）生产进口货物所使用的原料和制作或其他加工的成本或价值；

（b）利润额和一般费用，等于通常反映在由出口国生产者制造供向进口国出口的、与被估价货物同级别或同种类的货物的销售中的利润额和一般费用；

（c）反映该成员根据第 8 条第 2 款所作估价选择所必需的所有其他费用的成本或价值。

2. 就确定计算价格而言，任何成员不得要求或强迫不居住在其领土内的任何人呈验或允许其查阅任何账目或其他记录。但是，经生产者同意，并在充分提前通知所涉国家政府且后者不反对调查的条件下，货物的生产者为根据本条的规定确定完税价格的目的所提供的信息可由进口国主管机关在另一国进行核实。

第 7 条

1. 如进口货物的完税价格不能根据第 1 条至第 6 条的规定确定，则应使用与本协定和 GATT1994 第 7 条相一致的原则和总则的合理方法，并依据在进口国中的可获得的数据确定完税价格。

2. 完税价格不得根据本条的规定以下列内容为依据确定：

（a）进口国中生产的货物在该国的销售价格；

（b）规定为估价目的而采用两种备选价格中的较高价格的制度；

（c）出口国国内市场上的货物价格；

（d）依照第6条的规定为相同或类似货物确定的计算价格以外的生产成本；

（e）出口至进口国以外国家的货物的价格；

（f）海关最低限价；或

（g）任意或虚构的价格。

3. 如进口商提出请求，应将根据本条规定确定的完税价格和确定该价格所使用的方法以书面形式通知进口商。

第8条

1. 在根据第1条的规定确定完税价格时，应在进口货物的实付或应付价格中加入：

（a）下列各项，只要由买方负担但未包括在货物实付或应付的价格中：

（i）佣金和经纪费用，购买佣金除外；

（ii）为完税目的而与所涉货物被视为一体的容器费用；

（iii）包装费用，无论是人工费用还是材料费用。

（b）与进口货物的生产和销售供出口有关的、由买方以免费或降低使用成本的方式直接或间接供应的酌情按比例分摊的下列货物和服务的价值，只要该价值未包括在实付或应付的价格中：

（i）进口货物包含的材料、部件、零件和类似货物；

（ii）在生产进口货物过程中使用的工具、冲模、铸模和类似货物；

（iii）在生产进口货物过程中消耗的材料；

（iv）生产进口货物所必需的、在进口国以外的其他地方所从事的工程、开发、工艺、设计工作以及计划和规划。

（c）作为被估价货物销售的条件，买方必须直接或间接支付与被估价货物有关的特许权使用费和许可费，只要此类该特许权使用费和许可费未包括在实付或应付的价格中。

（d）进口货物任何随后进行的转售、处置或使用而使卖方直接或间接获得的收入的任何部分的价值。

2. 每一成员在制定法规时，应对将下列各项内容全部或部分地包括或不包括在完税价格之中作出规定：

（a）进口货物运至进口港或进口地的费用；

（b）与进口货物运至进口港或进口地相关的装卸费和处理费；及

（c）保险费。

3. 根据本条规定加入实付和应付价格中的费用应以客观和可量化的数据为依据。

4. 除本条所规定的内容外，在确定完税价格时，不得将其他内容计入实付或应付价格。

第 9 条

1. 如确定完税价格需要进行货币换算，则使用的汇率应为有关进口国的主管机关正式公布的汇率，并且就此类公布的文件所涉期限而言，汇率应尽可能有效地反映在商业交易中以进口国货币表示的该种货币的现值。

2. 所使用的汇率应为按各成员规定的在出口或进口时实行的汇率。

第 10 条

对于所有属机密性质的信息，或为海关估价的目的而在保密基础上提供的信息，有关主管机关应严格按机密信息处理，未经提供信息的个人或政府的特别允许，有关主管机关不得披露，除非在进行司法程序时要求予以披露。

第 11 条

1. 每一成员的立法应规定在确定完税价格方面，进口商或其他纳税义务人有进行上诉而不受处罚的权利。

2. 可向海关内部一部门或向一独立机构行使上诉而不受处罚的最初权利，但是每一成员的立法应规定可向司法机关提出上诉而不受处罚的权利。

3. 关于上诉决定的通知应送达上诉人，作出该决定的理由应以书面形式提供。并应将进一步上诉的任何权利通知上诉人。

第 12 条

实施本协定的普遍适用的法律、法规、司法决定和行政裁决应由有关进口国以符合 GATT1994 第 10 条的方式予以公布。

第 13 条

如在确定进口货物的完税价格的过程中，需要推迟作出完税价格的最终确定，则货物的进口商仍应能够从海关提取货物，如有此要求，则进口商以涵盖该货物可能最后支付的关税的保证金、存款或其他一些适当工具提供充分的保证。每一成员的立法应为此种情况作出规定。

第 14 条

本协定附件 1 中的注释为本协定的组成部分，本协定各条应与各自的注释一起理解和适用。附件 2 和附件 3 也属本协定的组成部分。

第 15 条

1. 在本协定中：

（a）"进口货物的完税价格"指海关为征收进口货物的从价关税目的所使用的货物的价格；

（b）"进口国"指进口的国家或进口的关税领土；

（c）"生产的"包括种植的、制造的和开采的。

2. 在本协定中：

（a）"相同货物"指在所有方面都相同的货物，包括物理特性、质量和声誉。外观上的微小差别不妨碍在其他方面符合定义的货物被视为相同货物。

（b）"类似货物"指虽然不是在所有方面都相同，但具有相似的特性、相似的组成材料，从而使其具有相同功能，在商业上可以互换的货物。在确定货物是否类似时，待考虑的因素包括货物的质量、声誉和商标的存在等。

（c）"相同货物"和"类似货物"两词不包括（视情况而定）包含或反映工程、开发、工艺、设计工作以及计划和规划、且未根据第 8 条第 1 款（b）项（iv）目进行调整的货物，因为此类因素均在进口国中进行。

（d）除非货物与被估价货物在相同国家生产，否则不应视其为"相同货物"或"类似货物"。

（e）只有生产被估价货物的人不生产相同或类似货物（视情况而定）时，方可考虑由不同的人生产的货物。

3. 在本协定中"同级别或同种类货物"指属由特定产业或产业部门生产的一组或一系列货物中的货物，包括相同或类似货物。

4. 就本协定而言，只有在下列情况下，方可被视为有特殊关系的人：

（a）他们互为商业上的高级职员或董事；

（b）他们是法律承认的商业上的合伙人；

（c）他们是雇主和雇员；

（d）直接或间接拥有、控制或持有双方5%或5%以上有表决权的发行在外的股票的任何人；

（e）其中一人直接或间接控制另一人；

（f）双方直接或间接被一第三人控制；

（g）双方共同直接或间接控制一第三人；或

（h）双方属同一家族成员。

5. 对于在商业上彼此有联系的人，一人是另一人的独家代理人、独家经销人或独家受让人，无论如何称呼，如他们符合第4款的标准，则就本协定而言应被视为有特殊关系的人。

第16条

应书面请求，进口商有权获得进口国海关关于其货物的完税价格如何确定的书面说明。

第17条

本协定的任何规定不得解释为限制或怀疑海关确信为估价目的所提交的任何陈述、单证或申报的真实性或准确性的权利。

## 第二部分 管理、磋商和争端解决

第18条 机构

1. 特此设立海关估价委员会（本协议中称"委员会"），由每一成员的代表组成。委员会应选举自己的主席，通常每年应召开一次会议，或按本协定有关规定所设想的其他情况召开会议，目的在于为各成员提供机会，就任何成员可能影响本协定运用或其目标实现的与海关估价体制管理有关的事项进行磋商，并履行各成员所指定的其他职责。WTO秘书处应担任委员会的秘书处。

2. 应设立海关估价技术委员会（本协定中称"技术委员会"），在海关合作理事会（本协定中称"CCC"）主持下，技术委员会应履行本协定附件2中所述的职责，并依照其中所含议事规则运作。

第19条 磋商和争端解决

1. 除非本协定另有规定，否则《争端解决谅解》适用于本协定项下的磋商和争端解决。

2. 如任何成员认为，由于另一成员或其他成员的行动而使其在本协定项下直接或间接获得的利益丧失或减损，或阻碍本协定任何目标的实现，则该成员为就此事项达成双方满意的解决办法，可请求与所涉成员进行磋商。每一成员应对另一成员提出的磋商请求给予积极考虑。

3. 应请求，技术委员会应向进行磋商的成员提供建议和协助。

4. 为审查与本协定规定有关的争端而设立的专家组，可在争端一方请求下或自行请求技术委员会对任何需要作技术性审议的任何问题进行审查。专家组应确定技术委员会对特定争端的职权范围，并设定接受技术委员会报告的时间。专家组应考虑技术委员会的报告。如技术委员会无法就按照本款规定提交其处理的事项协商一致，则专家组应向争端各方提供就争端向专家组提出其意见的机会。

5. 未经提供机密信息的个人、机构或主管机关的正式授权，向专家组提供的信息不得披露。如要求专家组提供此类信息，但专家组未获得发布此类信息的授权，则经提供该信息的个人、机构或主管机关授权，可提供此类信息的非机密摘要。

## 第三部分　特殊和差别待遇

第 20 条

1. 不属 1979 年 4 月 12 日订立的《关于实施关税与贸易总协定第 7 条的协定》参加方的发展中国家成员可推迟适用本协定的规定，时间不超过自《WTO 协定》对其生效之日起 5 年。选择推迟适用本协定的发展中国家成员应据此通知 WTO 总干事。

2. 除第 1 款之外，不属 1979 年 4 月 12 日订立的《关于实施关税与贸易总协定第 7 条的协定》参加方的发展中国家成员，可推迟适用第 1 条第 2 款（b）项（iii）目和第 6 条，时间不超过它们适用本协定所有其他规定起 3 年。选择推迟适用本款所列明的条款的发展中国家成员应据此通知 WTO 总干事。

3. 发达国家成员应按双方同意的条件，向提出请求的发展中国家成员提供技术援助。在此基础上，发达国家成员应拟订技术援助计划，其中可特别包括人员培训、在制定实施措施过程中的援助、关于海关估价方法信息的提供以及关于适用本协定规定的建议等。

## 第四部分　最后条款

第21条　保留

未经其他成员同意，不得对本协定的任何规定提出保留。

第22条　国家立法

1. 每一成员应保证，在不迟于对其适用本协定规定之日，使其法律、法规和行政程序符合本协定的规定。

2. 每一成员应将其与本协定有关的本国法律和法规的变更及这些法律和法规管理方面的任何变更通知委员会。

第23条　审议

委员会应每年审议本协定的执行和运用情况，同时考虑本协定的目标。委员会应每年将审议所涉期间的进展情况通知货物贸易理事会。

第24条　秘书处

本协定由WTO秘书处提供服务，具体指定由海关合作理事会秘书处提供服务的技术委员会的职责除外。

附件1 解释性说明

## 总体说明

估价方法的适用顺序

1. 第1条至第7条规定了如何根据本协定的规定确定进口货物的完税价格。估价方法按适用的顺序列出。第1条规定了海关估价的首要方法，只要满足该条规定的条件，即依照该条的规定对进口货物进行估价。

2. 如不能根据第1条的规定确定完税价格，则应按顺序使用随后各条中最先能够确定完税价格的条款确定完税价格。除第4条规定外，只有在完税价格无法根据一特定条款确定时，方可按顺序使用下一条款的规定。

3. 如进口商未请求颠倒第5条和第6条的顺序，则应遵循正常顺序。如进口商虽未提出此种请求，但随后证明不能根据第6条的规定确定完税价格，而根据第5条能够确定完税价格，则应根据该条的规定予以确定。

4. 如完税价格无法根据第1条至第6条的规定确定，则应根据第7条的规定确定。

公认会计原则的使用

1. "公认会计原则"指在一特定时间内一国关于下列内容的公认的一致意见或实质性权威支持：何种经济资源和债务应记为资产和债务、资产和债务的何种变化应予记录、如何衡量资产和债务及其变化、何种信息应予披露及如何披露，以及应编制何种财务报表等。这些标准可以是普遍适用的概括性的准则，也可以是详细的做法和程序。

2. 就本协定而言，每一成员的海关应使用与适合所涉条款的该国公认会计原则相一致的方式准备的信息。例如，根据第 5 条的规定对通常的利润和一般费用的确定应使用与进口国公认会计原则相一致的方式准备的信息。另一方面，根据第 6 条的规定对通常的利润和一般费用的确定应使用与生产国公认会计原则相一致的方式准备的信息。又如，在进口国中对第 8 条第 1 款（b）项（ii）目所规定的某一要素的确定应使用与该国公认会计原则相一致的方式准备的信息。

# 关于第 1 条的注释

实付或应付价格

1. 实付或应付价格指买方为进口货物向卖方或为卖方利益而已付或应付的支付总额。支付未必采取资金转移的形式。支付可采取信用证或可转让信用工具的形式。支付可以是直接的，也可以是间接的。间接支付的一个例子是买方全部或部分偿付卖方所欠债务。

2. 买方自负责任所从事的活动，除第 8 条规定的进行调整的活动外，即使可能被视为对卖方有利，也不被视为对卖方的间接支付。因此，在确定完税价格时，此类活动的费用不得计入实付或应付价格。

3. 完税价格不得包括下列费用或成本，只要这些费用或成本可与进口货物的实付或应付价格相区别：

（a）如工厂、机械或设备等进口货物进口后发生的建设、安装、装配、维修或技术援助费用；

（b）进口后的运输费用；

（c）进口国的关税和国内税。

4. 实付或应付价格指对进口货物支付的价格。因此，买方向卖方支付的、与进口货物无关的股息或其他支付不属完税价格的一部分。

第 1 款（a）项（iii）目

在各项限制中，不会致使实付或应付价格不可接受的限制是对货物价格无实质影响的限制。此类限制的一个例子是：卖方要求汽车的购买者在代表新产品年度开始的一固定日期前不出售或展览这些汽车。

第 1 款（b）项

1. 如销售或价格受某些条件或因素的约束，从而使被估价货物的完税价格无法确定，则该成交价格不得为完税目的而被接受。这方面的例子包括：

（a）卖方以买方也将购买指定数量的其他货物为条件而确定进口货物的价格；

（b）进口货物的价格取决于进口货物的买方向进口货物的卖方销售其他货物的价格；

（c）依据与进口货物无关的支付形式确定的价格。例如，进口货物是以卖方将收到一定数量的制成品为条件而提供的半制成品。

2. 但是，与进口货物的生产和销售有关的条件或因素不得导致成交价格被拒绝。例如，买方向卖方提供在进口国进行的工程和设计的事实不得导致就第 1 条而言的成交价格被拒绝。同样，如买方自负责任从事与进口货物的销售有关的活动，即使经卖方同意，这些活动的价值既不是完税价格的一部分，也不应导致成交价格被拒绝。

第 2 款

1. 第 2 款（a）项和（b）项规定了确定成交价格的可接受性的不同方法。

2. 第 2 款（a）项规定，如买方和卖方有特殊关系，则应审查围绕销售的情况，只要此种关系未曾影响价格，即应将成交价格按完税价格接受。这并不意味着在买卖双方有特殊关系的所有情况下均对有关情况进行审查。只有在怀疑价格的可接受性时方要求进行此种审查。如海关不怀疑价格的可接受性，则应接受该价格而不再要求进口商提供进一步的信息。例如，海关以往已对此种关系进行审查，或海关可能已经获得买卖双方的详细信息，并且可能已经通过此种审查或信息确信此种关系并未影响价格。

3. 如海关不进行进一步调查即不能接受成交价格，则海关应给予进口商提供海关审查围绕销售的情况所必需的进一步详细信息的机会。在这方面，海关应准备好审查交易的有关方面，包括买卖双方组织其商业关系的方式和制定所涉价格的方法，以便确定此种关系是否影响价格。如审查表明，虽然根据第 15 条的规定买卖双方有特殊关系，但双方之间的相互买卖如同无特殊关系一样，则此点可证明价格并未受到此种关系的影响。例如，如定价方式与所涉产业的正常定价做法相一致或与卖方制定售予与其无特殊关系的买方的价格的方法相一致，则此点可证明该价格未受此种关系的影响。又如，如证明价格足以收回全部成本加利润，该利润代表该公司在一代表期内（如按年度计）销售同级别或同种类货物所实现的总利润，则可表明该价格未受影响。

4. 第 2 款（b）项向进口商提供机会，使其能够证明成交价格与海关以往接受的"测试"价格非常接近，因此根据第 1 条的规定是可接受的。如符合第二款（b）项规定的测试价格，则不必根据第 2 款（a）项审查影响的问题。如海关已获得充分信息，而不需进行进一步详细调查即可确信第 2 款（b）项中规定的测试价格之一已经符合，则海关即无理由要求进口商证明可符合该测试价格。在第 2 款（b）项中，"无特殊关系的买方"指在任何特定情况下与卖方均无特殊关系的买方。

第 2 款（b）项

在确定一价格是否"非常接近"另一价格时，必须考虑许多因素。这些因素包括进口货物的性质、产业本身的性质、货物进口的季节、以及价格上的差异是否具有商业意义。由于这些因素可因情况不同而不同，无法对每种情况适用一个统一标准，如一固定的百分比。例如，在确定成交价格是否非常接近第 1 条第 2 款（b）项中规定的"测试"价格时，在涉及一种货物的情况下价格上的较小差异可能是不可以接受的，而在涉及另一种货物的情况下价格上的较大差异却可能是可以接受的。

## 关于第 2 条的注释

1. 在适用第 2 条时，海关只要可能即应使用以与被估价货物相同的商业水平销售的、数量实质相同的相同货物的销售。如不能认定此种销售，则可使用在下列三条件中任何一条件下发生的相同货物的销售：

（a）相同商业水平但数量不同的销售；

（b）不同商业水平但数量实质相同的销售；或

（c）不同商业水平和数量不同的销售。

2. 在认定根据三条件中任何一件下的销售后，应视情况对下列因素做出调整：

（a）仅对数量因素；

（b）仅对商业水平因素；或

（c）商业水平和数量因素。

3. "和/或"的措辞允许在上述三条件中任何一条件下在使用销售和做出必要调整方面可以有灵活性。

4. 就第2条而言，相同进口货物的成交价格指按第1款（b）项和第2款的规定做出调整的、已根据第1条接受的完税价格。

5. 由于不同商业水平或不同数量而做出调整的一个条件是：无论此种调整导致价格提高还是降低，只能依据清楚地确定调整的合理性和准确性的明确证据做出，例如包含涉及不同商业水平或不同数量价格的有效价格清单。例如，如被估价进口货物由10个单位的一单货物组成，而唯一存在成交价格的相同进口货物包含500个单位的销售，并且已知卖方给予数量折扣，则可通过采用卖方的价格清单并适用于10个单位的销售的价格完成要求做出的调整。此点并不要求销售必须是按10个单位进行的，只要该价格清单是按其他数量销售的真实情况制定的即可。但是，如无此种客观标准，则根据第2条的规定确定完税价格是不适当的。

## 关于第3条的注释

1. 在适用第3条时，只要可能，海关即应使用与被估价货物相同的商业水平销售的、数量实质相同的类似货物的销售。如不能认定此种销售，则可使用在下列三条件中任何一条件下发生的类似货物的销售：

（a）相同商业水平但数量不同的销售；

（b）不同商业水平但数量实质相同的销售；或

（c）不同商业水平和数量不同的销售。

2. 在认定三条件中任何一条件下的销售后，应视情况对下列因素做出调整：

（a）仅对数量因素；

（b）仅对商业水平因素；或

（c）商业水平和数量因素。

3. "和/或"的措辞允许在上述三条件中任何一条件下在使用销售和做出必要调整方面可以有灵活性。

4. 就第 3 条而言,类似进口货物的成交价格指按第 1 款 (b) 项和第 2 款的规定做出调整的、已根据第 1 条接受的完税价格。

5. 由于不同商业水平或不同数量而做出调整的一个条件是:无论此种调整导致价格提高还是降低,只能依据清楚地确定调整的合理性和准确性的明确证据做出,例如包含涉及不同商业水平或不同数量价格的有效价格清单。如被估价进口货物由 10 个单位的一单货物组成,而唯一存在成交价格的类似进口货物涉及 500 个单位的销售,并且已知卖方给予数量折扣,则可通过采用卖方的价格清单并使用适用于 10 个单位的销售的价格完成要求作出的调整。这并不要求销售必须是按 10 个单位进行的,只要该价格清单是按其他数量销售的真实情况制定的即可。但是,如无此种客观标准,则根据第 3 条的规定确定完税价格是不适当的。

## 关于第 5 条的注释

1. "售予……最大总量货物的单位价格"的措辞指在发生此类销售的进口后的第一级商业水平,售予与销售此类货物无特殊关系的人的最大总量单位的价格。

2. 例如,货物按照可对较大数量的购买给予优惠单位价格的价格清单销售。

| 销售量 | 单位价格 | 销售笔数 | 每一价格总销售量 |
| --- | --- | --- | --- |
| 1 – 10 个单位 | 100 | 5 个单位的 10 笔<br>3 个单位的 5 笔 | 65 |
| 11 – 25 个单位 | 95 | 11 个单位的 5 笔 | 55 |
| 25 个单位以上 | 90 | 30 个单位的 1 笔<br>50 个单位的 1 笔 | 80 |

按一价格销售的最大单位总量是 80;因此,最大总量的单位价格是 90。

3. 又如,发生两笔销售。在第一笔销售中按 95 个货币单位的单位价格出售了 500 个单位的货物。在第二笔销售中按 90 个货币单位的单位价格出售了

400 个单位的货物。在此例中，按一特定价格出售的最大单位数量是 500；因此，最大总量的单位价格是 95。

4. 再如，下列按不同价格销售的不同数量的情况。

（a）销售

| 销售量 | 单位价格 |
| --- | --- |
| 40 个单位 | 100 |
| 30 个单位 | 90 |
| 15 个单位 | 100 |
| 50 个单位 | 95 |
| 25 个单位 | 105 |
| 35 个单位 | 90 |
| 5 个单位 | 100 |

（b）总计

| 总销售量 | 单位价格 |
| --- | --- |
| 65 | 90 |
| 50 | 95 |
| 60 | 100 |
| 25 | 105 |

在此例中，按一特定价格销售的最大单位总量是 65；因此，最大总量的单位价格是 90。

5. 按以上按 1 款所述，对于在进口国中直接或间接免费或以降低使用成本供应用于进口货物的生产和销售供出口的、第 8 条第 1 款（b）项所列任何要素的人的销售，在确定就第 5 条而言的单位价格时不应予以考虑。

6. 应注意的是，第 5 条第 1 款中所指的"利润和一般费用"应作为一个整体对待。用于此种扣除的数字应依据进口商或代表进口商提供的信息确定，除非进口商提供的数字与在进口国销售同级别或同种类进口货物所获得的数字不一致。如进口商的数字与此类数字不一致，则利润和一般费用的金额可依据除进口商或代表进口商提供的有关信息以外的信息确定。

7. "一般费用"包括销售所涉货物的直接或间接费用。

8. 因销售货物而应付的地方税，如未根据第 5 条第 1 款（a）项（ⅳ）目的规定予以扣除，则应根据第 5 条第 1 款（a）（ⅰ）目的规定予以扣除。

9. 在根据第 5 条第 1 款的规定确定佣金或通常的利润和一般费用时，某些货物是否与其他货物属"同级别或同种类"的问题必须参考所涉及的情况逐案予以确定。应审查包括被估价货物的、能够提供必要信息的进口国中范围最窄的一组或一系列同级别或同种类进口货物的销售情况。就第 5 条而言，"同级别或同种类货物"既包括自与被估货物相同国家进口的货物也包括自其他国家进口的货物。

10. 就第 5 条第 1 款（b）项而言，"最早日期"应为进口货物或相同或类似进口货物的销售数量达到足以确定单位价格的水平的日期。

11. 如使用第 5 条第 2 款规定的方法，则对进一步加工增值所作的扣除应根据与此项工作费用有关的客观和可量化的数据。公认的行业准则、制法、施工方法及其他行业惯例可构成计算的依据。

12. 各方理解，如作为进一步加工的结果，进口货物失去其特性，则第 5 条第 2 款中规定的估价方法通常不再适用。但是，可能出现的情况是，虽然进口货物失去特性，但是通过加工而增加的价格可以在没有不合理困难的情况下准确确定。另一方面，还有可能出现的情况是，虽然进口货物在加工后保持其特性，但在进口国所销售的货物中构成很小的要素，而使这种估价方法的运用不合理。鉴于以上情况，此类情况中的每一种均应逐案考虑。

## 关于第 6 条的注释

1. 通常，完税价格根据本协定的规定并依据在进口国中可容易获得的信息予以确定。但是，为确定计算价格，可能需要审查被估价货物的生产成本和需要自进口国外获得的其他信息。此外，在大多数情况下，货物的生产商不属进口国主管机关的管辖范围。计算价格估价方法的使用一般限于买卖双方有特殊关系、且生产商准备向进口国的主管机关提供必要的概算以及为随后可能需要进行的核实创造条件。

2. 第 6 条第 1 款（a）项所指的"成本或价值"应依据生产商或代表生产商提供的有关被估价货物生产方面的信息予以确定。应以生产商的商业往来账目为依据，只要此类账目与生产该货物的国家中适用的公认会计原则相一致。

3. "成本或价值"应包括第 8 条第 1 款（a）项（ii）目和（iii）目中所列要素的费用。还应包括根据第 8 条有关注释的规定酌情按比例分摊的、由买方直接或间接供应用于生产进口货物的、第 8 条第 1 款（b）项所列任何要素。在进口国中进行的第 8 条第 1 款（b）项（iv）目所列要素的价值，只有在记入生产商账目时方可包括在内。各方理解，本款中所指要素的费用或价值在确定计算价格时不得重复计算。

4. 第 6 条第 1 款（b）项所指的"利润和一般费用的金额"应依据生产商或代表生产商提供的信息确定，除非生产商的数字与出口国中生产商制造供向进口国出口的、与被估价货物同级别或同种类的货物中通常反映的数字不一致。

5. 在这方面应当注意的是，"利润和一般费用的金额"必须作为一个整体对待。因此，在任何特定情况下，虽然生产商的利润数字低而生产商的一般费用高，但是生产商的利润和一般费用加在一起仍然与同级别或同种类货物销售中通常反映的数字相一致。例如，一产品在进口国中投放市场，生产商接受零利润或低利润，以抵消与投放市场有关的高额费用，则可能发生此种情况。如生产商能够证明由于特殊商业情况而使销售进口货物利润低，则应考虑生产商的实际利润数字，只要生产商有可证明低利润是合理的正当商业理由，且生产商的定价政策可反映有关产业部门通常的定价政策。例如，由于不可预见的需求减少而使生产商被迫临时降低价格，或如果他们销售货物是为补充在进口国生产的一系列货物，接受低利润以保持竞争力，则可能发生此种情况。如生产商自己的利润和一般费用的数字与出口国中生产商制造供向进口国出口的与被估价货物同级别或同种类货物的销售中通常反映的数字不一致，则利润和一般费用金额可依据除生产商或代表生产商提供的信息以外的有关信息。

6. 在使用除生产商或代表生产商提供的信息以外的信息确定计算价格的情况下，如进口商提出请求，则进口国主管机关应在遵守第 10 条规定的前提下，将该信息的来源、使用的数据以及依据该数据所进行的计算通知进口商。

7. 第 6 条第 1 款（b）项所指的"一般费用"涵盖根据第 6 条第 1 款（a）项所未包括的生产和销售供出口货物的直接或间接费用。

8. 某些货物是否与其他货物属"同级别或同种类"必须参考所涉及的情况逐案予以确定。在确定第 6 条规定的通常利润和一般费用时，应审查包括被估价货物的、能够提供必要信息的进口国中范围最窄的一组或一系列同级别或同种类进口货物的销售情况。就第 6 条而言，"同级别或同种类货物"必须来自与被估价货物相同的国家。

## 关于第 7 条的注释

1. 根据第 7 条的规定确定的完税价格应在最大限度内依据以往确定的完税价格。

2. 根据第 7 条使用的估价方法应为第 1 条至第 6 条规定的方法，但是在适用此类方法时采取合理的灵活性符合第 7 条的目的和规定。

3. 合理灵活性的部分例子如下：

（a）相同货物——关于相同货物应与被估价货物同时或大致同时出口的要求可以灵活解释；在与被估价货物出口国以外的国家生产的相同进口货物可以作为海关估价的依据；可以使用已根据第 5 条和第 6 条的规定确定的相同进口货物的完税价格。

（b）类似货物——关于类似货物应与被估价货物同时或大致同时出口的要求可以灵活解释；在与被估价货物出口国以外的国家生产的类似进口货物可以作为海关估价的依据；可以使用已根据第 5 条和第 6 条的规定确定的类似进口货物的完税价格。

（c）扣除法——第 5 条第 1 款（a）项中关于货物应按"进口时的状态"销售的要求可以灵活解释；"90 天"的要求可以灵活管理。

## 关于第 8 条的注释

第 1 款（a）项（i）目

"购买佣金"一词指进口商向其代理人为代表其在国外购买被估价货物中所提供的服务而支付的费用。

第 1 款（b）项（ii）目

1. 第 8 条第 1 款（b）项（ii）目所列要素分摊到进口货物的问题涉及 2 个因素——即要素本身的价值和价值分摊到进口货物的方式。这些要素的分摊应以适合有关情况的合理方式并依照公认的会计原则进行。

2. 关于要素的价值，如进口商以——特定成本自与其无特殊关系的卖方获得该要素，则该要素的价值即为该成本。如该要素由进口商生产或由与其有特殊关系的人生产，则该价值为生产该要素的成本。如该要素以往被进口商使用过，则无论是由进口商获得的还是由其生产的，为获得该要素的价值，须将最初获得或生产该要素的成本向下调整以反映其曾被使用的事实。

3. 有关要素的价值一经确定，即有必要将该价值分摊到进口货物中。这方面存在多种可能性。例如，如进口商希望一次性支付全部价值的税款，则该价值可分摊到第一批装运货物中。又如，进口商可要求将该价值分摊到直至第一批装运货物发运时已生产的单位数量中。再如，如进口商可要求将价值分摊到对生产订有合同或有确切承诺的全部预计生产中。所使用的分摊方法将取决于进口商所提供的单证。

4. 作为上述内容的例子，一进口商向生产商提供了一件用于生产进口货物的模具，并与生产商订立了购买 10 000 个单位进口货物的合同。到第一批 1 000 个单位的装运物货物到货时，生产商已生产了 4 000 个单位的产品。进口商可要求海关将该模具的价值分摊到 1 000 个单位、4 000 个单位或 10 000 个单位中。

第 1 款（b）项（iv）目

1. 第 8 条第 1 款（b）项（iv）目中所列增加要素应以客观和可量化的数据为依据。为将进口商和海关在确定应增加价值方面的负担减少到最小程度，应尽可能使用买方商业记录系统中的可容易获得的数据。

2. 对于由买方提供的、买方购买或租赁的要素，增加的要素即为购买或租赁的成本。对于在公共范围内可获得的要素均不得增加，但获得这些要素复制品的费用除外。

3. 计算应加入价值的难易程度取决于一特定公司的体制、管理惯例以及其会计方法。

4. 例如，自几个国家进口多种产品的一公司可能保存其在进口国以外的设计中心的记录，从而可以准确表明可归因于一特定产品的费用。在此类情况下，可根据第 8 条的规定适当做出直接调整。

5. 在另一种情况下，一公司可将进口国以外的设计中心的费用作为公司一般管理费用记账，而不分摊到具体产品。在这种情况下，可根据第 8 条的规定，通过将设计中心总费用分摊到从该设计中心获益的全部生产并按单位基数将所分摊的费用加入进口产品中，从而对进口产品做出调整。

6. 当然，以上情况的变化在确定适当分摊方法时需要考虑不同的因素。

7. 如所涉要素的生产涉及许多国家并发生在一段时间内，则调整应限于在进口国以外实际增加至该项要素中的价值。

第 1 款（c）项

1. 第 8 条第 1 款（c）项所指的特许权使用费和许可费，可特别包括对专利、商标和版权所支付的费用。但是，在进口国内复制进口货物的权利所需的费用不得计入进口货物的实付或应付价格。

2. 买方为获得进口货物分销或转售权利而支付的费用不得计入进口货物实付或应付价格，如此类支付不构成进口货物向进口国销售供出口的条件。

第 3 款

如对于根据第 8 条的规定需要增加的要素不存在客观和可量化的数据，则成交价格不能根据第 1 条的规定确定。例如，一特许权使用费是按一特定产品在进口国以升为单位销售的价格支付的，而该产品是按公斤进口的，进口后被制成溶液。如特许权使用费部分依据进口货物，部分依据与进口货无关的其他因素（例如，进口货与国产成分混合而无法分辨，或特许权费无法与买卖双方之间的特殊财务安排区分开来），则试图增加特许权使用费是不适当的。但是，如该项特许权使用费的金额仅依据进口货物，并且容易量化，则可计入实付或应付价格。

## 关于第 9 条的注释

就第 9 条而言，"进口时间"可包括为申报进口的时间。

## 关于第 11 条的注释

1. 第 11 条规定进口商有权就海关对被估价货物所作的估价确定进行上诉。上诉可首先向上一级海关提出，但进口商最后有权向司法机关起诉。

2. "不受处罚"指不得仅因为进口商选择行使上诉权而对其罚款或威胁进行罚款。支付正常的诉讼费用和律师费用不得视为罚款。

但是，第 11 条的任何规定不得阻止一成员要求在上诉前全额缴纳海关已估定的税款。

# 关于第 15 条的注释

第 4 款

就第 15 条而言，"人"一词，在适当时，包括法人。

第 4 款（e）项

就本协定而言，如一人在法律上或经营上处于限制和指导另一方的地位，则前者应被视为控制后者。

附件 2 海关估价技术委员会

1. 按照本协定第 18 条的规定，应在 CCC 主持下设立技术委员会，以期在技术级保证统一解释和适用本协定。

2. 技术委员会的职责应包括下列内容：

（a）审查各成员在海关估价制度的日常管理中产生的具体技术问题，并依据提出的事实就适当的解决办法提供咨询意见。

（b）按请求，研究与本协定有关的估价法律、程序和做法，并就此类研究的结果准备报告。

（c）就本协定的运用和法律地位的技术方面制定和散发年度报告。

（d）就任何成员或委员会可能要求的、就有关进口货物海关估价的任何事项提供信息和建议。此类信息和建议可采取咨询意见、评论或解释性说明的形式。

（e）按请求，便利对各成员的技术援助，以期促进本协定的国际接受。

（f）对专家组根据本协定第 19 条向其提交的事项进行审查；以及

（g）行使委员会可能指定的其他职责。

## 总　　则

3. 技术委员会应努力尝试在合理的较短时间内完成有关具体问题的工作，特别是各成员、委员会或专家组向其提交的工作。按第 19 条第 4 款的规定，专家组应规定接收技术委员会报告的具体时限，技术委员会应在此时限内提交其报告。

4. 技术委员会的活动应酌情得到 CCC 会秘书处的协助。

## 代　　表

5. 每一成员均应有权派代表参加技术委员会。每一成员可指派一名代表和一名或多名副代表作为其在技术委员会的代表。在技术委员会被如此代表的成员在本附件中称为"技术委员会成员"。技术委员会成员的代表可由顾问协助工作。WTO 秘书处也可以观察员身份参加此类会议。

6. 非 WTO 成员的 CCC 成员在技术委员会会议上可由一名代表和一名或多名副代表代表。此类代表应以观察员身份参加技术委员会的会议。

7. 在需经技术委员会主席同意的前提下，CCC 秘书长（在本附件中称"秘书长"）可邀请既不是 WTO 成员也不是 CCC 成员的政府以及政府间国际组织和贸易组织的代表以观察员身份出席技术委员会会议。

8. 技术委员会会议的代表、副代表和顾问的提名应通知秘书长。

技术委员会会议

9. 技术委员会应视需要召开会议，但每年至少 2 次。每次会议的日期应由技术委员会在上次会议上决定。在技术委员会任何成员提出请求下并经技术委员会成员以简单多数通过，或在需要紧急关注的情况下经主席请求，可以改变会议日期。尽管有本款第 1 句的规定，但是技术委员会应在需要时召开会议，以审议由专家组根据本协定第 19 条的规定向其提交的事项。

10. 技术委员会的会议应在 CCC 总部召开，除非另有决定。

11. 秘书长应至少提前 30 天将技术委员会的每届会议的召开日期通知技术委员会全体成员及第 6 款和第 7 款下包括的成员，紧急情况除外。

## 议　　程

12. 每届会议的临时议程应由秘书长制定，并至少在每届会议前 30 天通知技术委员会全体成员及第 6 款和第 7 款下包括的成员，紧急情况除外。议程应包括已经上届会议中技术委员会批准包括在内的所有议题、主席自行提出包括在内的所有议题以及秘书长、委员会或技术委员会的任何成员要求包括在内的所有议题。

13. 技术委员会应在每届会议召开时确定其议程。在会议期间，技术委员会可随时改变议程。

## 官员和议事规则

14. 技术委员会应自其成员代表中选举一名主席、一名或多名副主席。主席和副主席的任期为 1 年。任期届满的主席和副主席有资格再次参选。不再代表技术委员会一成员的主席或副主席的授权应自行终止。

15. 如主席未出席任何会议或其中的一部分，则会议应由一副主席主持。在此种情况下，后者应拥有与主席相同的权力和职责。

16. 会议主席应以主席身份而不以技术委员会一成员代表的身份参加技术委员会的会议议事。

17. 除行使这些规则所授予主席的其他权力外，主席还应宣布每次会议的开幕和闭幕、指导讨论、给予发言权，并按照这些规则控制会议议事。如一发言人的评论与所议事项无关，则主席也可要求其遵守秩序。

18. 在任何事项的讨论中，一代表可提出关于议事程序的问题。在这种情况下，主席应立即宣布裁决。如该裁决受到质疑，则主席应将其提交会议作出决定，除非被否决，否则裁决有效。

19. 秘书长或由秘书长指定的 CCC 秘书处官员应履行技术委员会会议的秘书工作。

## 法定人数和投票

20. 技术委员会成员简单多数的代表构成法定人数。

21. 技术委员会的每一成员拥有一票。技术委员会的决定应经出席会议成员的至少三分之二多数作出。无论就一特定事项的表决结果如何，技术委员会有权向委员会和 CCC 就该事项作出全面报告，表明在有关讨论中表达的不同意见。尽管有本款的以上规定，但是对于专家组提交的事项，技术委员会应经协商一致作出决定。如技术委员会未能就专家组提交的事项达成一致，则技术委员会应提交一份报告，详述该事项的事实，并表明各成员的意见。

## 语言和记录

22. 技术委员会的正式语言为英文、法文和西班牙文。使用三种语言中的任何一种所作的发言或声明应立即译成其他正式语言，除非所有代表团均同意无须进行翻译。使用任何其他语言所作的发言或声明均应在遵守相同条件的前提下，译成英文、法文和西班牙文，但在这种情况下，有关代表团应提供英文、法文或西班牙文的译文。技术委员会的正式文件只使用英文、法文和西班牙文。供技术委员会审议的备忘录和信函必须以正式语言之一提交。

23. 技术委员会对所有会议均应起草报告，且如果主席认为必要，还应起草会议的记录或简要记录。主席或主席指定人员应在委员会和 CCC 的每次会议上就技术委员会的工作进行报告。

附件 3

1. 第 20 条第 1 款关于发展中国家成员推迟 5 年适用本协定的规定在实践中对某些发展中国家成员可能是不够的。在此类情况下，发展中国家成员可以在第 20 条第 1 款所指的期限结束之前提出延长该期限的请求，各方理解，在所涉发展中国家成员能够提出正当理由的情况下，各成员将对此种请求给予积极考虑。

2. 目前根据官方最低限价对货物进行估价的发展中国家可能希望提出保留，以使其能够按各成员议定的条款和条件在有限和过渡性的基础上保留此类价格。

3. 认为本协定第 4 条关于应进口商请求颠倒顺序的规定可能带来真正困难的发展中国家，可能希望按下列条件对第 4 条提出保留：

"……政府保留作出如下规定的权利：即只有在海关同意关于颠倒第 5 条和第 6 条顺序的请求时，本协定第 4 条的有关规定方可适用。"

如发展中国家提出此种保留，各成员应根据本协定第 21 条的规定予以同意。

4. 发展中国家可能希望按下列条件对本协定第 5 条第 2 款提出保留：

"……政府保留作出如下规定的权利：即无论进口商是否提出请求，本协定第 5 条第 2 款的规定应依照该款有关注释的规定适用。"

如发展中国家提出此种保留，各成员应根据本协定第 21 条的规定予以同意。

5. 某些发展中国家在实施本协定第 1 条的过程中在独家代理人、独家经销人和独家受让人对其国家进口方面可能出现问题。如适用本协定的发展中国家成员在实践中出现此类问题，则在此类成员请求下，应对该问题进行研究，以期找到适当的解决办法。

6. 第 17 条认可，在适用本协定时，海关可能需要对为海关估价目的而向其呈验的任何陈述、单证或申报的真实性和准确性进行调查。该条因此认可可以进行调查，例如，为核实与确定完税价格有关的申报或呈验的价格要素是否完整和正确而进行调查。各成员在遵守各自国家的法律和程序的前提下，有权期望进口商在这些调查中进行全面合作。

7. 实付或应付价格包括作为销售进口货物的条件由买方向卖方、或为履行卖方的义务而由买方向第三方实付或应付的全部款项。

## 附录二 中华人民共和国国务院令第 392 号
## 《中华人民共和国进出口关税条例》

### 第一章 总则

**第一条** 为了贯彻对外开放政策，促进对外经济贸易和国民经济的发展，根据《中华人民共和国海关法》（以下简称《海关法》）的有关规定，制定本条例。

**第二条** 中华人民共和国准许进出口的货物、进境物品，除法律、行政法规另有规定外，海关依照本条例规定征收进出口关税。

**第三条** 国务院制定《中华人民共和国进出口税则》（以下简称《税则》）、《中华人民共和国进境物品进口税税率表》（以下简称《进境物品进口税税率表》），规定关税的税目、税则号列和税率，作为本条例的组成部分。

**第四条** 国务院设立关税税则委员会，负责《税则》和《进境物品进口税税率表》的税目、税则号列和税率的调整和解释，报国务院批准后执行；决定实行暂定税率的货物、税率和期限；决定关税配额税率；决定征收反倾销税、反补贴税、保障措施关税、报复性关税以及决定实施其他关税措施；决定特殊情况下税率的适用，以及履行国务院规定的其他职责。

**第五条** 进口货物的收货人、出口货物的发货人、进境物品的所有人，是关税的纳税义务人。

**第六条** 海关及其工作人员应当依照法定职权和法定程序履行关税征管职责，维护国家利益，保护纳税人合法权益，依法接受监督。

**第七条** 纳税义务人有权要求海关对其商业秘密予以保密，海关应当依法为纳税义务人保密。

**第八条** 海关对检举或者协助查获违反本条例行为的单位和个人，应当按照规定给予奖励，并负责保密。

### 第二章 进出口货物关税税率的设置和适用

**第九条** 进口关税设置最惠国税率、协定税率、特惠税率、普通税率、关税配额税率等税率。对进口货物在一定期限内可以实行暂定税率。

出口关税设置出口税率。对出口货物在一定期限内可以实行暂定税率。

**第十条** 原产于共同适用最惠国待遇条款的世界贸易组织成员的进口货物，原产于与中华人民共和国签订含有相互给予最惠国待遇条款的双边贸易协定的国家或者地区的进口货物，以及原产于中华人民共和国境内的进口货物，适用最惠国税率。

原产于与中华人民共和国签订含有关税优惠条款的区域性贸易协定的国家或者地区的进口货物，适用协定税率。

原产于与中华人民共和国签订含有特殊关税优惠条款的贸易协定的国家或者地区的进口货物，适用特惠税率。

原产于本条第一款、第二款和第三款所列以外国家或者地区的进口货物，以及原产地不明的进口货物，适用普通税率。

**第十一条** 适用最惠国税率的进口货物有暂定税率的，应当适用暂定税率；适用协定税率、特惠税率的进口货物有暂定税率的，应当从低适用税率；适用普通税率的进口货物，不适用暂定税率。

适用出口税率的出口货物有暂定税率的，应当适用暂定税率。

**第十二条** 按照国家规定实行关税配额管理的进口货物，关税配额内的，适用关税配额税率；关税配额外的，其税率的适用按照本条例第十条、第十一条的规定执行。

**第十三条** 按照有关法律、行政法规的规定对进口货物采取反倾销、反补贴、保障措施的，其税率的适用按照《中华人民共和国反倾销条例》、《中华人民共和国反补贴条例》和《中华人民共和国保障措施条例》的有关规定执行。

**第十四条** 任何国家或者地区违反与中华人民共和国签订或者共同参加的贸易协定及相关协定，对中华人民共和国在贸易方面采取禁止、限制、加征关税或者其他影响正常贸易的措施的，对原产于该国家或者地区的进口货物可以征收报复性关税，适用报复性关税税率。

征收报复性关税的货物、适用国别、税率、期限和征收办法，由国务院关税税则委员会决定并公布。

**第十五条** 进出口货物，应当适用海关接受该货物申报进口或者出口之日实施的税率。

进口货物到达前，经海关核准先行申报的，应当适用装载该货物的运输工具申报进境之日实施的税率。

转关运输货物税率的适用日期，由海关总署另行规定。

**第十六条**　有下列情形之一，需缴纳税款的，应当适用海关接受申报办理纳税手续之日实施的税率：

（一）保税货物经批准不复运出境的；

（二）减免税货物经批准转让或者移作他用的；

（三）暂准进境货物经批准不复运出境，以及暂准出境货物经批准不复运进境的；

（四）租赁进口货物，分期缴纳税款的。

**第十七条**　补征和退还进出口货物关税，应当按照本条例第十五条或者第十六条的规定确定适用的税率。

因纳税义务人违反规定需要追征税款的，应当适用该行为发生之日实施的税率；行为发生之日不能确定的，适用海关发现该行为之日实施的税率。

## 第三章　进出口货物完税价格的确定

**第十八条**　进口货物的完税价格由海关以符合本条第三款所列条件的成交价格以及该货物运抵中华人民共和国境内输入地点起卸前的运输及其相关费用、保险费为基础审查确定。

进口货物的成交价格，是指卖方向中华人民共和国境内销售该货物时买方为进口该货物向卖方实付、应付的，并按照本条例第十九条、第二十条规定调整后的价款总额，包括直接支付的价款和间接支付的价款。

进口货物的成交价格应当符合下列条件：

（一）对买方处置或者使用该货物不予限制，但法律、行政法规规定实施的限制、对货物转售地域的限制和对货物价格无实质性影响的限制除外；

（二）该货物的成交价格没有因搭售或者其他因素的影响而无法确定；

（三）卖方不得从买方直接或者间接获得因该货物进口后转售、处置或者使用而产生的任何收益，或者虽有收益但能够按照本条例第十九条、第二十条的规定进行调整；

（四）买卖双方没有特殊关系，或者虽有特殊关系但未对成交价格产生影响。

**第十九条** 进口货物的下列费用应当计入完税价格：

（一）由买方负担的购货佣金以外的佣金和经纪费；

（二）由买方负担的在审查确定完税价格时与该货物视为一体的容器的费用；

（三）由买方负担的包装材料费用和包装劳务费用；

（四）与该货物的生产和向中华人民共和国境内销售有关的，由买方以免费或者以低于成本的方式提供并可以按适当比例分摊的料件、工具、模具、消耗材料及类似货物的价款，以及在境外开发、设计等相关服务的费用；

（五）作为该货物向中华人民共和国境内销售的条件，买方必须支付的、与该货物有关的特许权使用费；

（六）卖方直接或者间接从买方获得的该货物进口后转售、处置或者使用的收益。

**第二十条** 进口时在货物的价款中列明的下列税收、费用，不计入该货物的完税价格：

（一）厂房、机械、设备等货物进口后进行建设、安装、装配、维修和技术服务的费用；

（二）进口货物运抵境内输入地点起卸后的运输及其相关费用、保险费；

（三）进口关税及国内税收。

**第二十一条** 进口货物的成交价格不符合本条例第十八条第三款规定条件的，或者成交价格不能确定的，海关经了解有关情况，并与纳税义务人进行价格磋商后，依次以下列价格估定该货物的完税价格：

（一）与该货物同时或者大约同时向中华人民共和国境内销售的相同货物的成交价格；

（二）与该货物同时或者大约同时向中华人民共和国境内销售的类似货物的成交价格；

（三）与该货物进口的同时或者大约同时，将该进口货物、相同或者类似进口货物在第一级销售环节销售给无特殊关系买方最大销售总量的单位价格，但应当扣除本条例第二十二条规定的项目；

（四）按照下列各项总和计算的价格：生产该货物所使用的料件成本和加工费用，向中华人民共和国境内销售同等级或者同种类货物通常的利润和一般费用，该货物运抵境内输入地点起卸前的运输及其相关费用、保险费；

（五）以合理方法估定的价格。

纳税义务人向海关提供有关资料后，可以提出申请，颠倒前款第（三）项和第（四）项的适用次序。

**第二十二条** 按照本条例第二十一条第一款第（三）项规定估定完税价格，应当扣除的项目是指：

（一）同等级或者同种类货物在中华人民共和国境内第一级销售环节销售时通常的利润和一般费用以及通常支付的佣金；

（二）进口货物运抵境内输入地点起卸后的运输及其相关费用、保险费；

（三）进口关税及国内税收。

**第二十三条** 以租赁方式进口的货物，以海关审查确定的该货物的租金作为完税价格。

纳税义务人要求一次性缴纳税款的，纳税义务人可以选择按照本条例第二十一条的规定估定完税价格，或者按照海关审查确定的租金总额作为完税价格。

**第二十四条** 运往境外加工的货物，出境时已向海关报明并在海关规定的期限内复运进境的，应当以境外加工费和料件费以及复运进境的运输及其相关费用和保险费审查确定完税价格。

**第二十五条** 运往境外修理的机械器具、运输工具或者其他货物，出境时已向海关报明并在海关规定的期限内复运进境的，应当以境外修理费和料件费审查确定完税价格。

**第二十六条** 出口货物的完税价格由海关以该货物的成交价格以及该货物运至中华人民共和国境内输出地点装载前的运输及其相关费用、保险费为基础审查确定。

出口货物的成交价格，是指该货物出口时卖方为出口该货物应当向买方直接收取和间接收取的价款总额。

出口关税不计入完税价格。

**第二十七条** 出口货物的成交价格不能确定的，海关经了解有关情况，并与纳税义务人进行价格磋商后，依次以下列价格估定该货物的完税价格：

（一）与该货物同时或者大约同时向同一国家或者地区出口的相同货物的成交价格；

（二）与该货物同时或者大约同时向同一国家或者地区出口的类似货物的

成交价格；

（三）按照下列各项总和计算的价格：境内生产相同或者类似货物的料件成本、加工费用，通常的利润和一般费用，境内发生的运输及其相关费用、保险费；

（四）以合理方法估定的价格。

第二十八条　按照本条例规定计入或者不计入完税价格的成本、费用、税收，应当以客观、可量化的数据为依据。

## 第四章　进出口货物关税的征收

第二十九条　进口货物的纳税义务人应当自运输工具申报进境之日起 14 日内，出口货物的纳税义务人除海关特准的外，应当在货物运抵海关监管区后、装货的 24 小时以前，向货物的进出境地海关申报。进出口货物转关运输的，按照海关总署的规定执行。

进口货物到达前，纳税义务人经海关核准可以先行申报。具体办法由海关总署另行规定。

第三十条　纳税义务人应当依法如实向海关申报，并按照海关的规定提供有关确定完税价格、进行商品归类、确定原产地以及采取反倾销、反补贴或者保障措施等所需的资料；必要时，海关可以要求纳税义务人补充申报。

第三十一条　纳税义务人应当按照《税则》规定的目录条文和归类总规则、类注、章注、子目注释以及其他归类注释，对其申报的进出口货物进行商品归类，并归入相应的税则号列；海关应当依法审核确定该货物的商品归类。

第三十二条　海关可以要求纳税义务人提供确定商品归类所需的有关资料；必要时，海关可以组织化验、检验，并将海关认定的化验、检验结果作为商品归类的依据。

第三十三条　海关为审查申报价格的真实性和准确性，可以查阅、复制与进出口货物有关的合同、发票、账册、结付汇凭证、单据、业务函电、录音录像制品和其他反映买卖双方关系及交易活动的资料。

海关对纳税义务人申报的价格有怀疑并且所涉关税数额较大的，经直属海关关长或者其授权的隶属海关关长批准，凭海关总署统一格式的协助查询账户通知书及有关工作人员的工作证件，可以查询纳税义务人在银行或者其他金融机构开立的单位账户的资金往来情况，并向银行业监督管理机构通报有关情况。

第三十四条　海关对纳税义务人申报的价格有怀疑的，应当将怀疑的理由书面告知纳税义务人，要求其在规定的期限内书面作出说明、提供有关资料。

纳税义务人在规定的期限内未作说明、未提供有关资料的，或者海关仍有理由怀疑申报价格的真实性和准确性的，海关可以不接受纳税义务人申报的价格，并按照本条例第三章的规定估定完税价格。

第三十五条　海关审查确定进出口货物的完税价格后，纳税义务人可以以书面形式要求海关就如何确定其进出口货物的完税价格作出书面说明，海关应当向纳税义务人作出书面说明。

第三十六条　进出口货物关税，以从价计征、从量计征或者国家规定的其他方式征收。

从价计征的计算公式为：应纳税额＝完税价格×关税税率

从量计征的计算公式为：应纳税额＝货物数量×单位税额

第三十七条　纳税义务人应当自海关填发税款缴款书之日起15日内向指定银行缴纳税款。纳税义务人未按期缴纳税款的，从滞纳税款之日起，按日加收滞纳税款万分之五的滞纳金。

海关可以对纳税义务人欠缴税款的情况予以公告。

海关征收关税、滞纳金等，应当制发缴款凭证，缴款凭证格式由海关总署规定。

第三十八条　海关征收关税、滞纳金等，应当按人民币计征。

进出口货物的成交价格以及有关费用以外币计价的，以中国人民银行公布的基准汇率折合为人民币计算完税价格；以基准汇率币种以外的外币计价的，按照国家有关规定套算为人民币计算完税价格。适用汇率的日期由海关总署规定。

第三十九条　纳税义务人因不可抗力或者在国家税收政策调整的情形下，不能按期缴纳税款的，经海关总署批准，可以延期缴纳税款，但是最长不得超过6个月。

第四十条　进出口货物的纳税义务人在规定的纳税期限内有明显的转移、藏匿其应税货物以及其他财产迹象的，海关可以责令纳税义务人提供担保；

纳税义务人不能提供担保的，海关可以按照《海关法》第六十一条的规定采取税收保全措施。

纳税义务人、担保人自缴纳税款期限届满之日起超过 3 个月仍未缴纳税款的，海关可以按照《海关法》第六十条的规定采取强制措施。

**第四十一条** 加工贸易的进口料件按照国家规定保税进口的，其制成品或者进口料件未在规定的期限内出口的，海关按照规定征收进口关税。

加工贸易的进口料件进境时按照国家规定征收进口关税的，其制成品或者进口料件在规定的期限内出口的，海关按照有关规定退还进境时已征收的关税税款。

**第四十二条** 经海关批准暂时进境或者暂时出境的下列货物，在进境或者出境时纳税义务人向海关缴纳相当于应纳税款的保证金或者提供其他担保的，可以暂不缴纳关税，并应当自进境或者出境之日起 6 个月内复运出境或者复运进境；经纳税义务人申请，海关可以根据海关总署的规定延长复运出境或者复运进境的期限：

（一）在展览会、交易会、会议及类似活动中展示或者使用的货物；

（二）文化、体育交流活动中使用的表演、比赛用品；

（三）进行新闻报道或者摄制电影、电视节目使用的仪器、设备及用品；

（四）开展科研、教学、医疗活动使用的仪器、设备及用品；

（五）在本款第（一）项至第（四）项所列活动中使用的交通工具及特种车辆；

（六）货样；

（七）供安装、调试、检测设备时使用的仪器、工具；

（八）盛装货物的容器；

（九）其他用于非商业目的的货物。

第一款所列暂准进境货物在规定的期限内未复运出境的，或者暂准出境货物在规定的期限内未复运进境的，海关应当依法征收关税。

第一款所列可以暂时免征关税范围以外的其他暂准进境货物，应当按照该货物的完税价格和其在境内滞留时间与折旧时间的比例计算征收进口关税。具体办法由海关总署规定。

**第四十三条** 因品质或者规格原因，出口货物自出口之日起 1 年内原状复运进境的，不征收进口关税。

因品质或者规格原因，进口货物自进口之日起 1 年内原状复运出境的，不征收出口关税。

**第四十四条** 因残损、短少、品质不良或者规格不符原因，由进出口货物的发货人、承运人或者保险公司免费补偿或者更换的相同货物，进出口时不征收关税。被免费更换的原进口货物不退运出境或者原出口货物不退运进境的，海关应当对原进出口货物重新按照规定征收关税。

**第四十五条** 下列进出口货物，免征关税：

（一）关税税额在人民币 50 元以下的一票货物；

（二）无商业价值的广告品和货样；

（三）外国政府、国际组织无偿赠送的物资；

（四）在海关放行前损失的货物；

（五）进出境运输工具装载的途中必需的燃料、物料和饮食用品。

在海关放行前遭受损坏的货物，可以根据海关认定的受损程度减征关税。

法律规定的其他免征或者减征关税的货物，海关根据规定予以免征或者减征。

**第四十六条** 特定地区、特定企业或者有特定用途的进出口货物减征或者免征关税，以及临时减征或者免征关税，按照国务院的有关规定执行。

**第四十七条** 进口货物减征或者免征进口环节海关代征税，按照有关法律、行政法规的规定执行。

**第四十八条** 纳税义务人进出口减免税货物的，除另有规定外，应当在进出口该货物之前，按照规定持有关文件向海关办理减免税审批手续。经海关审查符合规定的，予以减征或者免征关税。

**第四十九条** 需由海关监管使用的减免税进口货物，在监管年限内转让或者移作他用需要补税的，海关应当根据该货物进口时间折旧估价，补征进口关税。

特定减免税进口货物的监管年限由海关总署规定。

**第五十条** 有下列情形之一的，纳税义务人自缴纳税款之日起 1 年内，可以申请退还关税，并应当以书面形式向海关说明理由，提供原缴款凭证及相关资料：

（一）已征进口关税的货物，因品质或者规格原因，原状退货复运出境的；

（二）已征出口关税的货物，因品质或者规格原因，原状退货复运进境，并已重新缴纳因出口而退还的国内环节有关税收的；

（三）已征出口关税的货物，因故未装运出口，申报退关的。

海关应当自受理退税申请之日起30日内查实并通知纳税义务人办理退还手续。纳税义务人应当自收到通知之日起3个月内办理有关退税手续。

按照其他有关法律、行政法规规定应当退还关税的，海关应当按照有关法律、行政法规的规定退税。

**第五十一条**　进出口货物放行后，海关发现少征或者漏征税款的，应当自缴纳税款或者货物放行之日起1年内，向纳税义务人补征税款。但因纳税义务人违反规定造成少征或者漏征税款的，海关可以自缴纳税款或者货物放行之日起3年内追征税款，并从缴纳税款或者货物放行之日起按日加收少征或者漏征税款万分之五的滞纳金。

海关发现海关监管货物因纳税义务人违反规定造成少征或者漏征税款的，应当自纳税义务人应缴纳税款之日起3年内追征税款，并从应缴纳税款之日起按日加收少征或者漏征税款万分之五的滞纳金。

**第五十二条**　海关发现多征税款的，应当立即通知纳税义务人办理退还手续。

纳税义务人发现多缴税款的，自缴纳税款之日起1年内，可以以书面形式要求海关退还多缴的税款并加算银行同期活期存款利息；海关应当自受理退税申请之日起30日内查实并通知纳税义务人办理退还手续。

纳税义务人应当自收到通知之日起3个月内办理有关退税手续。

**第五十三条**　按照本条例第五十条、第五十二条的规定退还税款、利息涉及从国库中退库的，按照法律、行政法规有关国库管理的规定执行。

**第五十四条**　报关企业接受纳税义务人的委托，以纳税义务人的名义办理报关纳税手续，因报关企业违反规定而造成海关少征、漏征税款的，报关企业对少征或者漏征的税款、滞纳金与纳税义务人承担纳税的连带责任。

报关企业接受纳税义务人的委托，以报关企业的名义办理报关纳税手续的，报关企业与纳税义务人承担纳税的连带责任。

除不可抗力外，在保管海关监管货物期间，海关监管货物损毁或者灭失的，对海关监管货物负有保管义务的人应当承担相应的纳税责任。

**第五十五条**　欠税的纳税义务人，有合并、分立情形的，在合并、分立前，应当向海关报告，依法缴清税款。纳税义务人合并时未缴清税款的，由合并后的法人或者其他组织继续履行未履行的纳税义务；纳税义务人分立时未缴清税款的，分立后的法人或者其他组织对未履行的纳税义务承担连带责任。

纳税义务人在减免税货物、保税货物监管期间，有合并、分立或者其他资产重组情形的，应当向海关报告。按照规定需要缴税的，应当依法缴清税款；按照规定可以继续享受减免税、保税待遇的，应当到海关办理变更纳税义务人的手续。

纳税义务人欠税或者在减免税货物、保税货物监管期间，有撤销、解散、破产或者其他依法终止经营情形的，应当在清算前向海关报告。海关应当依法对纳税义务人的应缴税款予以清缴。

## 第五章 进境物品进口税的征收

**第五十六条** 进境物品的关税以及进口环节海关代征税合并为进口税，由海关依法征收。

**第五十七条** 海关总署规定数额以内的个人自用进境物品，免征进口税。

超过海关总署规定数额但仍在合理数量以内的个人自用进境物品，由进境物品的纳税义务人在进境物品放行前按照规定缴纳进口税。

超过合理、自用数量的进境物品应当按照进口货物依法办理相关手续。

国务院关税税则委员会规定按货物征税的进境物品，按照本条例第二章至第四章的规定征收关税。

**第五十八条** 进境物品的纳税义务人是指，携带物品进境的入境人员、进境邮递物品的收件人以及以其他方式进口物品的收件人。

**第五十九条** 进境物品的纳税义务人可以自行办理纳税手续，也可以委托他人办理纳税手续。接受委托的人应当遵守本章对纳税义务人的各项规定。

**第六十条** 进口税从价计征。

进口税的计算公式为：进口税税额 ＝ 完税价格 × 进口税税率

**第六十一条** 海关应当按照《进境物品进口税税率表》及海关总署制定的《中华人民共和国进境物品归类表》、《中华人民共和国进境物品完税价格表》对进境物品进行归类、确定完税价格和确定适用税率。

**第六十二条** 进境物品，适用海关填发税款缴款书之日实施的税率和完税价格。

**第六十三条** 进口税的减征、免征、补征、追征、退还以及对暂准进境物品征收进口税参照本条例对货物征收进口关税的有关规定执行。

## 第六章 附则

**第六十四条** 纳税义务人、担保人对海关确定纳税义务人、确定完税价格、商品归类、确定原产地、适用税率或者汇率、减征或者免征税款、补税、退税、征收滞纳金、确定计征方式以及确定纳税地点有异议的，应当缴纳税款，并可以依法向上一级海关申请复议。对复议决定不服的，可以依法向人民法院提起诉讼。

**第六十五条** 进口环节海关代征税的征收管理，适用关税征收管理的规定。

**第六十六条** 有违反本条例规定行为的，按照《海关法》、《中华人民共和国海关法行政处罚实施条例》和其他有关法律、行政法规的规定处罚。

**第六十七条** 本条例自 2004 年 1 月 1 日起施行。1992 年 3 月 18 日国务院修订发布的《中华人民共和国进出口关税条例》同时废止

## 附录三 海关总署令第148号《中华人民共和国 海关审定进出口货物完税价格办法》

### 第一章 总则

**第一条** 为了正确审查确定进出口货物的完税价格，根据《中华人民共和国海关法》、《中华人民共和国进出口关税条例》的规定，制定本办法。

**第二条** 海关审查确定进出口货物的完税价格，应当遵循客观、公平、统一的原则。

**第三条** 海关审查确定进出口货物的完税价格，应当适用本办法。

准许进口的进境旅客行李物品、个人邮递物品以及其他个人自用物品的完税价格和涉嫌走私的进出口货物、物品的计税价格的核定，不适用本办法。

**第四条** 海关应当按照国家有关规定，妥善保管纳税义务人提供的涉及商业秘密的资料，除法律、行政法规另有规定外，不得对外提供。

纳税义务人可以书面向海关提出为其保守商业秘密的要求，并具体列明需要保密的内容，但是不得以商业秘密为理由拒绝向海关提供有关资料。

## 第二章　进口货物的完税价格

第一节　进口货物完税价格确定方法

**第五条**　进口货物的完税价格，由海关以该货物的成交价格为基础审查确定，并应当包括货物运抵中华人民共和国境内输入地点起卸前的运输及其相关费用、保险费。

**第六条**　进口货物的成交价格不符合本章第二节规定的，或者成交价格不能确定的，海关经了解有关情况，并与纳税义务人进行价格磋商后，依次以下列方法审查确定该货物的完税价格：

（一）相同货物成交价格估价方法；

（二）类似货物成交价格估价方法；

（三）倒扣价格估价方法；

（四）计算价格估价方法；

（五）合理方法。

纳税义务人向海关提供有关资料后，可以提出申请，颠倒前款第（三）项和第（四）项的适用次序。

第二节　成交价格估价方法

**第七条**　进口货物的成交价格，是指卖方向中华人民共和国境内销售该货物时买方为进口该货物向卖方实付、应付的，并且按照本章第三节的规定调整后的价款总额，包括直接支付的价款和间接支付的价款。

**第八条**　进口货物的成交价格应当符合下列条件：

（一）对买方处置或者使用进口货物不予限制，但是法律、行政法规规定实施的限制、对货物销售地域的限制和对货物价格无实质性影响的限制除外；

（二）进口货物的价格不得受到使该货物成交价格无法确定的条件或者因素的影响；

（三）卖方不得直接或者间接获得因买方销售、处置或者使用进口货物而产生的任何收益，或者虽然有收益但是能够按照本办法第十一条第一款第（四）项的规定做出调整；

（四）买卖双方之间没有特殊关系，或者虽然有特殊关系但是按照本办法

第十七条的规定未对成交价格产生影响。

**第九条**　有下列情形之一的，应当视为对买方处置或者使用进口货物进行了限制：

（一）进口货物只能用于展示或者免费赠送的；

（二）进口货物只能销售给指定第三方的；

（三）进口货物加工为成品后只能销售给卖方或者指定第三方的；

（四）其他经海关审查，认定买方对进口货物的处置或者使用受到限制的。

**第十条**　有下列情形之一的，应当视为进口货物的价格受到了使该货物成交价格无法确定的条件或者因素的影响：

（一）进口货物的价格是以买方向卖方购买一定数量的其他货物为条件而确定的；

（二）进口货物的价格是以买方向卖方销售其他货物为条件而确定的；

（三）其他经海关审查，认定货物的价格受到使该货物成交价格无法确定的条件或者因素影响的。

第三节　成交价格的调整项目

**第十一条**　以成交价格为基础审查确定进口货物的完税价格时，未包括在该货物实付、应付价格中的下列费用或者价值应当计入完税价格：

（一）由买方负担的下列费用：

1. 除购货佣金以外的佣金和经纪费；

2. 与该货物视为一体的容器费用；

3. 包装材料费用和包装劳务费用。

（二）与进口货物的生产和向中华人民共和国境内销售有关的，由买方以免费或者以低于成本的方式提供，并可以按适当比例分摊的下列货物或者服务的价值：

1. 进口货物包含的材料、部件、零件和类似货物；

2. 在生产进口货物过程中使用的工具、模具和类似货物；

3. 在生产进口货物过程中消耗的材料；

4. 在境外进行的为生产进口货物所需的工程设计、技术研发、工艺及制图等相关服务。

（三）买方需向卖方或者有关方直接或者间接支付的特许权使用费，但是符合下列情形之一的除外：

1. 特许权使用费与该货物无关；

2. 特许权使用费的支付不构成该货物向中华人民共和国境内销售的条件。

（四）卖方直接或者间接从买方对该货物进口后销售、处置或者使用所得中获得的收益。

纳税义务人应当向海关提供本条所述费用或者价值的客观量化数据资料。纳税义务人不能提供的，海关与纳税义务人进行价格磋商后，按照本办法第六条列明的方法审查确定完税价格。

**第十二条**　在根据本办法第十一条第一款第（二）项确定应当计入进口货物完税价格的货物价值时，应当按照下列方法计算有关费用：

（一）由买方从与其无特殊关系的第三方购买的，应当计入的价值为购入价格；

（二）由买方自行生产或者从有特殊关系的第三方获得的，应当计入的价值为生产成本；

（三）由买方租赁获得的，应当计入的价值为买方承担的租赁成本；

（四）生产进口货物过程中使用的工具、模具和类似货物的价值，应当包括其工程设计、技术研发、工艺及制图等费用。

如果货物在被提供给卖方前已经被买方使用过，应当计入的价值为根据国内公认的会计原则对其进行折旧后的价值。

**第十三条**　符合下列条件之一的特许权使用费，应当视为与进口货物有关：

（一）特许权使用费是用于支付专利权或者专有技术使用权，且进口货物属于下列情形之一的：

1. 含有专利或者专有技术的；

2. 用专利方法或者专有技术生产的；

3. 为实施专利或者专有技术而专门设计或者制造的。

（二）特许权使用费是用于支付商标权，且进口货物属于下列情形之一的：

1. 附有商标的；

2. 进口后附上商标直接可以销售的；

3. 进口时已含有商标权，经过轻度加工后附上商标即可以销售的。

（三）特许权使用费是用于支付著作权，且进口货物属于下列情形之一的：

1. 含有软件、文字、乐曲、图片、图像或者其他类似内容的进口货物，包括磁带、磁盘、光盘或者其他类似介质的形式；

2. 含有其他享有著作权内容的进口货物。

（四）特许权使用费是用于支付分销权、销售权或者其他类似权利，且进口货物属于下列情形之一的：

1. 进口后可以直接销售的；

2. 经过轻度加工即可以销售的。

**第十四条** 买方不支付特许权使用费则不能购得进口货物，或者买方不支付特许权使用费则该货物不能以合同议定的条件成交的，应当视为特许权使用费的支付构成进口货物向中华人民共和国境内销售的条件。

**第十五条** 进口货物的价款中单独列明的下列税收、费用，不计入该货物的完税价格：

（一）厂房、机械或者设备等货物进口后发生的建设、安装、装配、维修或者技术援助费用，但是保修费用除外；

（二）进口货物运抵中华人民共和国境内输入地点起卸后发生的运输及其相关费用、保险费；

（三）进口关税、进口环节海关代征税及其他国内税；

（四）为在境内复制进口货物而支付的费用；

（五）境内外技术培训及境外考察费用。

同时符合下列条件的利息费用不计入完税价格：

（一）利息费用是买方为购买进口货物而融资所产生的；

（二）有书面的融资协议的；

（三）利息费用单独列明的；

（四）纳税义务人可以证明有关利率不高于在融资当时当地此类交易通常应当具有的利率水平，且没有融资安排的相同或者类似进口货物的价格与进口货物的实付、应付价格非常接近的。

第四节　特殊关系

**第十六条** 有下列情形之一的，应当认为买卖双方存在特殊关系：

（一）买卖双方为同一家族成员的；

（二）买卖双方互为商业上的高级职员或者董事的；

（三）一方直接或者间接地受另一方控制的；

（四）买卖双方都直接或者间接地受第三方控制的；

（五）买卖双方共同直接或者间接地控制第三方的；

（六）一方直接或者间接地拥有、控制或者持有对方 5% 以上（含 5%）公开发行的有表决权的股票或者股份的；

（七）一方是另一方的雇员、高级职员或者董事的；

（八）买卖双方是同一合伙的成员的。

买卖双方在经营上相互有联系，一方是另一方的独家代理、独家经销或者独家受让人，如果符合前款的规定，也应当视为存在特殊关系。

**第十七条**　买卖双方之间存在特殊关系，但是纳税义务人能证明其成交价格与同时或者大约同时发生的下列任何一款价格相近的，应当视为特殊关系未对进口货物的成交价格产生影响：

（一）向境内无特殊关系的买方出售的相同或者类似进口货物的成交价格；

（二）按照本办法第二十二条的规定所确定的相同或者类似进口货物的完税价格；

（三）按照本办法第二十四条的规定所确定的相同或者类似进口货物的完税价格。

海关在使用上述价格进行比较时，应当考虑商业水平和进口数量的不同，以及买卖双方有无特殊关系造成的费用差异。

第五节　除成交价格估价方法以外的其他估价方法

**第十八条**　相同货物成交价格估价方法，是指海关以与进口货物同时或者大约同时向中华人民共和国境内销售的相同货物的成交价格为基础，审查确定进口货物的完税价格的估价方法。

**第十九条**　类似货物成交价格估价方法，是指海关以与进口货物同时或者大约同时向中华人民共和国境内销售的类似货物的成交价格为基础，审查确定进口货物的完税价格的估价方法。

**第二十条**　按照相同或者类似货物成交价格估价方法的规定审查确定进口货物的完税价格时，应当使用与该货物具有相同商业水平且进口数量基本一致的相同或者类似货物的成交价格。使用上述价格时，应当以客观量化的数据资料，对该货物与相同或者类似货物之间由于运输距离和运输方式不同而在成本和其他费用方面产生的差异进行调整。

在没有前款所述的相同或者类似货物的成交价格的情况下，可以使用不同商业水平或者不同进口数量的相同或者类似货物的成交价格。使用上述价格时，应当以客观量化的数据资料，对因商业水平、进口数量、运输距离和运输方式不同而在价格、成本和其他费用方面产生的差异做出调整。

第二十一条　按照相同或者类似货物成交价格估价方法审查确定进口货物的完税价格时，应当首先使用同一生产商生产的相同或者类似货物的成交价格。

没有同一生产商生产的相同或者类似货物的成交价格的，可以使用同一生产国或者地区其他生产商生产的相同或者类似货物的成交价格。

如果有多个相同或者类似货物的成交价格，应当以最低的成交价格为基础审查确定进口货物的完税价格。

第二十二条　倒扣价格估价方法，是指海关以进口货物、相同或者类似进口货物在境内的销售价格为基础，扣除境内发生的有关费用后，审查确定进口货物完税价格的估价方法。该销售价格应当同时符合下列条件：

（一）是在该货物进口的同时或者大约同时，将该货物、相同或者类似进口货物在境内销售的价格；

（二）是按照货物进口时的状态销售的价格；

（三）是在境内第一销售环节销售的价格；

（四）是向境内无特殊关系方销售的价格；

（五）按照该价格销售的货物合计销售总量最大。

第二十三条　按照倒扣价格估价方法审查确定进口货物完税价格的，下列各项应当扣除：

（一）同等级或者同种类货物在境内第一销售环节销售时，通常的利润和一般费用（包括直接费用和间接费用）以及通常支付的佣金；

（二）货物运抵境内输入地点起卸后的运输及其相关费用、保险费；

（三）进口关税、进口环节海关代征税及其他国内税。

如果该货物、相同或者类似货物没有按照进口时的状态在境内销售，应纳税义务人要求，可以在符合本办法第二十二条规定的其他条件的情形下，使用经进一步加工后的货物的销售价格审查确定完税价格，但是应当同时扣除加工增值额。

前款所述的加工增值额应当依据与加工成本有关的客观量化数据资料、该行业公认的标准、计算方法及其他的行业惯例计算。

按照本条的规定确定扣除的项目时，应当使用与国内公认的会计原则相一致的原则和方法。

**第二十四条**　计算价格估价方法，是指海关以下列各项的总和为基础，审查确定进口货物完税价格的估价方法：

（一）生产该货物所使用的料件成本和加工费用；

（二）向境内销售同等级或者同种类货物通常的利润和一般费用（包括直接费用和间接费用）；

（三）该货物运抵境内输入地点起卸前的运输及相关费用、保险费。

按照前款的规定审查确定进口货物的完税价格时，海关在征得境外生产商同意并提前通知有关国家或者地区政府后，可以在境外核实该企业提供的有关资料。

按照本条第一款的规定确定有关价值或者费用时，应当使用与生产国或者地区公认的会计原则相一致的原则和方法。

**第二十五条**　合理方法，是指当海关不能根据成交价格估价方法、相同货物成交价格估价方法、类似货物成交价格估价方法、倒扣价格估价方法和计算价格估价方法确定完税价格时，海关根据本办法第二条规定的原则，以客观量化的数据资料为基础审查确定进口货物完税价格的估价方法。

**第二十六条**　海关在采用合理方法确定进口货物的完税价格时，不得使用以下价格：

（一）境内生产的货物在境内的销售价格；

（二）可供选择的价格中较高的价格；

（三）货物在出口地市场的销售价格；

（四）以本办法第二十四条规定之外的价值或者费用计算的相同或者类似货物的价格；

（五）出口到第三国或者地区的货物的销售价格；

（六）最低限价或者武断、虚构的价格。

## 第三章　特殊进口货物的完税价格

**第二十七条**　加工贸易进口料件或者其制成品应当征税的，海关按照以下规定审查确定完税价格：

（一）进口时应当征税的进料加工进口料件，以该料件申报进口时的成交价格为基础审查确定完税价格。

（二）进料加工进口料件或者其制成品（包括残次品）内销时，海关以料件原进口成交价格为基础审查确定完税价格。料件原进口成交价格不能确定的，海关以接受内销申报的同时或者大约同时进口的与料件相同或者类似的货物的进口成交价格为基础审查确定完税价格。

（三）来料加工进口料件或者其制成品（包括残次品）内销时，海关以接受内销申报的同时或者大约同时进口的与料件相同或者类似的货物的进口成交价格为基础审查确定完税价格。

（四）加工企业内销加工过程中产生的边角料或者副产品，以海关审查确定的内销价格作为完税价格。

加工贸易内销货物的完税价格按照前款规定仍然不能确定的，由海关按照合理的方法审查确定。

**第二十八条** 出口加工区内的加工企业内销的制成品（包括残次品），海关以接受内销申报的同时或者大约同时进口的相同或者类似货物的进口成交价格为基础审查确定完税价格。

出口加工区内的加工企业内销加工过程中产生的边角料或者副产品，以海关审查确定的内销价格作为完税价格。

出口加工区内的加工企业内销制成品（包括残次品）、边角料或者副产品的完税价格按照本条前两款规定不能确定的，由海关按照合理的方法审查确定。

**第二十九条** 保税区内的加工企业内销的进口料件或者其制成品（包括残次品），海关以接受内销申报的同时或者大约同时进口的相同或者类似货物的进口成交价格为基础审查确定完税价格。

保税区内的加工企业内销的进料加工制成品中，如果含有从境内采购的料件，海关以制成品所含从境外购入的料件原进口成交价格为基础审查确定完税价格。料件原进口成交价格不能确定的，海关以接受内销申报的同时或者大约同时进口的与料件相同或者类似货物的进口成交价格为基础审查确定完税价格。

保税区内的加工企业内销的来料加工制成品中，如果含有从境内采购的料件，海关以接受内销申报的同时或者大约同时进口的与制成品所含从境外购入的料件相同或者类似货物的进口成交价格为基础审查确定完税价格。

保税区内的加工企业内销加工过程中产生的边角料或者副产品，以海关审查确定的内销价格作为完税价格。

保税区内的加工企业内销制成品（包括残次品）、边角料或者副产品的完税价格按照本条前四款规定仍然不能确定的，由海关按照合理的方法审查确定。

**第三十条** 从保税区、出口加工区、保税物流园区、保税物流中心等区域、场所进入境内，需要征税的货物，海关应当参照本办法第二章的有关规定，以从上述区域、场所进入境内的销售价格为基础审查确定完税价格，加工贸易进口料件及其制成品除外。

如果前款所述的销售价格中未包括上述区域、场所发生的仓储、运输及其他相关费用的，应当按照客观量化的数据资料予以计入。

**第三十一条** 运往境外修理的机械器具、运输工具或者其他货物，出境时已向海关报明，并在海关规定的期限内复运进境的，应当以境外修理费和料件费为基础审查确定完税价格。

出境修理货物复运进境超过海关规定期限的，由海关按照本办法第二章的规定审查确定完税价格。

**第三十二条** 运往境外加工的货物，出境时已向海关报明，并在海关规定期限内复运进境的，应当以境外加工费和料件费以及该货物复运进境的运输及其相关费用、保险费为基础审查确定完税价格。

出境加工货物复运进境超过海关规定期限的，由海关按照本办法第二章的规定审查确定完税价格。

**第三十三条** 经海关批准的暂时进境货物，应当缴纳税款的，由海关按照本办法第二章的规定审查确定完税价格。经海关批准留购的暂时进境货物，以海关审查确定的留购价格作为完税价格。

**第三十四条** 租赁方式进口的货物，按照下列方法审查确定完税价格：

（一）以租金方式对外支付的租赁货物，在租赁期间以海关审查确定的租金作为完税价格，利息应当予以计入；

（二）留购的租赁货物以海关审查确定的留购价格作为完税价格；

（三）纳税义务人申请一次性缴纳税款的，可以选择申请按照本办法第六条列明的方法确定完税价格，或者按照海关审查确定的租金总额作为完税价格。

**第三十五条** 减税或者免税进口的货物应当补税时，应当以海关审查确定的该货物原进口时的价格，扣除折旧部分价值作为完税价格，其计算公式如下：

完税价格＝海关审定的该货物原进口时的价格×（1－申请补税时实际已使用时间（月）／（监管年限×12））

上述计算公式中"补税时实际已进口的时间"按月计算，不足1个月但是超过15日的，按照1个月计算；不超过15日的，不予计算。

**第三十六条** 易货贸易、寄售、捐赠、赠送等不存在成交价格的进口货物，海关与纳税义务人进行价格磋商后，按照本办法第六条列明的方法审查确定完税价格。

**第三十七条** 进口载有专供数据处理设备用软件的介质，具有下列情形之一的，应当以介质本身的价值或者成本为基础审查确定完税价格：

（一）介质本身的价值或者成本与所载软件的价值分列；

（二）介质本身的价值或者成本与所载软件的价值虽未分列，但是纳税义务人能够提供介质本身的价值或者成本的证明文件，或者能提供所载软件价值的证明文件。

含有美术、摄影、声音、图像、影视、游戏、电子出版物的介质不适用前款规定。

## 第四章　进口货物完税价格中的运输及其相关费用、保险费的计算

**第三十八条** 进口货物的运费，应当按照实际支付的费用计算。如果进口货物的运费无法确定的，海关应当按照该货物的实际运输成本或者该货物进口同期运输行业公布的运费率（额）计算运费。

运输工具作为进口货物，利用自身动力进境的，海关在审查确定完税价格时，不再另行计入运费。

**第三十九条** 进口货物的保险费，应当按照实际支付的费用计算。如果进口货物的保险费无法确定或者未实际发生，海关应当按照"货价加运费"两者总额的3‰计算保险费，其计算公式如下：

保险费＝（货价＋运费）×3‰

第四十条　邮运进口的货物，应当以邮费作为运输及其相关费用、保险费。

第四十一条　以境外边境口岸价格条件成交的铁路或者公路运输进口货物，海关应当按照境外边境口岸价格的1%计算运输及其相关费用、保险费。

## 第五章　出口货物的完税价格

第四十二条　出口货物的完税价格由海关以该货物的成交价格为基础审查确定，并应当包括货物运至中华人民共和国境内输出地点装载前的运输及其相关费用、保险费。

第四十三条　出口货物的成交价格，是指该货物出口销售时，卖方为出口该货物应当向买方直接收取和间接收取的价款总额。

第四十四条　下列税收、费用不计入出口货物的完税价格：

（一）出口关税；

（二）在货物价款中单独列明的货物运至中华人民共和国境内输出地点装载后的运输及其相关费用、保险费；

（三）在货物价款中单独列明由卖方承担的佣金。

第四十五条　出口货物的成交价格不能确定的，海关经了解有关情况，并与纳税义务人进行价格磋商后，依次以下列价格审查确定该货物的完税价格：

（一）同时或者大约同时向同一国家或者地区出口的相同货物的成交价格；

（二）同时或者大约同时向同一国家或者地区出口的类似货物的成交价格；

（三）根据境内生产相同或者类似货物的成本、利润和一般费用（包括直接费用和间接费用）、境内发生的运输及其相关费用、保险费计算所得的价格；

（四）按照合理方法估定的价格。

## 第六章　完税价格的审查确定

第四十六条　纳税义务人向海关申报时，应当按照本办法的有关规定，如实向海关提供发票、合同、提单、装箱清单等单证。

根据海关要求，纳税义务人还应当如实提供与货物买卖有关的支付凭证以及证明申报价格真实、准确的其他商业单证、书面资料和电子数据。

货物买卖中发生本办法第二章第三节所列的价格调整项目的，纳税义务人应当如实向海关申报。

前款所述的价格调整项目如果需要分摊计算的，纳税义务人应当根据客观量化的标准进行分摊，并同时向海关提供分摊的依据。

**第四十七条**　海关为审查申报价格的真实性、准确性，可以行使下列职权进行价格核查：

（一）查阅、复制与进出口货物有关的合同、发票、账册、结付汇凭证、单据、业务函电、录音录像制品和其他反映买卖双方关系及交易活动的商业单证、书面资料和电子数据；

（二）向进出口货物的纳税义务人及与其有资金往来或者有其他业务往来的公民、法人或者其他组织调查与进出口货物价格有关的问题；

（三）对进出口货物进行查验或者提取货样进行检验或者化验；

（四）进入纳税义务人的生产经营场所、货物存放场所，检查与进出口活动有关的货物和生产经营情况；

（五）经直属海关关长或者其授权的隶属海关关长批准，凭《中华人民共和国海关账户查询通知书》（见附件1）及有关海关工作人员的工作证件，可以查询纳税义务人在银行或者其他金融机构开立的单位账户的资金往来情况，并向银行业监督管理机构通报有关情况；

（六）向税务部门查询了解与进出口货物有关的缴纳国内税情况。

海关在行使前款规定的各项职权时，纳税义务人及有关公民、法人或者其他组织应当如实反映情况，提供有关书面资料和电子数据，不得拒绝、拖延和隐瞒。

**第四十八条**　海关对申报价格的真实性、准确性有疑问时，或者认为买卖双方之间的特殊关系影响成交价格时，应当制发《中华人民共和国海关价格质疑通知书》（以下简称《价格质疑通知书》，见附件2），将质疑的理由书面告知纳税义务人或者其代理人，纳税义务人或者其代理人应当自收到《价格质疑通知书》之日起5个工作日内，以书面形式提供相关资料或者其他证据，证明其申报价格真实、准确或者双方之间的特殊关系未影响成交价格。

纳税义务人或者其代理人确有正当理由无法在规定时间内提供前款资料

的，可以在规定期限届满前以书面形式向海关申请延期。

除特殊情况外，延期不得超过 10 个工作日。

**第四十九条**　海关制发《价格质疑通知书》后，有下列情形之一的，海关与纳税义务人进行价格磋商后，按照本办法第六条或者第四十五条列明的方法审查确定进出口货物的完税价格：

（一）纳税义务人或者其代理人在海关规定期限内，未能提供进一步说明的；

（二）纳税义务人或者其代理人提供有关资料、证据后，海关经审核其所提供的资料、证据，仍然有理由怀疑申报价格的真实性、准确性的；

（三）纳税义务人或者其代理人提供有关资料、证据后，海关经审核其所提供的资料、证据，仍然有理由认为买卖双方之间的特殊关系影响成交价格的。

**第五十条**　海关经过审查认为进口货物无成交价格的，可以不进行价格质疑，经与纳税义务人进行价格磋商后，按照本办法第六条列明的方法审查确定完税价格。

海关经过审查认为出口货物无成交价格的，可以不进行价格质疑，经与纳税义务人进行价格磋商后，按照本办法第四十五条列明的方法审查确定完税价格。

**第五十一条**　海关按照本办法规定通知纳税义务人进行价格磋商时，纳税义务人应当自收到《中华人民共和国海关价格磋商通知书》（见附件 3）之日起 5 个工作日内与海关进行价格磋商。纳税义务人未在规定的时限内与海关进行磋商的，视为其放弃价格磋商的权利，海关可以直接使用本办法第六条或者第四十五条列明的方法审查确定进出口货物的完税价格。

海关按照本办法规定与纳税义务人进行价格磋商时，应当制作《中华人民共和国海关价格磋商记录表》（见附件 4）。

**第五十二条**　对符合下列情形之一的，经纳税义务人书面申请，海关可以不进行价格质疑以及价格磋商，按照本办法第六条或者第四十五条列明的方法审查确定进出口货物的完税价格：

（一）同一合同项下分批进出口的货物，海关对其中一批货物已经实施估价的；

（二）进出口货物的完税价格在人民币 10 万元以下或者关税及进口环节

海关代征税总额在人民币 2 万元以下的；

（三）进出口货物属于危险品、鲜活品、易腐品、易失效品、废品、旧品等的。

**第五十三条** 进口货物属于本办法第二十七条、第二十八条、第二十九条所列情形的，海关可以不进行价格质疑，经与纳税义务人进行价格磋商后，按照本办法第六条列明的方法审查确定完税价格。

进口货物属于本办法第二十七条、第二十八条、第二十九条所列情形的，经纳税义务人书面申请，海关可以不进行价格磋商，按照本办法第六条列明的方法审查确定进口货物的完税价格。

**第五十四条** 海关审查确定进出口货物的完税价格期间，纳税义务人可以在依法向海关提供担保后，先行提取货物。

**第五十五条** 海关审查确定进出口货物的完税价格后，纳税义务人可以提出书面申请，要求海关就如何确定其进出口货物的完税价格做出书面说明。海关应当根据要求出具《中华人民共和国海关估价告知书》（见附件5）。

## 第七章　附则

**第五十六条** 本办法下列用语的含义是：

"境内"，指中华人民共和国关境内。

"完税价格"，指海关在计征关税时使用的计税价格。

"买方"，指通过履行付款义务，购入货物，并为此承担风险，享有收益的自然人、法人或者其他组织。其中进口货物的买方是指向中华人民共和国境内购入进口货物的买方。

"卖方"，指销售货物的自然人、法人或者其他组织。其中进口货物的卖方是指向中华人民共和国境内销售进口货物的卖方。

"向中华人民共和国境内销售"，指将进口货物实际运入中华人民共和国境内，货物的所有权和风险由卖方转移给买方，买方为此向卖方支付价款的行为。

"实付、应付价格"，指买方为购买进口货物而直接或者间接支付的价款总额，即作为卖方销售进口货物的条件，由买方向卖方或者为履行卖方义务向第三方已经支付或者将要支付的全部款项。

"间接支付"，指买方根据卖方的要求，将货款全部或者部分支付给第三方，或者冲抵买卖双方之间的其他资金往来的付款方式。

"购货佣金"，指买方为购买进口货物向自己的采购代理人支付的劳务费用。

"经纪费"，指买方为购买进口货物向代表买卖双方利益的经纪人支付的劳务费用。

"相同货物"，指与进口货物在同一国家或者地区生产的，在物理性质、质量和信誉等所有方面都相同的货物，但是表面的微小差异允许存在。

"类似货物"，指与进口货物在同一国家或者地区生产的，虽然不是在所有方面都相同，但是却具有相似的特征，相似的组成材料，相同的功能，并且在商业中可以互换的货物。

"大约同时"，指海关接受货物申报之日前后45天内。按照倒扣价格法审查确定进口货物的完税价格时，如果进口货物、相同或者类似货物没有在海关接受进口货物申报之日前后45天内在境内销售，可以将在境内销售的时间延长至接受货物申报之日前后90天内。

"公认的会计原则"，指在有关国家或者地区会计核算工作中普遍遵循的原则性规范和会计核算业务的处理方法。包括对货物价值认定有关的权责发生制原则、配比原则、历史成本原则、划分收益性与资本性支出原则等。

"特许权使用费"，指进口货物的买方为取得知识产权权利人及权利人有效授权人关于专利权、商标权、专有技术、著作权、分销权或者销售权的许可或者转让而支付的费用。

"技术培训费用"，指基于卖方或者与卖方有关的第三方对买方派出的技术人员进行与进口货物有关的技术指导，进口货物的买方支付的培训师资及人员的教学、食宿、交通、医疗保险等其他费用。

"软件"，指《计算机软件保护条例》规定的用于数据处理设备的程序和文档。

"专有技术"，指以图纸、模型、技术资料和规范等形式体现的尚未公开的工艺流程、配方、产品设计、质量控制、检测以及营销管理等方面的知识、经验、方法和诀窍等。

"轻度加工"，指稀释、混合、分类、简单装配、再包装或者其他类似加工。

"同等级或者同种类货物"，指由特定产业或者产业部门生产的一组或者一系列货物中的货物，包括相同货物或者类似货物。

"介质"，指《中华人民共和国进出口税则》中税则号列 85.24 项下的商品。

"价格核查"，指海关为确定进出口货物的完税价格，依法行使本办法第四十七条规定的职权，通过审查单证、核实数据、核对实物及相关账册等方法，对进出口货物申报成交价格的真实性、准确性以及买卖双方之间是否存在特殊关系影响成交价格进行的审查。

"价格磋商"，指海关在使用除成交价格以外的估价方法时，在保守商业秘密的基础上，与纳税义务人交换彼此掌握的用于确定完税价格的数据资料的行为。

**第五十七条** 纳税义务人对海关的估价决定有异议的，应当按照海关作出的相关行政决定依法缴纳税款，并可以依法向上一级海关申请复议。对复议决定不服的，可以依法向人民法院提起行政诉讼。

**第五十八条** 违反本办法规定，构成走私或者违反海关监管规定行为的，由海关依照《中华人民共和国海关法》和《中华人民共和国海关行政处罚实施条例》的有关规定予以处理；构成犯罪的，依法追究刑事责任。

**第五十九条** 本办法由海关总署负责解释。

**第六十条** 本办法自 2006 年 5 月 1 日起施行。2001 年 12 月 31 日海关总署令第 95 号发布的《中华人民共和国海关审定进出口货物完税价格办法》和 2003 年 5 月 30 日海关总署令第 102 号发布的《中华人民共和国海关关于进口货物特许权使用费估价办法》同时废止。

# 书目介绍

## 乐 贸 系 列

| 书名 | 作者 | 定价 | 书号 | 出版时间 |
|------|------|------|------|----------|

### 📖 外贸操作实务子系列

| 书名 | 作者 | 定价 | 书号 | 出版时间 |
|------|------|------|------|----------|
| 1. 外贸实务疑难解惑 220 例 | 张浩清 | 38.00 元 | 978-7-80165-853-1 | 2012 年 1 月第 1 版 |
| 2. 外贸高手客户成交技巧 | 毅 冰 | 35.00 元 | 978-7-80165-841-8 | 2012 年 1 月第 1 版 |
| 3. 外贸纠纷处理实务——案例与技巧 | 熊志坚 | 35.00 元 | 978-7-80165-789-3 | 2011 年 1 月第 1 版 |
| 4. 报检七日通 | 徐荣才 朱瑾瑜 | 22.00 元 | 978-7-80165-715-2 | 2010 年 8 月第 1 版 |
| 5. 实用外贸技巧助你轻松拿订单 | 王陶(波锅涅) | 25.00 元 | 978-7-80165-724-4 | 2010 年 4 月第 1 版 |
| 6. 外贸业务经理人手册(第 2 版) | 陈文培 | 39.00 元 | 978-7-80165-671-1 | 2010 年 1 月第 1 版 |
| 7. 外贸会计实务精要 | 疏 影 | 28.00 元 | 978-7-80165-633-9 | 2009 年 5 月第 1 版 |
| 8. 外贸实用工具手册 | 本书编委会 | 32.00 元 | 978-7-80165-558-5 | 2009 年 1 月第 1 版 |
| 9. 外贸实务经验分享 33 例 | 沱沱网中文站 | 28.00 元 | 978-7-80165-560-8 | 2009 年 1 月第 1 版 |
| 10. 外贸实务案例精华 80 篇 | 刘德标 吴珊红 | 29.80 元 | 978-7-80165-561-5 | 2009 年 1 月第 1 版 |
| 11. 快乐外贸七讲 | 朱芷萱 | 22.00 元 | 978-7-80165-373-4 | 2009 年 1 月第 1 版 |
| 12. 危机生存——十位经理人谈金融危机下的经营之道 | 本书编委会 | 22.00 元 | 978-7-80165-586-8 | 2009 年 1 月第 1 版 |
| 13. 外贸七日通(最新修订版) | 黄海涛(深海鱿鱼) | 22.00 元 | 978-7-80165-397-0 | 2008 年 8 月第 3 版 |
| 14. 金牌外贸业务员找客户——17 种方法·案例·评析 | 陈念祥 张思羽 | 35.00 元 | 978-7-80165-543-1 | 2008 年 8 月第 2 版 |
| 15. 出口营销实战(最新修订版) | 黄泰山 | 38.00 元 | 978-7-80165-306-2 | 2008 年 5 月第 2 版 |
| 16. 出口营销策略(《出口营销实战》升级版) | 黄泰山 冯斌 | 35.00 元 | 978-7-80165-459-5 | 2008 年 5 月第 1 版 |
| 17. 进口实务操作指南——步骤·实例·经验技巧 | 中国进口网 | 55.00 元 | 978-7-80165-493-9 | 2008 年 5 月第 1 版 |

### 📖 出口风险管理子系列

| 书名 | 作者 | 定价 | 书号 | 出版时间 |
|------|------|------|------|----------|
| 1. 轻松应对出口法律风险 | 韩宝庆 | 39.80 元 | 978-7-80165-822-7 | 2011 年 9 月第 1 版 |
| 2. 出口风险管理实务(第二版) | 冯 斌 | 48.00 元 | 978-7-80165-725-1 | 2010 年 4 月第 2 版 |
| 3. 50 种出口风险防范 | 王新华 陈丹凤 | 35.00 元 | 978-7-80165-647-6 | 2009 年 8 月第 1 版 |

| 书名 | 作者 | 定价 | 书号 | 出版时间 |
|---|---|---|---|---|

## 📖 外贸单证操作子系列

| 书名 | 作者 | 定价 | 书号 | 出版时间 |
|---|---|---|---|---|
| 1. 跟单信用证一本通 | 何源 | 35.00 元 | 978-7-80165-849-4 | 2012 年 1 月第 1 版 |
| 2. 信用证审单有问有答 280 例 | 李一平　徐珺 | 37.00 元 | 978-7-80165-761-9 | 2010 年 8 月第 1 版 |
| 3. 外贸单证经理的成长日记 | 曹顺祥 | 38.00 元 | 978-7-80165-716-9 | 2010 年 3 月第 1 版 |
| 4. 外贸单证解惑 280 例 | 龚玉和　齐朝阳 | 38.00 元 | 978-7-80165-638-4 | 2009 年 7 月第 1 版 |
| 5. 信用证 6 小时教程 | 黄海涛（深海鱿鱼） | 25.00 元 | 978-7-80165-624-7 | 2009 年 4 月第 2 版 |
| 6. 跟单高手教你做跟单 | 汪德 | 32.00 元 | 978-7-80165-623-0 | 2009 年 4 月第 1 版 |
| 7. 外贸单证处理技巧（第 3 版） | 屈韬 | 42.00 元 | 978-7-80165-516-5 | 2008 年 5 月第 1 版 |
| 8. 进出口单证实务案例评析 | 袁永友　柏望生 | 33.00 元 | 978-7-80165-371-8 | 2006 年 8 月第 1 版 |

## 📖 福步外贸高手子系列

| 书名 | 作者 | 定价 | 书号 | 出版时间 |
|---|---|---|---|---|
| 1. 小小开发信　订单滚滚来——外贸开发信写作技巧及实用案例分析 | 薄如鳃 | 26.00 元 | 978-7-80165-551-6 | 2008 年 8 月第 1 版 |
| 2. 外贸技巧与邮件实战 | 刘云 | 28.00 元 | 978-7-80165-536-3 | 2008 年 7 月第 1 版 |

## 📖 国际物流操作子系列

| 书名 | 作者 | 定价 | 书号 | 出版时间 |
|---|---|---|---|---|
| 1. 货代高手教你做货代——优秀货代笔记 | 何银星 | 25.00 元 | 978-7-80165-696-4 | 2010 年 1 月第 1 版 |
| 2. 国际物流操作风险防范——技巧·案例分析 | 孙家庆 | 32.00 元 | 978-7-80165-577-6 | 2009 年 4 月第 1 版 |
| 3. 集装箱运输与海关监管 | 赵宏 | 23.00 元 | 978-7-80165-559-2 | 2009 年 1 月第 1 版 |

## 📖 通关实务子系列

| 书名 | 作者 | 定价 | 书号 | 出版时间 |
|---|---|---|---|---|
| 1. 外贸企业轻松应对海关估价 | 熊斌　赖芸　王卫宁 | 35.00 元 | 978-7-80165-895-1 | 2012 年 9 月第 1 版 |
| 2. 报关实务一本通（第 2 版） | 苏州工业园区海关 | 35.00 元 | 978-7-80165-889-0 | 2012 年 8 月第 2 版 |
| 3. 如何通过原产地证尽享关税优惠 | 南京出入境检验检疫局 | 50.00 元 | 978-7-80165-614-8 | 2009 年 4 月第 3 版 |
| 4. 海关进出口商品归类基础与训练 | 温朝柱 | 36.00 元 | 978-7-80165-496-0 | 2009 年 1 月第 1 版 |
| 5. 最新报关单填制实用辅导 | 盛新阳　彭飞 | 38.00 元 | 978-7-80165-497-7 | 2008 年 10 月第 1 版 |
| 6. 最新商品归类技巧 | 赵宏 | 38.00 元 | 978-7-80165-520-2 | 2008 年 9 月第 1 版 |

| 书名 | 作者 | 定价 | 书号 | 出版时间 |
|---|---|---|---|---|

## 📖 彻底搞懂子系列

| 书名 | 作者 | 定价 | 书号 | 出版时间 |
|---|---|---|---|---|
| 1. 彻底搞懂信用证(第二版) | 王腾 曹红波 | 35.00 元 | 978-7-80165-840-1 | 2011 年 11 月第 2 版 |
| 2. 彻底搞懂中国自由贸易区优惠 | 刘德标 祖月 | 34.00 元 | 978-7-80165-762-6 | 2010 年 8 月第 1 版 |
| 3. 彻底搞懂贸易术语 | 陈岩 | 33.00 元 | 978-7-80165-719-0 | 2010 年 2 月第 1 版 |
| 4. 彻底搞懂海运航线 | 唐丽敏 | 25.00 元 | 978-7-80165-644-5 | 2009 年 7 月第 1 版 |
| 5. 彻底搞懂提单 | 张敏 赵通 | 29.80 元 | 978-7-80165-602-5 | 2009 年 6 月第 1 版 |
| 6. 彻底搞懂关税 | 孙金彦 | 29.00 元 | 978-7-80165-618-6 | 2009 年 6 月第 1 版 |

## 📖 外贸英语实战子系列

| 书名 | 作者 | 定价 | 书号 | 出版时间 |
|---|---|---|---|---|
| 1. 外贸高手的口语秘籍 | 李凤 | 35.00 元 | 978-7-80165-838-8 | 2012 年 2 月第 1 版 |
| 2. 外贸英语函电实战 | 梁金水 | 25.00 元 | 978-7-80165-705-3 | 2010 年 1 月第 1 版 |
| 3. 外贸英语口语一本通 | 刘新法 | 29.00 元 | 978-7-80165-537-0 | 2008 年 8 月第 1 版 |
| 4. 英汉物流词汇精析——结合实务操作 | 应海新 | 68.00 元 | 978-7-80165-517-2 | 2008 年 5 月第 1 版 |

## 📖 外贸谈判子系列

| 书名 | 作者 | 定价 | 书号 | 出版时间 |
|---|---|---|---|---|
| 1. 外贸英语谈判实战 | 王慧 吴旻 张海军 蒋晓杰 仲颖 | 32.00 元 | 978-7-80165-767-1 | 2010 年 9 月第 1 版 |
| 2. 外贸谈判策略与技巧 | 赵立民 | 26.00 元 | 978-7-80165-645-2 | 2009 年 7 月第 1 版 |

## 📖 国际商务往来子系列

| 书名 | 作者 | 定价 | 书号 | 出版时间 |
|---|---|---|---|---|
| 国际商务礼仪大讲堂 | 李嘉珊 | 26.00 元 | 978-7-80165-640-7 | 2009 年 12 月第 1 版 |

## 📖 贸易展会子系列

| 书名 | 作者 | 定价 | 书号 | 出版时间 |
|---|---|---|---|---|
| 外贸参展全攻略——如何有效参加 B2B 贸易商展(第二版) | 钟景松 | 33.00 元 | 978-7-80165-779-4 | 2010 年 10 月第 2 版 |

## 📖 区域市场开发子系列

| 书名 | 作者 | 定价 | 书号 | 出版时间 |
|---|---|---|---|---|
| 中东市场开发实战 | 刘军 沈一强 | 28.00 元 | 978-7-80165-650-6 | 2009 年 9 月第 1 版 |

## 📖 国际结算子系列

| 书名 | 作者 | 定价 | 书号 | 出版时间 |
|---|---|---|---|---|
| 1. 国际结算函电实务 | 周红军 阎之大 | 40.00 元 | 978-7-80165-732-9 | 2010 年 5 月第 1 版 |
| 2. 出口商如何保障安全收汇——L/C、D/P、D/A、O/A 精讲 | 庄乐梅 | 85.00 元 | 978-7-80165-491-5 | 2008 年 5 月第 1 版 |

| 书名 | 作者 | 定价 | 书号 | 出版时间 |
|---|---|---|---|---|

### 📖 国际贸易金融工具子系列

| | | | | |
|---|---|---|---|---|
| 1. 出口信用保险<br>——操作流程与案例 | 中国出口信用<br>保险公司 | 35.00 元 | 978-7-80165-522-6 | 2008 年 5 月第 1 版 |
| 2. 福费廷 | 周红军 | 26.00 元 | 978-7-80165-451-9 | 2008 年 1 月第 1 版 |

### 📖 加工贸易操作子系列

| | | | | |
|---|---|---|---|---|
| 1. 加工贸易达人速成<br>——操作案例与技巧 | 陈秋霞 | 28.00 元 | 978-7-80165-891-3 | 2012 年 7 月第 1 版 |
| 2. 加工贸易实务操作与技巧 | 熊 斌 | 35.00 元 | 978-7-80165-809-8 | 2011 年 4 月第 1 版 |
| 3. 加工贸易企业关务作业统筹 | 熊 斌 | 29.80 元 | 978-7-80165-423-6 | 2009 年 3 月第 1 版 |

### 📖 乐税子系列

| | | | | |
|---|---|---|---|---|
| 1. 外汇核销指南 | 陈文培等 | 22.00 元 | 978-7-80165-824-1 | 2011 年 8 月第 1 版 |
| 2. 外贸企业出口退税操作手册 | 中国出口<br>退税咨询网 | 42.00 元 | 978-7-80165-818-0 | 2011 年 5 月第 1 版 |
| 3. 生产企业免抵退税实务<br>——经验、技巧分享 | 徐玉树 | 35.00 元 | 978-7-80165-780-0 | 2011 年 1 月第 1 版 |
| 4. 生产企业免抵退税从入门<br>到精通 | 中国出口退<br>税咨询网 | 98.00 元 | 978-7-80165-695-7 | 2010 年 1 月第 1 版 |
| 5. 出口涉税会计实务精要<br>(《外贸会计实务精要》<br>第 2 版) | 龙博客<br>工作室 | 32.00 元 | 978-7-80165-660-5 | 2009 年 9 月第 2 版 |

### 📖 专业报告子系列

| | | | | |
|---|---|---|---|---|
| 1. 国际工程风险管理 | 张 燎 | 1980.00 元 | 978-7-80165-708-4 | 2010 年 1 月第 1 版 |
| 2. 涉外型企业海关事务<br>风险管理报告 | 《涉外型企业海关<br>事务风险管理<br>报告》研究小组 | 1980.00 元 | 978-7-80165-666-7 | 2009 年 10 月第 1 版 |

### 📖 外贸企业管理子系列

| | | | | |
|---|---|---|---|---|
| 小企业做大外贸的四项修炼 | 胡伟锋 | 26.00 元 | 978-7-80165-673-5 | 2010 年 1 月第 1 版 |

### 📖 国际贸易金融子系列

| | | | | |
|---|---|---|---|---|
| 1. 国际贸易金融服务全程通<br>(第二版) | 郭党怀<br>张丽君 张贝 | 43.00 元 | 978-7-80165-864-7 | 2012 年 1 月第 2 版 |
| 2. 国际结算与贸易融资实务 | 李华根 | 42.00 元 | 978-7-80165-847-0 | 2011 年 12 月第 1 版 |

| 书名 | 作者 | 定价 | 书号 | 出版时间 |

## "实用型"报关与国际货运专业教材

| | | | | |
|---|---|---|---|---|
| 1. 现代关税实务(第2版) | 李 齐 | 35.00元 | 978-7-80165-862-3 | 2012年1月第2版 |
| 2. 国际贸易单证实务(第2版) | 丁行政 | 45.00元 | 978-7-80165-855-5 | 2012年1月第2版 |
| 3. 报关实务(第3版) | 杨鹏强 | 45.00元 | 978-7-80165-825-8 | 2011年9月第3版 |
| 4. 海关概论(第2版) | 王意家 | 36.00元 | 978-7-80165-805-0 | 2011年4月第2版 |
| 5. 电子口岸实务 | 杨鹏强 林青 | 30.00元 | 978-7-80165-771-8 | 2010年9月第1版 |
| 6. 国际集装箱班轮运输实务 | 林益松 郑海棠 | 43.00元 | 978-7-80165-770-1 | 2010年9月第1版 |
| 7. 报检实务 | 孔德民 | 30.50元 | 978-7-80165-717-6 | 2010年5月第1版 |
| 8. 国际货运代理操作实务 | 杨鹏强 | 45.00元 | 978-7-80165-709-1 | 2010年1月第1版 |
| 9. 航空货运代理实务 | 杨鹏强 | 37.00元 | 978-7-80165-707-7 | 2010年1月第1版 |
| 10. 进出口商品归类实务 | 林 青 | 39.50元 | 978-7-80165-667-4 | 2009年12月第1版 |
| 11. 进出口商品归类实务<br>——实训题参考答案 | 林 青 | 12.00元 | 978-7-80165-692-6 | 2009年12月第1版 |

待出:

供应链管理实务

## "精讲型"国际贸易核心课程教材

| | | | | |
|---|---|---|---|---|
| 1. 报关实务精讲 | 孔德民 | 48.00元 | 978-7-80165-886-9 | 2012年6月第1版 |
| 2. 国际电子商务实务精讲 | 冯晓宁 | 45.00元 | 978-7-80165-874-6 | 2012年5月第1版 |
| 3. 国际贸易实务精讲(第5版) | 田运银 | 45.00元 | 978-7-80165-863-0 | 2012年2月第5版 |
| 4. 国际贸易单证精讲(第3版) | 田运银 | 45.00元 | 978-7-80165-852-4 | 2012年1月第3版 |
| 5. 国际商务谈判实务精讲 | 王 慧 唐力忻 | 26.00元 | 978-7-80165-826-5 | 2011年9月第1版 |
| 6. 国际贸易操作实训精讲 | 田运银 胡少甫<br>史 理 朱东红 | 49.80元 | 978-7-80165-823-4 | 2011年8月第1版 |
| 7. 国际会展实务精讲 | 王重和 | 38.00元 | 978-7-80165-807-4 | 2011年5月第1版 |
| 8. 国际贸易实务疑难解答 | 田运银 | 20.00元 | 978-7-80165-718-3 | 2010年9月第1版 |
| 9. 集装箱运输系统与操作实务精讲 | 田聿新 杨永志<br>汤 玮 | 38.00元 | 978-7-80165-642-1 | 2009年7月第1版 |
| 10. 国际货运代理实务精讲 | 杨占林 | 39.00元 | 978-7-80165-636-0 | 2009年6月第1版 |

| 书名 | 作者 | 定价 | 书号 | 出版时间 |
|---|---|---|---|---|
| **11.** 海关法教程(第2版) | 刘达芳 | 40.00元 | 978-7-80165-605-6 | 2009年3月第2版 |

待出:

**1.** 国际贸易规则与惯例实务精讲

**2.** 国际营销实务精讲

**3.** 国际结算实务精讲

**4.** 外贸业务员英语实务精讲

**5.** 国际投资实务精讲

**6.** 国际技术贸易实务精讲

## 电子商务大讲堂·外贸培训专用

| | | | | |
|---|---|---|---|---|
| **1.** 外贸操作实务 | 本书编委会 | 30.00元 | 978-7-80165-621-6 | 2009年5月第1版 |
| **2.** 网上外贸<br>——如何高效获取订单 | 本书编委会 | 30.00元 | 978-7-80165-620-9 | 2009年5月第1版 |
| **3.** 出口营销指南 | 本书编委会 | 30.00元 | 978-7-80165-619-3 | 2009年5月第1版 |
| **4.** 外贸实战与技巧 | 本书编委会 | 30.00元 | 978-7-80165-622-3 | 2009年5月第1版 |

## 中小企业财会实务操作系列丛书

| | | | | |
|---|---|---|---|---|
| **1.** 做顶尖成本会计应知应会<br>150问 | 张 胜 | 38.00元 | 978-7-80165-819-7 | 2011年8月第1版 |
| **2.** 小企业会计疑难解惑<br>300例 | 刘华 刘方周 | 39.80元 | 978-7-80165-845-6 | 2012年1月第1版 |

以上图书均可在当当网、卓越网、京东网及各地新华书店等处购买。若有其他购书意向,请与本社发行部联系,联系电话:(010)65194226。